本书获自治区级协同创新中心——陆海经济一体化协同创新中心、广西高等学校高水平创新团队及卓越学者计划、广西一流学科（培育）——应用经济学的资助

镜湖文库

JINGHU LIBRARY

新一轮西部大开发背景下西南沿边地区综合交通运输体系发展战略研究

唐红祥 王旦 苏黄菲菲 王业斌 著

中国经济出版社
CHINA ECONOMIC PUBLISHING HOUSE
·北京·

图书在版编目（CIP）数据

新一轮西部大开发背景下西南沿边地区综合交通运输体系发展战略研究／唐红祥等著. --北京：中国经济出版社，2019.12

（广西财经学院镜湖文库）

ISBN 978-7-5136-5986-4

Ⅰ.①新… Ⅱ.①唐… Ⅲ.①边疆地区-民族地区-交通运输发展-研究-西南地区 Ⅳ.①F512.77

中国版本图书馆 CIP 数据核字（2019）第 295432 号

责任编辑　燕丽丽　赵嘉敏
责任印制　巢新强
封面设计　赵　飞

出版发行　中国经济出版社
印 刷 者　北京九州迅驰传媒文化有限公司
经 销 者　各地新华书店
开　　本　710mm×1000mm　1/16
印　　张　19
字　　数　260 千字
版　　次　2019 年 12 月第 1 版
印　　次　2019 年 12 月第 1 次
定　　价　92.00 元
广告经营许可证　京西工商广字第 8179 号

中国经济出版社 **网址** www.economyph.com **社址** 北京市东城区安定门外大街 58 号 **邮编** 100011

本版图书如存在印装质量问题，请与本社销售中心联系调换（联系电话：010-57512564）

前　言

交通运输是现代社会人类赖以生存和发展的基础之一，作为区域内部和区域间人流、物流、信息流和技术流的载体，对区域经济发展、产业布局优化等有着重要的影响。随着科学技术的进步和经济社会的高速发展，交通运输由单一化向多样化发展，交通运输的方式、规模不断发展变化，各种交通运输方式相互配合、分工协调，形成综合交通运输体系。构建适应地区经济社会均衡发展的综合交通运输体系已成为促进地区经济社会又好又快发展的客观要求。2000 年，党的十五届五中全会提出要把实施西部大开发、促进地区协调发展作为一项战略任务。此后，国家先后制定了西部大开发“十一五”规划、“十二五”规划和“十三五”规划，明确要求西部地区加快发展综合交通运输体系。随着西部大开发战略的逐步推进，西部地区交通基础设施逐步改善。

西南沿边地区包括广西、云南、西藏三个省（自治区），地处我国西南地区，具有民族集聚、资源丰饶但发展落后、安全维稳责任重大等特征。由于地理位置、自然条件和历史等原因，西南沿边地区的交通基础设施发展存在交通子系统供给规模和结构不合理，交通子系统之间有效衔接有待加强，与东盟国家、周边省区互联互通亟须加强，交通网络布局、运输服务能力与区域经济发展的协调性有待加强等问题。随着“一带一路”倡议、长江经济带、陆海新通道等国家规划的实施与推动，如何主动融入相关战略规划建设，西南沿边地区面临提升自身经济增长的内生动力，服务国家提升对外开放、产业合作等任务要求的双重压力。而交通基础设施作为影响区域经济发展和经济布局的关键因素，为适应西南沿边地区经济社会发展需要，建设适合区域发展需求、联通国内外、覆盖城乡的综合交通运输体系，至关重要。因此，研究新一轮西部大开发背景下西南沿边地区综合交通运输体系发展战略，具有重要的理论意义和实践价值。当前西南沿边地区交通运输体系发展现状如何？是否满足地区经济社会发展需要？其交通运输体系对西南沿边地区的经济发展、产业集聚存在何种影响？如何构建新一轮西部大开发背景下西南沿边地区综合交通运输体系发展战略？如何确保其顺利实施？本书正是笔者在主持完成的国家社会科学基金一般项目“新一轮西部大开发背景下西南边疆民族地区综合交通运输体系发展战略研究”的基础上，针对这些问题展开深入探讨的研究成果。

本书围绕新一轮西部大开发战略背景下西南沿边地区综合交通运输体系发展战略，按照“理论基础—现状分析—问题诊断—实证分析—经验借鉴—发展战略—保障措施”这一逻辑主线层层递进，采用归纳演绎、定性与定量相结合、比较分析等方法，重点研究了西南沿边地区交通运输体系的现实特征与问题，实证分析了交通运输体系对西南沿边地区经济增长、制造业集聚等方面的影响，并对当前西南沿边地区面临的战略机遇进行了梳理，提出西南沿边地区综合交通运输体系的发展战略及实施保障措施，由此形成了较为完整的研究框架与研究内容。全书由七部分十个章节组成。

与既有研究相比，本书的主要建树与创新之处表现在以下四个方面：①选取综合交通体系发展水平相对落后的西南沿边地区作为研究对象。西南沿边地区属于经济社会和交通运输发展水平欠发达地区，但同时面临西部大开发战略、沿边沿疆开放战略以及民族支持政策等多重叠加的发展战略机遇。研究发现，西南沿边地区综合交通运输体系既具有西部沿边地区特性的典型问题，又面临西南沿边地区所特有的综合交通运输体系与各交通子系统的战略机遇。研究成果具有很强的针对性、适用性和代表性。②基于西南沿边地区综合交通运输体系存在的问题、实证分析结果、战略机遇，以及国内外综合交通运输体系发展的成功经验，有针对性地提出了切合西南沿边地区实际的综合交通运输体系发展的战略目标、总体战略与细分战略，并从机制体制保障与政策保障两方面提出实施西南沿边地区综合交通运输体系发展战略的保障措施。③从经济增长和制造业集聚两个视角实证研究了综合交通运输体系对西南沿边地区的影响，发现一些不同于全国和东部地区的研究结论，充分说明了西南沿边地区的特殊性。实证发现的不同类型交通运输方式、不同等级的交通基础设施对西南沿边地区的影响存在显著差异，为西南沿边地区综合交通运输体系发展总战略和细分战略的构建以及保障措施等提供了实证依据，进一步丰富了综合交通运输体系理论。④综合构建了基本面板回归计量模型、考虑调节效应的面板计量回归模型和考虑时间滞后效应的面板计量模型，采用固定效应来分析综合交通运输体系对西南沿边地区的影响。在实证研究中，首次选择市场化程度作为调节变量，选择规模经济、投资率、对外贸易、人力资本、劳动力成本等一系列影响因素作为控制变量，扩展了控制变量，丰富了综合交通运输体系理论研究方法，同时也增强了模型和研究结论的全面性、可靠性和准确性。

本书的主要结论和基本观点包括以下四点。

（1）西南沿边地区经济社会发展水平存在经济发展总体水平低下、区域差异明显和社会维稳压力大的特点。西南沿边地区综合交通运输体系具有如下特征：一是以铁路、公路、水路、民航为交通运输方式的全方位交通干线网络持续完善；二是交通支撑对外开放新格局作用逐渐显露；三是综合交通运输枢纽与城市交通建设不断改善；四是综合交通管理质量不断提升。但依然存在一些问题：①各类交通子系统供给规模和结构不尽合理；②各类交通子系统的有效衔接有待加强；③与东盟国家、周边省份互联互通亟须加强；④交通网络布局、运输服务能力与区域经济发展的协调性有待加强；⑤综合交通运输体系建设的政策、体制机制有待完善。

（2）综合交通运输体系对西南沿边地区的经济增长、制造业集聚影响表现在：①综合交通运输体系与经济增长、制造业集聚在地理空间分布上存在一致性，交通基础设施建设促进了经济增长和制造业集聚。②公路基础设施对经济增长、制造业集聚的促进作用大于铁路基础设施。③不同等级的交通基础设施对经济增长、制造业集聚的促进程度具有显著差异。其中，一级公路促进作用最大；高速公路、二级公路促进作用不显著，但对经济增长和制造业集聚的影响也存在细微差别；低等级公路对制造业集聚作用不明显，但对经济增长产生了显著正向影响。④市场化程度在交通基础设施对经济增长和制造业集聚的影响过程中起着显著的调节作用，交通基础设施在市场化程度越高的地区，对经济增长和制造业集聚的作用越显著。

（3）国内外经验启示如下：①超前布局大交通发展战略；②着力构建集约型综合交通运输体系；③优先发展城市交通运输；④注重交通运输体系的智能化、信息化和人性化。

（4）结合理论与实证研究，在梳理西南沿边地区的战略机遇的基础上，得出其综合交通运输体系的总体战略目标，以构建面向东南亚、南亚的国际大通道和辐射中心为目标，从构建九大（五纵四横）综合运输通道、优化五张网络、打造多层级的综合交通运输枢纽、优化发展城际城市交通、提高运输服务水平等方面形成内畅外通、便捷高效的“多核心多重点九通道”的综合交通运输体系，并从公路、铁路、水路、民航、综合交通运输枢纽和城市交通等五个方面提出细分战略。从机制体制与政策（财税、金融、资源环境、科技创新）两方面提出实施发展战略的保障措施。

当然，本书提出的一些观点和结论还有待实践进一步检验。同时，本书在研究过程中参考了众多国内外专家的研究成果，得到了许多国内外专家学者的大力支持与帮助，在此一并表示感谢。

目　录

图目录

表目录

第一章 导 论

第一节 研究背景与研究意义

一、研究背景

纵观人类社会发展历程，交通运输是人类赖以生存和发展的基础之一，作为区域内部和区域间人流、物流、信息流及技术流的载体，对区域经济发展、优化产业布局等方面有着重要的影响。随着经济社会的不断发展，交通运输体系在区域经济大系统中起的桥梁和纽带作用日益凸显，各类生产要素的优化配置也日益依赖交通运输体系的发展。随着科学技术的进步和经济社会的高速发展，单一的交通运输方式已经无法满足经济社会可持续发展的要求。我国交通运输不仅由单一化向多样化发展，而且交通运输方式、规模也不断发展，各种交通运输方式相互配合、分工协调，形成综合交通运输体系共同促进区域经济均衡发展的局面。

（一）区域经济社会可持续发展迫切需要综合交通运输体系的构建

交通运输的发展直接影响作为国民经济基础产业的运输业的发展水平，进而影响一国或地区经济社会的发展水平。交通运输设施的建设发展与区域经济的发展水平相互促进、相互制约，呈螺旋式不断上升的关系。一方面，交通运输设施的不断完善能提高运输能力，改善区域间的运输联系，使货物和旅客的运输与周转更便捷和高效，减少区域空间距离的束缚，从而为区域经济社会发展提供交通支撑，实现空间位移以扩大区域活动范围，从而带来巨大的经济效益；另一方面，当区域经济社会发展水平不断上升时，会对当地的交通运输提出新的要求，使该区域加大对基础交通运输设施的投入力度，改善交通运输设施的发展水平，从而更好地服务于该区域经济社会发展。目前，世界各国交通运输的发展与完善主要从两个方面开展：一方面，实现运输设备和运输工具的现代化，即巧妙利用世界新一轮技术的革新发展，在交通运输业中广泛采用新技术、新产品，提高运输设备和运输工具的效率。另一方面，实现各种运输方式的科学衔接、分工协作，即通过信息化、智能化，将单一的运输方式不断衔接，促使各类交通运输方式朝着分工协作、协调配合的方向发展，从而实现综合交通运输体系的统筹发展。交通运输发展两方面的有机结合，促进了交通运输水平的不断提升。

人类交通发展历程中，最早发展的是陆路交通，其次是水路交通。水路交通与陆路交通的相互衔接为工业发展，特别是沿江、河、湖、海的工业和城镇的发展奠定了良好的基础。随着科技发展和工业化对交通水平需求的提高，公路、铁路、航空、油气管道等交通方式不断崛起，直接影响了区域经济的发展。随着交通运输方式的不断发展，交通运输对区域经济发展的影响也越来越广。20 世纪，国内外学者在研究交通对区域经济发展的影响中，普遍认为“交通运输对区域经济空间结构影响的基本方式是通过促进交通干线经济带建设，进而改变经济空间结构”，并通过归纳总结提出“交通经济带”这一概念，认为交通对区域经济发展的影响可以用交通经济带来表现，即“以交通干线为主导，由交通干线和沿线一定范围内经济区域（主要由交通干线的吸引区域决定）所形成具有某种特性结构（优势产业结构、资源结构、技术结构）的带状区域”。交通改变生产力布局、区域经济空间格局从而得以表现。

交通运输建设与区域经济发展是相辅相成的。区域经济发展到一定阶段必然会对交通运输建设提出更高的要求，综合交通运输体系的建设和发展是交通运输发展到一定阶段的必然产物，其效果对促进区域经济社会可持续发展至关重要。当综合交通运输体系建设与经济发展相适应时，能更好地促进区域经济社会发展。反之，当某地区交通运输建设发展与该区域经济社会发展不相适应时，则会阻碍区域经济发展。综合交通运输体系建设与发展应综合考虑某区域的区位地理特征、交通发展基础、产业结构与布局、人口分布与货物运输流向等方面的特点，有计划、科学合理地构建各类交通运输子系统，以系统集成各种不同交通运输方式的优势，具有“综合性”“集成性”的特点。自改革开放以来，随着我国工业化、城镇化进程的不断加快，经济总量不断持续增长，区域间联系日益频繁，原有单一的交通运输方式已难以满足区域间快速、高效、经济和安全的运输需求，为更好地促进区域经济又快又好地发展，迫切需要构建综合交通运输体系，而这也成为我国交通运输业发展的必然趋势。

（二）新一轮西部大开发战略为西南沿边地区发展带来前所未有的机遇与挑战

1988年，邓小平提出“两个大局”的伟大战略构想，即一个大局是东部沿海地区要充分利用有利条件加快对外开放，使之先发展起来，中西部地区要顾全这个大局；另一个大局是当东部地区发展到一定时期，如20世纪末全国达到小康水平时，国家要集中更多的力量帮助中西部地区加快发展，沿海地区也要顾全这个大局。“两个大局”的思想对我国区域经济协调发展具有非常重大的理论意义和实践意义。在邓小平理论的指导下，党和国家领导集体先后提出了西部大开发战略、振兴东北老工业基地、中部地区崛起、东北地区率先发展、“一带一路”倡议、京津冀协同发展等发展规划，这些都是国家根据不同经济区域的地理位置、产业基础、资源优势、市场格局等因素，为了引导区域间加深合作，促进区域间各项要素的流动，更好地挖掘区域经济发展潜力，促进全国经济社会的整体发展而相继提出的。

随着“两个大局”思想的不断深入，1999年9月，为不断缩小东西部地区间差距，实现地区协调发展，更好地促进西部地区经济、社会和生态良性发展，党的十五届四中全会正式提出了“国家要实施西部大开发战略”，并先后制定了西部大开发的“十一五”规划、“十二五”规划以及“十三五”规划，每个规划都对西部地区提出新的发展要求。西部地区囊括了我国十二个省区，拥有广袤的土地资源和自然资源，开发潜力较大。西部地区是我国民族分布最集中的地区，同时大部分省份处于国境线边沿，复杂的区位条件、丰富的资源环境、悠久的历史文化背景，促使西部地区成为我国的生态屏障和资源保障，但同样因为其独特的地理环境、历史人文、交通条件、社会经济发展基础等，发展长期落后于东、中部地区，使西部地区成为我国全面建成小康社会的重点和难点，更是我国区域经济协调发展的关键所在。

西部地区分为西南地区和西北地区，西南地区的情况较之西北地区更为复杂，既属于民族集聚区域，又属于与东南亚地区接壤的边境区域，不仅要处理好民族工作，还需要处理与东南亚国家地域紧密联系的文化、宗教、政治、经济等方面的挑战与风险。新一轮西部大开发面临六大新形势，其“新”表现在：追赶跨越发展“新起点”、同步全面建成小康社会“新目标”、经济发展进入“新常态”、全面深化改革“新任务”、全方位开放“新格局”、维护国家安全和边疆稳定“新要求”。为应对这些新形势，要求全面贯彻创新、协调、绿色、开放、共享的发展新理念，从“深化改革扩大开放，构建公平有序的市场体系；加强创新引领支撑，提升创新驱动的增长动力；推进绿色永续发展，筑牢支撑发展的生态屏障；立足资源禀赋条件，发展有竞争力的特色优势产业；瞄准畅通网络提升密度，构建现代化基础设施体系；促进成果协调共享，努力实现脱贫攻坚决定性胜利和公共服务全方位提升”等六个方面进行突破。西南沿边地区的经济发展和可持续发展水平，直接关系到我国宏观经济目标的实现，还关系到国家长治久安、民族团结和边疆稳定。西部大开发战略实施以来，西部地区已经取得了傲人的成绩，但在日益复杂的国际、国内形势下，在“新常态”经济发展背景下，西南沿边地区在“十三五”时期将面临更大的挑战和机遇。如何将挑战转化为机遇，更好地促进西南沿边地区又好又快地发展成为现阶段亟待解决的问题。

（三）西南沿边地区发展对综合交通运输体系构建提出新的发展要求

西南沿边地区包括广西、云南、西藏三个核心省（自治区），基础设施薄弱，经济社会发展水平较低。近年来，随着西部大开发战略的不断深入实施，国家在规划指导、基础设施建设、政策优惠扶持、财政支出、项目安排、人才交流等方面加大投入力度，东、中部地区也通过产业转移、对口支援等多种形式带动西部地区发展，但西部地区依然存在基础设施落后、教育质量低下、人才层次低、产业结构水平低、区域经济发展总体水平低等多种问题。以广西、云南、西藏为代表的西南沿边地区作为西部大开发的核心省（自治区），其经济社会发展水平对我国政治稳定、维护周边外交安全等有着举足轻重的作用。

随着西部大开发战略、“一带一路”倡议、沿边区域重点开放开发等各项政策的全面实施，对交通运输需求提出了新的要求。2011 年，国家出台《关于深入实施西部大开发战略的若干意见》，要求加快发展综合交通运输体系。

2015 年的交通运输工作会议上，交通运输部明确梳理“一带一路”、京津冀协同发展、长江经济带等国家重大规划中的重大项目并率先启动，提出要加强与周边国家的交通基础设施互联互通，深入落实“走出去”战略。2017 年，《西部大开发“十三五”规划》提出，要“进一步完善基础设施，建成现代化交通网络和比较发达的城乡支干交通网络。全面提升民航、水运、通信、环保、管网等设施保障能力”。西南沿边地区地处中国—东盟自由贸易区前沿地带和北部湾经济圈的中心位置，享有《中华人民共和国民族区域自治法》规定的交通建设照顾政策。在新一轮西部大开发背景下，迫切要求西南沿边地区利用边疆战略位置与民族集聚特点，发展联通国内外、通达主要及相邻省份、覆盖城乡的综合交通运输体系，以促进区域各项要素的自由流动，有效加深区域内部、区域间联系和合作程度，最终实现整个地区的经济可持续发展、社会稳定，以及民族团结和国家安全。

西南沿边地区幅员辽阔，拥有丰富的自然资源，但地理环境险峻，城镇间距离较远。目前交通以公路、铁路、航空为主，但由于交通基础设施建设难度大、经济发展水平不高、自然条件脆弱等原因，造成交通运输体系不健全、集疏运结构失衡、规划衔接不足、运输管理条块分割等问题，西南沿边地区的交通运输基础设施整体水平较低，还处于“瓶颈”阶段。为适应西部大开发战略、“一带一路”倡议、陆海新通道战略，以及沿边沿疆地区开放开发等系列政策，西南沿边地区工业化、城镇化等在不断推进，其客货出行规模和结构也在不断调整升级，对便捷、高效、环保的现代化交通运输体系需求逐渐提高。因此，探索建设和发展与之相适应的综合交通运输体系，对增强西南沿边地区自我发展能力和可持续发展能力意义非凡。

二、研究意义

从区位经济理论来看，交通运输是影响区域经济发展和经济布局的关键因素。交通运输对区域经济社会发展的作用方式是通过交通运输干线产生的集聚作用和扩散作用，带来交通干线沿线地区各种要素的流动，从而促使产业、资源在某区域集聚，改变区域经济空间结构，形成“点—轴”“中心—外围”等多种空间格局，并通过区域发展战略带动区域整体发展。交通运输与区域经济发展相辅相成，一方面，区域经济发展整体水平和布局影响交通基础设施网络的规划，决定了对交通运输基础设施建设投入的资金、技术、人才等，最终决定交通运输体系的规模、数量，制约综合交通运输体系的合理性和科学性。另一方面，综合交通运输体系构建和发展的合理性、科学性直接影响区域内、区域间各项要素的流动，决定资源的优化配置，进而作用于区域经济发展整体水平和经济布局，两者相互促进，呈循环耦合式发展。本书从社会经济发展的全局视角，针对性研究西南沿边地区综合交通运输体系的发展战略问题，这对边疆稳定、民族地区社会经济和谐、可持续发展具有重要理论意义和实践价值。

（一）理论意义

综合交通运输体系既是促进区域经济发展的关键因素，又是区域经济社会发展系统中的重要组成部分，对经济社会发展有着不可替代的作用。交通运输对区域经济发展的影响以及两者互相作用带来的产业特性和空间特性，一直是经济学家、地理学家、社会学家等关注和研究的重点。经济学家侧重交通经济带形成对区域经济效益的分析，集中对交通运输在区域经济发展中的影响进行深入研究；地理学家侧重研究由交通基础设施建设带来的沿线地区经济社会发展的带状分布空间特征，测度由交通运输带来的空间可达性问题，强调交通运输导致城市之间和城市内部的空间相互作用等。尽管不同学科的研究侧重点有所不同，但在区域经济和区位理论中，交通优势一直作为经济社会发展的区位优势，对区域产业结构、经济发展规模和空间布局具有促进作用。综合交通运输体系与区域经济相互依存、相互影响，共同发展。一方面，综合交通运输体系的发展通过改变区域间可达性来加强空间经济联系；通过改善资源要素的流动效率、方向、方式、方法等为产业发展提供原材料，促进产业集聚与产业结构优化升级；通过加速要素流动来引导新型城镇化与城市群的发展；通过带动沿线地区产业发展增加就业，改善民生，最终为区域经济社会发展提供动力。另一方面，某区域经济发展水平和空间格局通过资金、人员、技术等要素投入，制约或促进综合交通运输体系的建设和发展。综合交通运输体系与区域经济发展的作用与影响机理不是单向、可分割的，而是存在反馈与反哺的内在逻辑机制。了解交通运输与区域经济发展的作用机理，为进一步研究综合运输体系与区域经济空间格局协调发展的模式奠定了基础。

自2000年西部大开发战略实施以来，西部12个省（自治区、直辖市）经济社会发展实力不断增强，经济总量大幅度增长，社会民生保障不断完善，人均收入、消费水平不断提高，但与东部地区和中部地区相比仍存在较大差距。西部地区特别是西南沿边地区存在自然环境恶劣、基础设施薄弱、贫困人口众多、产业结构极度失衡、自我发展能力薄弱等问题，其经济社会协调均衡发展成为我国社会经济整体发展水平提高、祖国团结统一和社会稳定的关键所在。西南沿边地区以广西、云南、西藏为主体，既属于民族聚集区，往往也是民族问题高发区，又在地理位置上与南亚和东南亚地区接壤，具有地缘特点，使西南沿边地区成为我国遭受文化安全威胁的前沿阵地。如何对西南沿边地区的民族特色和边境地缘优势进行合理开发运用，通过明确功能定位，建设发展具有内生拓展力的跨国经济通道，突破封闭、半封闭发展模式，摸清沿边地区发展落后的根源，将民族文化多样性和边境地缘优势转化为经济优势，通过政策导向，大力建设基础设施、投入各种人力资本，特别是覆盖城乡、互联互通的交通基础设施的建设，缩小民族地区与发达地区、西部地区与东中部地区的差距，需要学者们深入探索。因此，研究西南沿边地区综合交通运输体系发展战略，不仅丰富了通道经济理论基础，还注重探索西部地区形成跨国通道的综合交通运输体系战略，有利于促进区域协调均衡发展、增强民族团结、维护社会稳定，对逐步实现国家整体经济社会协调发展具有重大的理论和社会意义。

新一轮的西部大开发战略是在综合考虑国内外经济政治形势下，更注重西部地区经济发展的内生性增长。将主体功能区与西部大开发战略结合，从一般开发到重点开发，破除西部地区经济发展“瓶颈”，以改善民生为核心，积极转变发展方式，注重经济发展质量提高和经济社会协调发展，而不是简单的经济增长、总量增加和经济开发等，最终要实现加速发展，缩小与东中部、西部各省区之间的区域差距，实现区域内外均等化发展，将开发与开放结合，加强与沿线周边国家的经济交流，形成有层次、有秩序、有重点、有差别的对外开放格局，既能承接东中部地区的产业转移，又能通过内生增长形成自身的优势产业，承载跨国大通道建设功能。本书综合运用经济学、地理学、系统学和社会学的理论和研究方法，研究西南沿边地区的经济发展格局和交通运输发展情况，归纳、梳理、总结、分析西南沿边地区综合交通运输体系的战略机遇，基于区位、通道等理论，从促进经济增长、制造业集聚两个角度实证分析综合交通运输体系对西南沿边地区的影响，并在理论与实证分析的基础上，提出西南沿边地区综合交通运输体系发展战略和实施保障措施，将进一步丰富区域经济学、交通经济学的战略理论及研究方法。

（二）实际意义

1981 年，我国发布了《国家干线公路网（试行方案）》，开启了交通规划的新开端，随之先后发布了《国道主干线系统规划》（1992 年）、《国家高速公路网规划》（2004 年），以及 2013 年发布的《国家公路网规划（2013—2030 年）》等国家级干线公路网规划，并发布有关铁路、航空、水运等交通运输方式的规划。其中具有代表性的有《公路水路交通“十五”发展计划》（2001 年）、《公路水路交通中长期科技发展规划纲要（2006—2020 年）》（2005 年）、《全国沿海港口布局规划》（2006 年）、《国家公路运输枢纽布局规划》（2007 年）、《全国内河航道与港口布局规划》（2007 年）、《公路水路交通运输信息化“十二五”发展规划》（2011 年）、《交通运输“十二五”发展规划》（2011 年）、《交通运输信息化“十三五”发展规划》（2016 年）、《交通运输标准化“十三五”发展规划》（2016 年）、《城市公共交通“十三五”发展纲要》（2016 年）、《“十三五”现代综合交通运输体系发展规划》（2017 年）等，各项交通运输规划对西南沿边地区各省（自治区）的交通运输建设进行了规划指导。本书在综合考虑国家、区域交通发展战略、区域政策的要求下，思考如何科学合理地构建西南沿边地区综合交通运输体系，促进西南沿边地区综合交通运输体系与区域经济社会协同发展。

随着我国经济社会的快速发展，我国区域发展政策也在不断发展调整中。自改革开放以来，我国区域经济政策层出不穷，经历了如下四个阶段。第一阶段：改革开放初期到 1980 年，通过财政手段实施均衡发展的区域政策，实现均衡发展；第二阶段：1980—1992 年，以效益为中心的区域发展政策，通过在沿海地区加大基础建设投资、实行开放政策和财政政策等手段，让沿海地区先富起来；第三阶段：1993—1999 年，区域协调发展政策，通过国家投资与布局、财政和开放政策、区域合作政策和扶贫等促进地区协调发展；第四阶段：2000 年至今，实施推进西部大开发、振兴东北老工业基地、中部和平崛起等政策，“十三五”时期我国实施共建“一带一路”倡议、京津冀协同发展和长江经济带等发展规划。目前，我国国民经济整体实力不断提高，但东西部发展差距明显，城乡差距不断扩大，缩短地区间和城乡间的差距成为我国当前面临的重大任务。与此同时，近年来，我国以更加积极的姿态参与国际事务，如国家启动了新一轮西部大开发战略，规划建设的“五横四纵四出境”综合交通运输体系覆盖西南地区，伸向东南亚。“十三五”现代综合交通运输体系规划中，提出构建横贯东西、纵贯南北、内畅外通的“十纵十横”综合运输大通道，其中多条通道涉及出境通道。组织建立亚洲基础设施投资银行、共建“一带一路”倡议等都强调了对外经济、跨境合作、空间布局和互联互通等政策，通过南海经略、西部崛起、西北通衢等促进国家形成新的空间格局。因此，按照交通运输与区域经济发展的固有规律构建综合交通运输体系，对当前区域经济发展有着重大的现实意义。

交通运输系统作为服务人们生产和生活的基本条件，近年来交通网络规模、基础设施装备水平、运输质量和能力等方面都有了明显的提高和扩展，但发展到一定阶段，问题也逐渐凸显，如交通需求与供给矛盾造成的交通拥挤、事故频发、环境污染等问题，严重制约区域经济社会的发展；由于不同交通运输方式的分工合作、协调发展的程度上的差异，交通建设与管理机制的脱节、区域行政机制的管制，直接引发交通运输结构性问题。对于拥有优越地理区位条件的西南沿边地区，为推进多重区域发展政策实施，建设兼顾运输和经济功能的大通道刻不容缓。通过大通道建设，进一步改善西南沿边地区的区位条件，加强区际、区内的相互联系，缩短发达地区与欠发达地区的空间距离，加速欠发达地区的资源、劳动力等向效益更高的发达地区流动，工业和高附加值产品、资金、产业等由发达地区向欠发达地区流动，通过交通运输干线的集聚作用和扩散作用，最终带来发达地区和欠发达地区技术共同进步、产业结构优化升级和社会经济效益的整体提高，加强沿边地区与中心城市的联系，从而为区域整体协调发展注入源源不断的动力。从战略高度构建西南沿边地区综合交通运输体系发展战略和保障措施，为各级政府的决策提供参考和借鉴，对提升西南地区交通运输体系整体功能，促进大西南经济圈发展具有推动作用。同时深入研究根植于沿边区位战略的民族特性，为民族政策的落实创造条件，对增强民族团结和稳定、维护国家安全，推动西南地区参与“一带一路”倡议、长江经济带、中国—东盟自由贸易区、北部湾经济圈等对外交流与合作，创造互动互惠的国际环境将产生积极作用。

第二节　概念界定

一、西部大开发战略

（一）西部大开发战略的提出与目标

为贯彻落实邓小平关于我国现代化建成“两个大局”战略思想，缩短东、中、西部地区发展差距，全面建成小康社会，中共中央按照统筹区域经济协调发展的战略思想，面向新世纪做出“西部大开发”重大战略决策。1999 年 9 月，党的十五届四中全会通过了《中共中央关于国有企业改革和发展若干重大问题的决定》，正式提出了以“实施西部大开发战略”推动西部地区经济发展。此后，党中央和国务院以及地方各级党委、政府高度重视西部大开发战略的实施，在政策规划、基础设施、社会民生保障、项目建设、人才培养与引进等方面采取了一系列措施。为推动西部大开发战略落实，国务院于 2000 年 1 月成立了西部地区开发领导小组，该领导小组下设办公室，具体负责协调西部大开发工作，西部地区各级地方政府也相应成立了开发领导小组，为西部大开发战略的有效实施提供了组织保障。2000 年 1 月，国务院召开西部地区开发会议，在会上进行了相关工作的部署。2001 年 3 月，通过《国民经济和社会发展第十个五年计划纲要》对其相关工作进行深入部署。以江泽民同志为总书记的党的第三代领导集体和以胡锦涛同志为总书记的党的第四代领导集体，先后强调实施和深入推进西部大开发战略的重要性和决心。国家和西部各省区实施了一系列支持西部大开发的政策和措施。如 2000 年，《关于实施西部大开发若干政策措施的通知》由国务院发布。此后，为进一步落实西部大开发战略，党中央、国务院先后发布《关于西部大开发若干政策措施的实施意见》和《国务院关于进一步推进西部大开发的若干意见》，并以国家专项规划制定实施西部开发的“十五”“十一五”“十二五”和“十三五”规划，并针对不同阶段水平，根据现实情况，进行分阶段调整，不断做出科学、合理、循序渐进的战略安排。

根据相关资料界定，西部大开发所囊括的地域范围有重庆、四川、贵州、云南、西藏自治区、陕西、甘肃、青海、宁夏回族自治区、新疆维吾尔自治区、内蒙古自治区、广西壮族自治区等12个省（自治区、直辖市），以及湖北恩施土家族苗族自治州、湖南湘西土家族苗族自治州、吉林延边朝鲜族自治州等3个自治州，其面积695.5万平方千米，占全国比重为72.4%。西部地区拥有丰富的自然资源，地理位置特殊，在全国具有非常重要的战略地位，具有广阔的发展前景。然而自古以来，由于其自然环境、地形地貌、发展基础、人文民俗等因素，该地区发展一直相对落后，特别是与东、中部地区相比经济差距较大。2017年，西部地区12个省（自治区、直辖市）地区生产总值达170955亿元，虽然仅占全国比重的20.07%，但各省（自治区、直辖市）地区生产总值增速均高于全国平均线（6.9%）。实施西部大开发，要有步骤、有重点地推进，即“依托亚欧大陆桥、长江水道、西南出海通道等交通干线，发挥中心城市作用，以线串点、以点带面，逐步形成我国西部有特色的西陇海兰新线、长江上游、南（宁）贵、成昆（明）等跨行政区域的经济带，带动其他地区发展”。根据这一战略部署，促使西部地区在基础设施、生态环境、经济社会发展等方面有很大进展，以期“到21世纪中叶，要将西部地区建成一个经济繁荣、社会进步、生活安定、民族团结、山川秀美的新西部”。

（二）西部大开发战略发展的三个阶段

实施西部大开发战略是一个长期不断调整的过程，其总体规划可按照50年并分为奠基基础阶段、加速发展阶段和现代化阶段三个阶段，目前处于加速发展阶段。三个阶段有着不同的工作重点和目标，其特点见表1-1。

表1-1 西部大开发战略三个阶段特点

阶段	特点
奠基基础阶段（2001—2010年）	重点是调整结构，搞好基础设施、生态环境、科技教育等基础建设，建立和完善市场体制，培育特色产业增长点，使西部地区投资环境初步改善，生态和环境恶化得到初步遏制，经济运行步人良性循环，增长速度达到全国平均增长水平

续表

阶段	特点
加速发展阶段（2011—2030 年）	在前段基础设施改善、结构战略性调整和制度建设成就的基础上，进入西部开发的冲刺阶段，巩固提高基础，培育特色产业，实施经济产业化、市场化、生态化和专业区域布局的全面升级，实现经济增长的跃进
现代化阶段（2031—2050 年）	在一部分地区率先发展增强实力，融入国内、国际现代化经济体系自我发展的基础上，着力加快边远山区、落后农牧区开发，普遍提高西部人民的生产、生活水平，全面缩小差距

资料来源：根据有关西部大开发战略文献整理。

由表 1-1 可知，当前和今后一段时间西部地区的建设和发展重点包括基础设施建设、特色优势产业培育、生态环境保护、重点地带开放开发、教育科技发展、投资环境改善、思想解放、增强自身发展能力等方面。由此可知，西部大开发战略对基础设施特别是对交通基础设施建设尤为重视，这为西部大开发背景下构建西南交通通道、区域综合交通运输体系奠定了坚实基础。

（三）新一轮西部大开发战略的基本介绍

1. 新一轮西部大开发战略实施背景

2010 年，《关于深入实施西部大开发战略的若干意见》由国务院发布，这一文件标志着西部大开发进入新的发展阶段。我国实行西部大开发战略进入第二个阶段即加速发展阶段，较西部大开发奠定基础阶段面临着更为复杂的国际、国内社会环境形势。从 2009 年开始，全球经济进入“后危机时代”，经济发展进入相对平稳发展时期。这一时期，一些发达国家开始通过减少消费、提倡储蓄、鼓励出口等措施调整国内生产和消费的关系，扶持本国实体经济发展，解决国内经济不平衡、经济虚拟化和赤字化等问题。世界资本、技术、人才等生产要素和产业分工体系的中心将向发展中国家转移，我国将成为未来世界经济的热点地区，我国社会进入“后改革”时代，国家发展更加注重经济发展的质量、效益、结构以及经济社会的和谐发展。2010—2020 年是西部大开发战略实施的深化阶段，是关中—天水等国家级经济区建设开拓期。这一时期国家引导中部产业向西部转移，为应对国内外经济、政治格局的变化，保持我国经济长期平稳增长，必须高度重视西部开发，高度重视西部地区的发展，其日益成为我国国家发展战略的重点，西部经济进入加速发展阶段。

自2000年西部大开发战略实施以来，西部地区综合经济实力明显增强，经济呈现高速增长，产业结构不断合理优化，基础设施更加完善，居民生活水平明显提升，公共服务能力不断提高，生态建设和环境保护有序推进，教育、社会保障、医疗等社会事业全面发展，对外开放程度稳步提高。但西部地区经济社会发展水平依然较低，基础设施比较薄弱，与中央提出的建设“一个经济繁荣、社会进步、生活安定、民族团结、山川秀美、人民富裕的现代化新西部”存在较大差距，依然存在诸多产业结构低级化、经济增长主要依靠资源和投资拉动、“高消费、高排放”的高碳经济明显、城镇与山区发展水平极不平衡等问题。针对当前复杂的国际、国内形势和发展环境，以及当前西部大开发中存在的问题，必须实施新一轮的西部大开发战略。

2. 新一轮西部大开发战略实施特点

实施新一轮西部大开发战略，将更加注重民生、维护社会稳定和科学发展，切实提高西部地区自我发展能力和综合竞争力，为实现我国全面建成小康社会宏伟目标奠定基础。新一轮西部大开发战略较上一轮西部大开发战略有着以下明显特征。

（1）拥有全新的战略定位。2010年7月召开的西部大开发工作会议，为西部大开发提出了一个全新的战略定位，即“三个地位”和“四个事关”。

“三个地位”是指“西部大开发在我国区域协调总体战略中具有优先地位，在构建社会主义和谐社会中具有基础地位，在可持续发展中具有特殊地位”。“四个事关”是指“西部地区的繁荣、发展和稳定，事关各族群众福祉，事关我国改革开放和社会主义现代化建设全局，事关国家长治久安，事关中华民族伟大复兴”。第一次提出“三个地位”和“四个事关”，将西部大开发提升到全新的高度，其认识更加全面。具体表现在：第一，将深入推进实施西部大开发战略，缩小西部地区与东、中部地区的差距，以及西部地区各省（自治区、直辖市）自身发展差距等关键任务，摆在实现全国经济社会全面协调均衡发展的优先地位；第二，从“经济—政治—社会”的立体视角定位西部大开发，指出新一轮西部大开发战略的实施就是要推动西部地区经济又好又快发展和社会和谐稳定，最终服务于全国社会主义和谐社会的构建；第三，从国家长期可持续发展战略全方位出发，指出新一轮西部大开发是以生态建设和环境保护为基础，坚持开发与保护相互促进，为国家生态安全和可持续发展奠定基础；第四，从国家安全角度出发，推行西部大开发为构建我国国防屏障和民族安全屏障，维护国家长治久安奠定基础。

（2）拥有更为丰富的内涵。2010 年 7 月，胡锦涛在西部大开发工作会议上明确新一轮西部大开发的目标，指出从 2010—2020 年十年期间，要实现三个大台阶的跨越，即“西部地区综合经济实力上一个大台阶，基础设施更加完善，现代产业体系基本形成，建成国家重要的能源基地、资源深加工基地、装备制造业基地和战略性新兴产业基地；人民生活水平和质量上一个大台阶，基本公共服务能力与东部地区差距明显缩小；生态环境保护上一个大台阶，生态环境恶化趋势得到遏制”。

三个大台阶的跨越从经济社会、生活水平、环境保护等方面全面阐述了深入推进新一轮西部大开发的主要方向和攻坚任务。通过新目标的提出，新一轮西部大开发拥有更为丰富的内涵：第一，新一轮西部大开发发展层次更加深入。明确综合交通运输体系、水利、电网等基础设施建设不只是作为基础建设，更是提升发展保障能力的渠道。提出通过转变发展方式来发展特色优势产业，带动现代产业体系的基本形成，最终实现多种产业协调发展新格局。第二，新一轮西部大开发更加注重以人为本，以改善民生为核心。新一轮西部大开发坚持将保障和改善民生作为一切工作的出发点和落脚点，旨在让西部地区各民族群众共享改革发展成果。在新一轮西部大开发战略中，加大对西部地区用于教育、医疗、社保、扶贫开发、文化等方面的财政、政策支持力度。第三，新一轮西部大开发更加注重经济发展质量，注重西部地区经济发展的内生性增长。新一轮西部大开发战略更加注重科学发展，坚持转变发展方式，从追求经济发展总量向追求经济结构调整和优化方向转变，以确保西部地区绿色、集约、可持续发展；以追求经济发展效率公平而非发展速度，优化区域经济发展路径，实现城乡、经济社会、区域和民族一体化；以追求经济环境和谐共生而非单纯的经济收入，形成人与资源的“双向”互动发展；以追求物质生活与精神生活同时发展，确保提高居民的生活质量，缩短区域间和区域内部差距，实现区域内外均等化发展。

3. 新一轮西部大开发的实施思路和战略重点

2010 年，国务院发布《关于深入实施西部大开发战略的若干意见》，对

2010—2020年新一轮西部大开发战略的总体目标和重点任务，进行了明确的部署。具体内容包括：（1）加快基础设施建设，提升发展保障能力。（2）加强生态建设和环境保护，构筑国家生态安全屏障。（3）夯实农业基础，统筹城乡发展。（4）发展特色优势产业，增强自我发展能力。（5）强化科技创新，加强人才开发。（6）大力发展社会事业，着力保障和改善民生。（7）加强重点经济区开发，支持老少边穷地区发展。（8）坚持体制机制创新，扩大对内对外开放。（9）提高公共管理水平，促进社会和谐稳定。（10）完善政策措施，进一步加大支持力度。（11）加强领导，切实把西部大开发各项任务落到实处。

2012年2月，国务院批复国家发展和改革委员会组织编制的《西部大开发"十二五"规划》按照中央提出深入实施西部大开发战略的总体要求，提出"十二五"时期西部大开发的奋斗目标。随着进程的不断推进，在不断发展的六大"新形势"下，2017年1月，国务院批复国家发展和改革委员会组织编制的《西部大开发"十三五"规划》。按照中央提出深入实施西部大开发战略的总体要求，在经济持续发展、创新驱动发展能力增强、转型升级实质进展、基础设施完善、生态环境改善、公共服务能力增强等六个方面提出了"十三五"时期西部大开发的奋斗目标。要求遵守坚持创新驱动、加快动力转化；坚持协调协同，促进有序开发；坚持绿色永续，建设美丽西部；坚持开放引领，促进互利共赢；坚持民生为本，实现成果共享等原则，提出十大重点任务。具体内容包括：①在构建区域发展新格局方面，构建功能边界清晰、空间利用高效、类型区划规范的集约优化的空间开发格局。培育建设一批主题特色鲜明的功能区，支持全面小康攻坚区发展。②在筑牢国家生态安全屏障方面，注重制度建设、环境保护、节约集约，完善相关体系等建设。③在增加公共服务供给方面，要求提升国民教育质量、群众健康水平、健全社会保障制度，以及创新社会治理制度。④在打赢脱贫攻坚战方面，提出针对不同贫困类型分类施策，实施产业扶持、转移就业、易地搬迁、教育支持等脱贫方式方法。⑤在促进创新驱动发展方面，提出拓展创新领域，培育壮大创新主体，搭建创新平台体系，构建创新体制机制和推动大众创业、万众创新。⑥在坚持开放引领发展方面，提出加快内陆沿边开放，培育多层次开放合作机制，推进相关国家务实、国际产能、装备制造等合作，打造陆海内外联动、东西双向开放的全面开放新格局。⑦在完善基础设施网络方面，提出着力构建综合运输大通道，强化设施管护、结构优化、功能配套、安全高效、服务效优。⑧在培育现代产业体系方面，提出塑造产业核心竞争力，构建资源优势突出、创新能力较强、产业链条齐备、生态承载合理的现代产业发展体系。⑨在大力发展特色优势农业方面，提出着力构建现代农业产业体系，形成资源高效利用、地域特色突出、产品质量安全等综合考虑、多维度的农业发展新格局。⑩在推进新型城镇化方面，提出以人为核心的新型城镇化道路，以及科学规划城乡建设，加强分类指导，因地制宜优化城镇体系布局与形态。

由此可知，新一轮西部大开发主要指2010—2020年以切实改善民生为核心，构建现代化基础设施体系，完善特色优势产业体系，深化对外开放开发力度，推进西部特色新型城镇化、工业化、信息化进程，培育新的增长极，建立健全资源开发和生态补偿机制，促进特色新型城镇化和工业化，促进基本公共服务均等化，加大沿边地区开放开发，全面建设小康社会等主要任务，任务和目标更加深入明确。这使新一轮西部大开发比上一轮西部大开发更具战略意义，也面临着更大的挑战。

二、西南沿边地区

（一）西部地区

我国西部地区包括重庆、四川、贵州、云南、西藏自治区、陕西、甘肃、青海、宁夏回族自治区、新疆维吾尔自治区、内蒙古自治区、广西壮族自治区等12个省（自治区、直辖市）。西部地区幅员辽阔，人口稀少，面积为687.28万平方千米，占全国的71.6%，人口占全国人口总数的28%。西部地区陆地边境线长达1.8万多千米，约占全国陆地边境线的78.94%，与蒙古、俄罗斯、塔吉克斯坦、哈萨克斯坦、吉尔吉斯斯坦、巴基斯坦、阿富汗、不丹、尼泊尔、印度、缅甸、老挝、越南等13个国家接壤；与东南亚许多国家隔海相望，有大陆海岸线1595千米，约占全国海岸线的1/11。西部地区地广人稀，矿产、土地、水资源等极为丰富，是我国资源富集区，人均矿产资源居于全国前列，具有巨大的开发利用潜力。此外，还拥有丰富多彩的旅游资源，自然景观和人文景观交相辉映。西部地区分为西南 5 个省区市（四川、云南、贵州、西藏、重庆）、西北 5 个省区（陕西、甘肃、青海、新疆、宁夏）和内蒙古自治区、广西壮族自治区，是全国民族分布最集中的地区。

（二）沿边

沿边又称为边境，广义是指“靠近国界的那个地方”，包括陆疆和海疆。沿边一般是指陆疆，常指两国间的政治分界线，或者是一国之内定居区与无人定居区之间形成的宽度不等的地带。其基本特征是：一是要有与邻国相接的国界线；二是其本身显示自然、历史、文化等多方面特点。边境的经济意义是在地缘经济时代，国家实行对外开放政策，使边境成为对外开放的前沿，人们可以进行边境贸易和跨国运输等跨界互动活动。

我国沿边地区地域辽阔，沿边境线的陆疆省区包括：黑龙江、吉林、辽宁、内蒙古自治区、甘肃、新疆维吾尔自治区、西藏自治区、广西壮族自治区和云南省 9 个省（自治区）和 135 个县市。严格地说，由于内蒙古自治区、广西壮族自治区和黑龙江、吉林、辽宁、云南等省存在不与边界线相连的区域，因此不能将这些省区的所有区域视为沿边地区。但考虑到数据收集的可取性和研究的延续性，对我国沿边地区的界定依然为这 9 个省（自治区）。长期以来，沿边各族人民担负着保卫边疆和建设边疆的双重任务，为祖国团结统一、繁荣富强作出了巨大的贡献。国家国防和民族经济的繁荣与稳定，能有效促进边境民族地区的和平稳定发展。沿边地区的交通运输特色为口岸，口岸是指国际贸易在边境地区交易的港口或场所，对边境小额贸易、边民互市等产生了极大影响，直接影响沿边地区的外向型经济与经济社会的繁荣。

（三）西南沿边地区的范围界定与特征

考虑统计数据的可取性、学者研究的延续性，本书的西南沿边地区覆盖广西、云南、西藏 3 个省（自治区），包括 37 个地级市。

广西壮族自治区位于华南地区西部，南濒北部湾、面向东南亚，西南与越南毗邻，大陆海岸线长约 1595 千米，是西南地区最便捷的出海通道，是全国唯一具有沿海、沿江、沿边优势的民族自治区，是中国与东盟之间唯一既有陆地接壤又有海上通道的自治区，在中国与东南亚的经济交往中占有重要地位。境内有壮族、瑶族、苗族、侗族、仫佬族、毛南族、回族、京族、彝族、水族、仡佬族等11个世居民族。此外，得益于其地理位置，广西拥有丰富的口岸资源，拥有崇左、防城港、百色3个边境地级市，凭祥、龙州、宁明、大新、东兴、防城、靖西、那坡等8个边境县（市），与越南的谅山、广宁、高平、河江等4个边境省和17个县接壤，边境线长达637千米。广西目前已开放的口岸共有25个，其中，经国务院批准的一类口岸有19个（铁路口岸1个，空运口岸3个，水运口岸3个，海港口岸6个，陆路口岸6个），二类口岸6个（均为内河口岸），中越边民互市点26个。口岸资源促进了中国与东盟国家开展经济合作，成为促进当地进出口贸易，乃至经济发展、边民生活水平提高的主要力量。

云南省位于我国西南边陲，是人类重要的发祥地之一。国境线长4060千米，与缅甸、老挝、越南3个国家相邻。素有“动物王国”和“有色金属王国”的美誉，境内有彝族、白族、哈尼族、傣族、壮族、苗族、回族等25个民族。地缘优势使云南形成陆、水、空齐全的口岸体系。目前，云南的16个地级市（州）、108个县（区、市）中有25个县属于边境地区，边境地级市（州）包括怒江、保山、德宏、临沧、普洱等。截至2016年底，全省共有25个口岸，其中，一类口岸18个（航空口岸4个、水港口岸2个、铁路口岸1个、公路口岸11个），二类口岸7个（均为公路口岸）。云南省已形成集公路、铁路、水运、航空于一体的立体型、多层次、多元化口岸开放体系，直接带动我国与东南亚、南亚的客货运输，促进人流、物流、资金流、信息流在口岸不断集聚，带来口岸进出口额的增加，更进一步促进地区开放开发，经济互联互通作用凸显。

西藏自治区位于我国西南，北临新疆，东接四川，东北连接青海，东南紧靠云南，是我国西南边陲的重要门户。

因此，本书研究西南沿边地区范围包括云南、广西壮族自治区和西藏自治区，其特征如下。

1. 西部沿边

西南沿边地区地处西南边陲，与南亚和东南亚地区包括印度、尼泊尔、不丹、缅甸、老挝、越南等6个国家接壤，土地面积186.11万平方千米，约占国土面积的 1/5，陆地边境线长达 9080 多千米，海岸线 1595 千米，与其他国家接壤的地级市以上城市 15 个，沿边县（市、区）54 个，土地面积合计为 90.36 万平方千米，总人口 2272.9 万人，分别占整个西南沿边地区的 50.92%和 21.3%。漫长的边境线和海岸线让西南沿边地区拥有独特的口岸资源、港口资源以及通道资源。广西、云南两省（自治区）拥有经国务院批准的一类口岸 37 个，二类口岸 13 个，基本形成了沿海水运口岸密集分布，沿边地区铁路口岸、公路口岸多点开放，重点城市和旅游城市航空口岸基本覆盖的全方位、多层次、立体化口岸开放格局。西南沿边地区拥有丰富的内河和沿海港口资源，北部湾港口群成为衔接海陆经济一体化的纽带。此外，还拥有通往越南、新加坡等国家的跨境公路和铁路，有助于促进跨境商贸旅游交流合作。

2. 民族集聚

以广西、云南、西藏 3 个省（自治区）为主体的西南沿边地区，拥有 50 多个民族，有 231 个民族县、101 个国家扶贫工作重点县和 51 个边境县，分别占全国的比例为 36.49%、17.06%和 39.53%。据第六次全国人口普查数据显示，西南沿边地区拥有民族人口 3520.44 万人，汇聚了全国 1/3 的民族人口，占地区总人口的 35%。

3. 资源丰饶但发展落后

西南沿边地区地域辽阔，拥有丰富的矿产资源、生物资源、水能资源、旅游资源等，但由于人口相对稀少、生态环境恶劣、基础设施落后等原因导致没有形成丰富的产业，没有形成大规模产业集聚、成熟的产业链以及依托产业发展的经济增长极等。这些都导致了西南沿边地区国内生产总值、人均 GDP、可支配收入、工资水平等长期跟不上全国平均水平，与东、中部地区差异明显。全国 592 个国家扶贫开发工作重点县分布 21 个省（直辖市、自治区），以云南最多，高达 73 个，占全省县级区划的 56.6%；广西有 28 个，占全区县级区划的 25.7%，8 个边境县中有 3 个是扶贫重点县。

4. 安全维稳责任重大

由于地缘特点、文化联系、宗教关系与跨界民族等因素，导致维护西南沿边地区社会稳定压力大。加之地处国家边界线，长期存在经济、社会、政治等多方面不稳定因素，经济基础薄弱，社会发展机制不完善，组织机制建设相对落后，城乡、区域、产业、行业差距明显等，使该地区周边外交、文化安全均受到威胁。

三、综合交通运输体系

（一）交通基础设施

从亚当·斯密开始，国内外学者已经从不同角度对基础设施概念进行了研究。经济学巨著《现代经济词典》（格林沃尔德）将基础设施解释为一种“社会间接资本”，包括支撑一国社会基础经济的工业部门如交通、能源、电力等，管理经验及生产技术，社会风尚，国民受教育水平等无形资产。与此同时，亚当·斯密在其所著的《国富论》中提出基础设施对于一个国家或者地区的经济发展具有促进作用，并对相应内容进行了论述。此后，随着发展经济学的兴起与发展，罗森斯坦·罗丹将交通、水利、能源等基础工业定义为基础设施，同时提出基础设施是工业化进程的关键因素，是经济发展的基础。沃尔特·罗斯托认为基础设施是社会的先行资本，提出基础设施对地区经济发展的促进作用不可替代。其后，加里·贝克尔和西奥多·舒尔茨将基础设施分为人文基础设施和核心基础设施，提出人文基础设施一般包括教育、卫生、文化等，核心基础设施包括电力、交通等。到20世纪末，艾伯特·赫希曼在其所著的《经济发展战略》一书中对基础设施进行了更为深入的研究，指出基础设施是社会的间接成本，更是一国进行农业、工业、服务业等产业活动不可缺少的基本要素。同时对社会间接成本的四个判断条件进行了归纳总结：①该资本提供的服务是其他经济社会活动必需的；②该资本不论是由私人还是团体提供，都必须受政府控制，而且要求无偿提供或者按照公共产品收费标准进行收费；③该社会间接成本所提供的劳务不能由国外进口获得；④该资本投资周期较长、规模较大、投入产出比高，投资的技术手段非常重要。根据这四个条件，一般将满足前三个条件的资本称为广义基础设施，包括通信、法律等；能满足全部条件的为狭义基础设施，包括交通、电力、能源等。

基于国外学者有关基础设施的研究，我国学者主要从基础设施的性质、职能、作用等方面进行了研究。1983 年，刘景林在其学术论文中指出基础设施对国民经济发展有着重要的作用，并从职能角度将基础设施划分为三种类型，即社会型的基础设施、生活型的基础设施和生产型的基础设施；从基础设施与生产部门发展关系上，划分为与生产部门同步的、超前的、随后的三种类型，并指出我国在投资与建设基础设施时，应采取“超前建设，同步形成”的混合型发展模式。于光远在其著作中对基础设施进行了定义，是指在国家社会的经济生活中，能够为生产、流通等部门提供公共服务（如医疗、卫生、通信、教育等）的设施。

综上所述，国内外学者对基础设施的研究集中于：基础设施能为生产部门提供产品和服务，是一国经济社会活动的基础，具有投资规模大、周期长等特点。高新才教授在其所著的《区域经济与区域发展》一书中，给出广义基础设施的定义。他将广义基础设施细分为两大类，即制度性基础设施和物质性基础设施。其中，制度性基础设施主要包括法律法规、政策制度等上层建筑，这些能对生产要素的利用效率产生很大影响；与此同时，物质性基础设施包括非生产性基础设施和生产性基础设施两部分，二者对生产要素的可利用性产生重要影响。他进一步提出，非生产性基础设施包括教育、卫生、科研、文化、环境等；生产性基础设施则包括通信、能源、交通、水利等。本书有关交通基础设施的内容，属于其所提出的物质性基础设施中的生产性基础设施，包括公路、铁路、水路、港口、机场等，目的是满足客运与货运需求，对人们生产生活和经济社会的正常运行及发展不可或缺。

（二）各类交通运输方式的技术经济特性

交通运输是社会经济的基础设施和重要纽带，对促进社会分工、经济发展和社会进步发挥着重要的作用。目前，现代化的交通运输方式主要有五种，包括公路运输、铁路运输、水路运输、航空运输和管道运输。不同的交通运输方式有不同的技术和经济特性，因此其适用范围也不同。是否采用某种交通运输方式与该地区发展程度、发展需求、承担的功能等因素息息相关。五种运输方式技术经济特性的比较见表 1-2。

表 1-2　五种主要现代化运输方式技术经济特性比较

运输方式	技术经济特性
公路运输	• 连接城市与城市、城乡之间和乡村之间以及工矿基地之间，可实现门口到门口； • 机动、快捷、灵活、方便，适应性强； • 高等级公路建设占地面积大，投资费用大； • 污染环境严重，安全性低，受天气条件限制； • 运量小，能耗大，运输成本高
铁路运输	• 运量大，运行速度快，安全性好，受天气条件限制小； • 运行连续性高，能耗低，通用性好； • 投资大，建设周期长，占地面积较小； • 环境污染小，噪声低，运费较低，机动性差
水路运输	• 载重量大，能耗小，成本低； • 投资少，不占土地，但容易受水位、天气等条件限制，持续性差； • 有海运和河运之分
航空运输	• 速度快，安全，灵活性大； • 完成单位周转量的社会劳动消耗水平低； • 基本建设周期短，航空技术是高科技密集型技术，投资额度较高； • 运量小，能耗大，营运成本高，受天气影响较大
管道运输	• 服务长距离液体和气体物资的输送； • 运载量大，连续性强，货物运输完整，损耗小，有保障； • 建设固定投资大，营运投资成本低，建设周期短； • 运输安全，占地少，污染低，货物运送简便； • 管理简单，使用方便，灵活性差，专用性强

资料来源：作者根据相关资料整理。

由于不同交通运输方式的技术经济特性不同，导致公路、铁路、水路、航空、管道等运输方式有着不同的适用范围。各种交通运输方式根据等级、技术等又可以进行细分，如公路运输根据技术等级划分为高速公路、普通国省道公路以及城市快速公路等，不同的公路等级其经济技术特征和适用范围也各不相同，因此，不同地区由于地理位置、地形地貌、人口密度、自然环境等原因，对五种交通运输方式的需求各有不同。为了解目前西南沿边地区综合交通运输体系的现状，找出适应西南沿边地区经济社会可持续发展的综合交通运输方式，先对五类交通运输方式的有效适用范围进行分析。其中，公路运输主要从高速公路、普通国省道和城市快速公路三个方面分析；铁路运输从高速铁路、城际铁路、普通铁路三个方面分析；水路运输从内河港口和沿海港口两个方面分析；航空运输从枢纽航线和支线航空两个方面分析。具体分析见表 1-3。

表 1-3 五种运输方式有效适用范围比较

运输类型		适用范围
方式	设施	
公路	高速公路	• 适应 120 千米/小时或者更高的速度； • 适宜客运和鲜货、集装箱的零担运输； • 承担门户枢纽与国内其他地区、区域内服务中心城市之间的干线交通联系；城市、城镇群内部核心城市之间，相邻城市之间的快速联系
	普通国省道公路	• 连接各大经济中心、港站枢纽、商品生产基地和战略要地，沟通县域经济及城乡交流； • 承担为其他干线交通分流、集散功能； • 国防、战备功能
	城市快速公路	• 车速 60~100 千米/小时，没有红绿灯，可连续通行； • 承担市区内部、核心区之间及核心区主要节点快速联系； • 城市交通与干线交通（过境、跨境）的转换
铁路	高速铁路	• 时速最低 250 千米，旅客专用； • 载客量高、耗时少、正点率高、能耗较低、安全； • 承担门户枢纽、主要中心城市与国内其他地区高服务水平的陆路客运联系
	城际铁路	• 客车设计开行时速 160~250 千米的动车型铁路； • 区域内城市之间、交通枢纽之间中长距离客运联系
	普通铁路	• 承担经济腹地与国内其他地区普通服务水平联系； • 承担区域内部主要客货运枢纽与腹地之间的联系； • 城市内部及城市近郊、卫星城镇及相邻城市之间的短距离通勤客运交通； • 大宗货物运输
水运	内河港口	• 国内江湖河川等天然或人工水道，货客运输； • 大件货物、低档货物； • 是内陆腹地与沿海地区的纽带，边疆地区与邻国边境河流的连接线； • 可以是枢纽港口，也可以是支线港口
	沿海港口	• 海上航道在不同国家和地区港口之间运送货物； • 应用于国际贸易运输； • 承担经济区域与世界各地之间远距离、大运量的客货运交通联系； • 主要是枢纽港口

续表

运输类型		适用范围
方式	设施	
航空	枢纽航线	• 承担与国内、世界其他地区的长距离联系，以及与腹地之间的中、短程航空联系； • 拥有国际、国内航线密集的机场； • 一般为复合枢纽机场或者区域性门户枢纽机场； • 时间是重要因素，中长距离运输； • 单位体积及重量价值高的货物运输
	支线航空	• 枢纽和干线机场集散客（货）源的区域性航线运输； • 承担与邻近地区之间短距离、高频度的航空联系； • 航线主要呈单向分布、非辐射性分布，航班以国内和省内为主； • 机场处于非首都、非省会或非自治区首府城市
管道	管道	• 专门由生产地向市场输送石油、煤和化学产品等； • 总运量及日运量大的运输； • 要求运输不间断，长距离运输，其货物为液体、气体或加工成悬浮固体物的运输

资料来源：作者根据相关资料整理。

通过表 1-2 和表 1-3 可知，不同交通运输方式具有不同的经济技术特征，具有不同的最佳适用范围。构建区域综合交通运输体系，既需要从运输方式的技术经济特点出发，综合考虑不同交通运输方式之间的相互关系；又要考虑地区经济社会发展需求，准确定位各种运输方式的发展方向，指导形成和发展适合地区经济社会全面可持续发展的综合交通运输体系。

（三）综合交通运输体系的定义与特征

交通运输发展与社会经济发展息息相关，是经济发展到一定阶段的产物。交通运输技术的不断革新和进步推动交通运输工具的更新换代，如火车、轮船、汽车、飞机等，继而助推各种交通运输方式的革新发展。综合交通运输体系是一个不断优化、完善的过程，是基于可持续发展理念和战略、从国家整体利益和战略角度追求的执行结果和理想目标。构建综合交通运输体系需要根据各种交通运输方式的特性，发挥各自的比较优势，建立一体化的运输系统，实现各种运输方式之间、城市交通和外部交通的无缝连接，实现系统效率和服务质量的提高，在可供资源的支撑下，满足不断增长的各种客、货运输需求和人们生活质量提高的需要。综合交通运输体系不仅与发展理论和战略息息相关，而且与地区发展基础、社会制度和经济发展阶段息息相关，国内外学术界对综合交通运输体系的内涵的理解及定义也由于经济发展的现状不同而有所区别。本小节从综合交通运输体系演化历程、概念界定、基本特征、构成要素等方面进行分析，以期为新一轮西部大开发背景下西南沿边地区综合交通运输体系的构建奠定理论基础。

1. 综合交通运输体系演化历程

综合交通运输的思想最早可追溯于19世纪下半叶，西方国家如美国、英国最早提出综合交通的概念。1887年，美国《州际商业法》10101条款修正案附加条款规定：要充分认识并保护每一种运输方式的内在优势。该思想已经明确不同交通运输方式有其独特优势，体现不同交通运输方式要共同发展的思想，为实行多种交通运输方式共同发展政策奠定了基础。进入20世纪，英国、美国等西方国家在自身发展的基础上相继提出有关综合运输体系的概念。20世纪20年代，英国首先出现了“Coordination of Transport”（运输协调）和“Integration of Transport”（运输一体化），并开展“使一切可能利用的交通工具协调发展”的交通政策研究课题。到20世纪40年代，美国在《1940年运输条例》中规定：“运输系统由多种方式构成，国家对各种运输方式实行公平待遇，承认和保护各种运输方式的内在优势，防止各种运输方式间的过度竞争；国家运输政策保持水路、公路和铁路及其他运输方式的协调和健康发展，并最终形成统一的国家运输体系，以满足美国商业、邮政及国防的需要。”1975年，苏联运输经济学家哈恰图洛夫将几种运输方式简单加总，提出综合运输体系是包括铁路、内河航运、海运、汽车以及航空和管道运输等方式在内的交通运输体系。该概念并没有真实反映综合运输的内涵。随着经济社会的不断发展，不同国家对综合交通运输进行了更为深入的研究。为配合经济社会的不断发展，日本实行的经济计划侧重综合交通运输体系的研究建设，1994年，日本综合运输问题研究会对综合交通运输体系定义并界定为“为了使现有运输体系向合理化方向发展而进行的对各种不同运输方式的分工”，强调不同运输方式需进行合理分工，以实现理想化的运输体系。

1995 年，美国交通运输专家穆勒出版了《综合货物运输》（第三版），其在书中指出综合运输系统是一种客货运输体系，在客货运输过程中每个组成部分灵活性强，都能有效地相互连接与协调；当处于货物运输时，综合运输是指货物能在两种及两种以上运输方式之间进行无缝和连续对接，实现门到门的运输；货物的直达运输作业过程，主要是通过货运单据来对接，进行逻辑或流程上的连接和处理。总而言之，西方学者侧重于各种交通运输方式的整合，以实现货物和旅客的直达运输。随着区域之间联系的不断深化，交通运输一体化逐渐深入人心，国内外学者先后对交通运输体系进行了研究。例如，国外学者 A. D. May（1991），M. Janic（2001），A. Hull（2005）和 Oliver（2010）等对交通运输一体化的定义、内涵、理念和措施等进行了研究探索。

我国对综合交通运输体系进行研究开始于新中国成立之后，大体可以分为三个阶段。起步阶段始于中华人民共和国成立以后，我国在实行第一个五年计划时充分认识到交通运输滞后阻碍国家经济发展这一事实，最早采用“Comprehensive Transportation”（综合交通）开始研究综合交通运输体系。第二阶段开始于改革开放后，为缓解交通运输业与国民经济发展不相适应的矛盾，先后对短、中、长途运输，汽车与铁路、水路等运输的合理分工等方面开展研究，形成了“中国应该发展以综合运输为核心的交通运输业，赞成各种运输方式扬长避短，合理分工，协调发展”的综合运输思想。第三阶段开始于 20 世纪 80 年代末，这一时期我国交通运输业发展较快，国家交通建设部门先后制定综合交通运输总规划和各种交通运输方式的规划，走系统规划、系统建设和系统运营道路。通过规划、建设、运营，我国逐渐形成了国家交通运输网的骨干通道和综合交通枢纽。此外，交通一体化逐渐引人注目，国内学者贺国光（2003）、罗仁坚（2004）、付建飞（2007）等对交通运输一体化的内涵、作用、特征等内容进行了研究和论述。

总体来说，区域交通运输一体化是区域经济社会发展到一定阶段的客观必然要求，具有一定的阶段性特征。交通运输一体化一般是若干国家或地区为充分利用其经济地理条件，打破国界或行政区划进行紧密联系，在整个区域全局层面构建综合交通运输体系，以适应整个区域经济社会发展需求。该一体化的思想渗透综合交通运输体系的规划、建设、管理及运营等方面。交通运输一体化不仅包括区域内各国（或行政区划）交通运输方式的有效衔接，还包括各种运输方式之间的分工协作和优势互补，将现代先进技术运用其中，实现交通资源在物理上和逻辑上的“整合”与“集成”，以及运输过程中的“无缝”与“连续”，综合考虑多种运输方式的协调和均衡发展。此外，区域交通运输一体化还包括行业的集约化、规模化。交通运输一体化发展要突破区域行政规划的限制，将交通基础设施建设与区域经济社会发展结合起来，成为现代交通运输系统发展的趋势。具有以下特征。

（1）整体协调性。一体化交通运输体系淡化了行政区划的概念，使地域相近、经济发展相近的若干行政个体组成一个不可分割的整体。交通运输一体化要求区域交通运输系统从规划、建设、调控等过程就强调局部和整体的协调性，在整个空间区域进行空间管制，进行协调发展。

（2）开放包容性。尽管一体化交通运输系统是一个具有组织机制的整体，但仍然是一个开放的系统，系统内的国家（或地区）依然独立存在，可以同其他相关区域或区域内其他国家（或地区）进行社会经济循环，依托交通工具进行客货运交流，促进多层级城镇系统的形成。

（3）多维创新性。交通运输一体化包括交通运输方式的有效衔接、交通管理体系的分工合作、交通基础设施的信息化与智能化，因此，一体化的交通运输可以从多个角度进行创新，包括管理体制的创新、交通装备技术的创新、交通运输关系的协调与优化。

总之，随着交通运输的不断发展，综合交通运输体系逐渐成为越来越复杂的系统，既对铁路、公路、水运、航运、管道等交通运输方式提出更高要求，又对区域多层次的组织机构、交通运输方式的层级发展、站点建设、经营结构、车辆运行、管理体制等提出更高的要求。目前，综合交通运输体系的内涵和理念更加深化和全面，综合交通运输不仅体现在不同交通运输方式自身技术的革新发展，还包括不同交通运输方式的分工衔接与合理配置，以及交通的信息化、智能化等。综合交通运输的作用越来越明显，其不断发展以满足我国经济社会的需求。与传统的交通运输发展模式相比，综合交通运输体系建设是某个国家或区域为了共同的目标和共识而进行综合考虑后的建设，能发挥更大的经济效益和社会效益，能更加适应当前经济的多样化、国际化、信息化和持续稳定发展的新要求。

2. 综合交通运输体系的概念界定

目前，国内外专家根据新的发展趋势和研究认识，对综合交通运输概念的表述各不相同。西方发达国家对其所做定义与所在国家交通运输发展的背景、阶段和目标息息相关，一般是在国家或地区拥有基本稳定的交通基础设施规模，且整体交通运输达到相对较高的发展水平，在各种交通运输方式形成较强竞争的环境下提出和形成的。因此，有关综合交通运输的定义侧重于运输环节的有效衔接、运输过程中不同交通方式的合理利用，最为代表性的有美国和欧盟。国内有关综合交通运输体系的研究长期受制于我国经济社会的发展水平，结合我国现实特点，既要解决交通运输能力不足的问题，又要通过有机衔接最大限度地发挥既有效能。国内外有关综合交通运输体系的典型概念总结见表 1-4。

表 1-4　国内外有关综合交通运输体系的典型概念

来　源	概　念
西方国家	通常采用 Integrated Transportation 一词，并将综合运输定义为：使两种以上运输工具在最佳化基础上整合，以实现旅客和货物的直达运输
欧盟	各种运输方式能够整合到门到门的运输链中，并显示出各自合理的内在经济特性和运营特性，以提高运输系统的整体效率
美国	国家综合中心认为：综合运输是一种对运输系统进行规划、建设和运营的方法，它强调运输资源的有效利用和方式间的衔接。 学者认为：对于货物运输，综合运输是货物在两种以上运输方式上进行的无缝和连续的门到门运输
杨洪年（1991）	在社会化的运输范围内和统一的运输过程中，按照各种运输方式的技术经济特点形成分工协作、有机结合、布局合理、联结贯通的交通运输综合体
高家驹（1993）	相对于单一运输体系而言，是各种运输方式在社会化的运输范围内和统一的运输过程中，按其技术经济特点组成分工协作、有机结合、联结贯通、布局合理的交通运输综合体
李鹏（1997）	我国交通运输业应以铁路为骨干、公路为基础，充分发挥水运，包括内河、沿海和远洋航运的作用，积极发展航空运输，适当发展管道运输，建设全国统一的综合运输体系

续表

来 源	概 念
王庆云（2002）	综合运输体系是市场经济发展到一定阶段，在科技创新和制度创新的作用下产生的一种现代交通运输的组织形式。其理论可以概括为：为满足国民经济和社会发展的需要以及客货运输用户的需求，将铁路、公路、水运、民航、管道等五种现代运输方式作为一个有机整体进行系统研究、系统规划和系统建设，形成整体的系统能力，并以市场经济为导向、以高新技术为基础，在充分发挥运输方式比较优势的前提下，为人类经济发展与社会进步及客货运输用户提供安全、快捷、方便、舒适、经济、优质服务的综合系统。它至少包括硬件设施（运输网络与装备系统）、软件系统（以现代信息技术与现代化管理手段为基础的安全、高效的运营与管理系统）和服务系统三个子系统
罗仁坚（2003）	适应于一个国家或地区的经济地理特征，适应社会经济发展和人们生活水平提高的要求，各种运输方式分工协作、优势互补、结构优化，采用现代装备技术和在信息技术的支持下，在物理上和逻辑上实现一体化衔接的现代交通运输系统的有机整体。该理论同时体现了各种运输方式的技术经济特征和可持续发展思想
交通大辞典编辑委员会（2005）	充分利用各种运输方式，组成统一的运输体系，在统一计划下分工协作，共同完成运输任务的一种运输组织活动形式
邹海波（2007）	现有技术经济条件下，以最恰当的运输方式最大限度地满足运输需求过程
荣朝和（2008）	综合运输体系是实现一体化交通运输的设施、技术、经济和制度系统，包括围绕连接性和一体化核心的一系列功能与服务、技术装备与标准、基础设施、组织与市场结构以及经济、政治、文化体制与政策的圈层构架，这些圈层之间紧密联系，相互支撑，共同高效率地满足现代社会经济的一体化和可持续运输需求
徐宪平等（2010）	综合交通运输体系由基础设施、技术装备和运输服务三大部分构成，综合交通运输体系对各种运输方式在各自和综合发展上进行双重考虑，既强调各种运输方式在经济社会所提出的需求下自成体系发展，更强调综合运输体系概念，提出了“各种运输方式分工协作、优势互补，采用现代先进技术在物理上和逻辑上实现一体化”发展，还强调了将基础设施、技术装备和运输服务三大组成部分作为一个有机整体，全面（国家综合交通运输系统）和分不同层次（区际、城际、城市和农村综合交通运输系统）推进发展

资料来源：根据相关文献资料整理。

国内外学者对综合交通运输体系的定义虽然表述不同，但其所强调的综合目标是为了提高整个交通运输系统的建设与运行效率，因此其核心内涵是一致的，既强调各种交通运输方式的有机衔接、高效协调，最终发展方向为交通一体化，又强调交通发展的高速化、大型化、专业化和网络化。但由于不同的交通运输方式在建设初期基本上是独立、孤立发展，即每种交通方式由于具有不同的技术经济特征、优劣势，有自己的发展模式、空间拓展和特定交通需求，同时由于我国长期关注大交通系统的总量供给不足和结构不合理问题，却没有深入研究各种交通运输方式的衔接问题。因此，不同运输方式的“无缝对接”“一体化”等方面，以及根据不同区域发展阶段特征整合谋划建设综合交通运输体系则成为关键。

本书在前人研究的基础上，结合我国各运输发展现状，将综合交通运输体系定义为：为适应某国家或地区经济社会发展的需要，按照铁路、公路、航空、水运、管道等不同交通方式的技术经济特点，在功能组合、优势互补、技术先进、合理竞争、资源节约的原则下，形成分工协作、有机结合、布局合理、联结贯通、运行高效的有机交通运输综合体，从而有效实现区域内外交通衔接互补，以期实现运输效益的最大化或最大限度满足运输需求。综合交通运输体系服务于区域和城市经济社会发展，根据其服务范围可分为区域综合交通运输体系和城市综合交通运输体系。因此，综合交通运输体系由以下三部分组成：第一，由运输工具与动力设备、运输线路等硬件要素组成的交通基础网络系统，即五大交通运输系统网络化布局；第二，各种交通运输方式之间高效用、高效率衔接一体的协同系统；第三，有关交通运营、管理和服务的技术、环保等。后两者是有关技术、宏观政策引导、组织管理、人力资源等的软件要素，旨在提高运输的服务和质量。本书侧重研究综合交通运输体系组成的前两部分，并根据西南沿边地区交通方式发展现状，界定了本书综合交通运输体系的范围。

我国西南沿边地区是由广西、云南、西藏三省（自治区）组成的跨行政区域，综合交通运输发展水平在总量规模、网络布局、协作运输、智能管理等方面存在不足，为便于对西南沿边地区的综合交通运输体系进行整体研究，本书对综合交通运输体系的分析主要包括：以公路、铁路、水路、航空为主[①]的基础交通运输网络；体现各种交通运输方式的有机衔接、协同发展、城市内外交通协调发展的综合交通枢纽与城市交通运输体系。有关综合交通运输体系的现状、实证、政策等内容皆从公路、铁路、水路、航空、综合交通枢纽与城市交通运输体系五个方面进行研究。

---

① 由于西南沿边地区（广西、云南、西藏）的管道交通，目前仅云南有中缅油气管道刚开始运营，西藏管道客货运输量较小，故不做研究。

3. 综合交通运输体系基本特征

综合交通运输体系旨在提高运输效率和社会整体的经济效益，需要根据经济社会发展所处的不同阶段，发展与其经济社会发展相适应的交通网络布局、运输规模、运输管理体制、运输等级和能力等，具有以下显著的特征。

第一，五种交通基础设施建设应服务经济产业发展和人民生活质量提高的需要。由于不同交通运输方式本身具有不同的经济技术特征和不同的最佳适用范围，因此，各种交通运输方式的数量扩张和质量提升在不同地区、不同时期的侧重不同，需要综合考虑当地经济社会发展现实、交通运输现状和规律等，制定各种运输方式的布局、规模等建设规划，提高综合运输体系基础网络的整体效率。

第二，综合交通运输强调不同运输方式、基础设施与使用系统之间的协调发展与有机结合。综合交通运输体系要综合考虑地区经济发展水平的需要，对铁路、公路、水路、航空和管道等交通运输方式分工协作，进行优势互补，从而提高运输服务质量和效益，以满足地区经济发展不同层次的运输需求，实现综合运输系统整体的高效用和高效率。由于不同交通方式的衔接主要集聚在某座城市，因此根据该特点要求发展高效、和谐的一体化城市交通体系。

第三，综合交通运输体系强调现代先进技术的信息化、智能化。综合交通运输体系需要承载高速、大量的客货运输流量，对运输过程的一体化和各种运输方式的配合、协调程度的要求会越来越高。因此，综合交通运输系统的服务管理则需要利用科技创新手段以实现实时、准确、高效、智能的信息化、智能化支持，适应客户在多种交通方式间的不间断运输，对运输道路交通和运载工具进行高效与最优选取，合理调配交通流量，减少交通拥堵和行车延误，以提高综合交通枢纽在中转、发送、到达环节的指挥、调配、协调和服务，提高交通运输的安全性，减少污染，降低能耗，提高交通运输体系的整体效益。

第四，综合交通运输强调与经济社会协调发展。综合交通运输服务于地区经济社会发展，不同的社会发展阶段对交通需求有所不同，加之不同交通运输方式在等级、规模、技术等方面的发展历程具有阶段性，导致综合交通运输体系会随经济社会发展所处的阶段不同而不断变化，需要综合交通运输发展层次与地区经济发展需求相匹配，经济社会发展与综合交通运输水平呈

“螺旋式上升”的相互促进的关系。

第五，综合交通运输体系旨在可持续发展。综合交通运输体系的发展不仅应该立足于当前经济社会发展所处阶段，还需要关注该地区未来发展趋势，以可持续发展为准则，坚持和贯彻可持续发展的理念和战略，注重“资源节约、环境友好”，合理发展与利用各种运输方式，建立符合经济社会可持续发展总体要求的安全、高效、经济、协调、绿色的交通运输体系，提高资源配置效率，能长久地为国民经济发展和广大人民群众服务。

4. 综合交通运输体系构成要素

对于综合交通运输体系的构成，不同专家基于不同视角提出了两系统论、三系统论、四系统论和五圈层论等多种结构，业界较为认可的是三系统论，即认为综合交通运输体系由综合交通运输网络与装备系统、运营与管理系统及运输服务系统三大系统构成。其中，综合交通运输网络与装备系统即为硬件系统，包括运输工具与动力设备、运输线路、运输枢纽以及辅助设施。其中，运输辅助设施即为保障运输工具在运输线路和枢纽中正常运行的辅助设施，如维修、装卸搬运、通信设施等。运营与管理系统和服务系统常被组合起来称为软件系统，包括运营和管理运输硬件系统的人力资源，对各种交通网络和运输生产过程进行统筹规划、协调发展、市场运作、政策调控和法规监控等，以及服务整个交通运输管理的组织机构，服务和管理各种交通运输方式的横向合理分工和纵向有效联合。

第三节　研究思路、内容与方法

一、研究思路

本书运用多学科交叉分析的方法，根据研究所要达到的基本目标，即在新一轮西部大开发战略背景下，为西南沿边地区综合交通运输体系的构建提供战略思路，并探讨有关的保障措施，为实际的规划和建设提供借鉴。确定研究的基本思路如下：研究背景→理论基础→现状分析→问题诊断→实证分析→经验借鉴→发展战略→保障措施。首先，以区域经济和综合交通体系发展的基本规律为理论基础，在详细描述西南沿边地区区域经济及其综合交通体系的事实与特征基础上，研判西南沿边地区综合交通运输体系存在的问题；其次，分别从经济增长和制造业集聚两大视角出发，运用 2000—2016 年西南沿边地区各省（自治区）的面板数据，实证检验综合交通运输体系对经济增长和制造业集聚的影响；最后，在总结国内外综合交通运输体系发展的先进经验基础上，基于定性与定量分析，提出西南沿边地区综合交通运输体系的发展战略及保障措施。

本书研究的思路如图 1-1 所示。

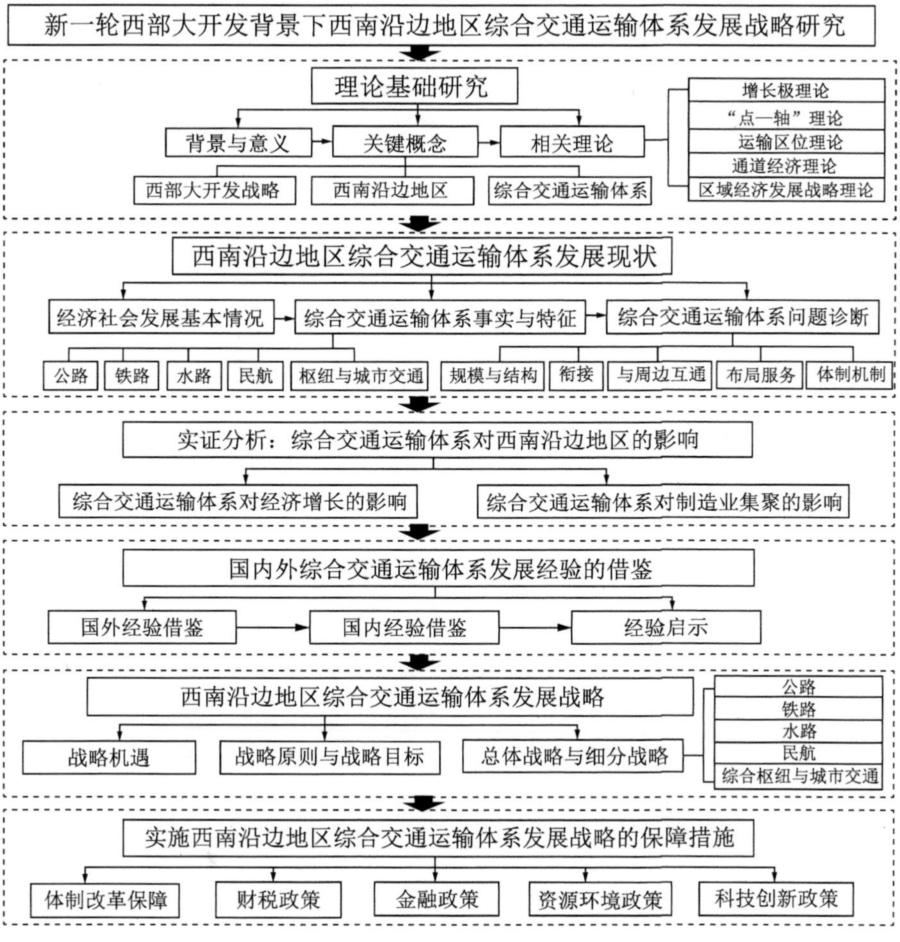

图 1-1 研究技术思路

二、研究内容

根据研究思路，本书研究内容具体如下：

第一部分：导论（第一章）。叙述本研究的背景、目的与意义、相关概念界定、研究思路、研究内容、研究方法和创新之处。对涉及的关键概念，如新一轮西部大开发战略、西南沿边地区和综合交通运输体系等进行界定，包括内涵、特征和要素等，界定研究范围。

第二部分：文献综述与理论基础（由第二章和第三章组成）。主要包括梳理归纳总结本书相关问题的国内外研究现状和相关理论基础。从区域经济学、交通经济学、经济地理学等学科角度重点分析增长极理论、“点—轴”发展理论、运输区位理论、通道经济理论及区域经济发展战略理论，在此基础上，着重探索这些理论在本项目中的具体运用，为后文研究提供理论基础。

第三部分：西南沿边地区经济社会发展态势、综合交通体系的现实与特征，以及问题诊断（第四章）。运用相关年鉴等数据，剖析西南沿边地区现阶段经济社会发展现状，指出西南沿边地区存在经济发展总体水平低、区域差异明显和社会维稳压力大的现状特征。从里程、网络密度、运量等指标动态分析西南沿边地区公路、铁路、水路、民航、交通枢纽与城市交通等发展事实，总结出西南沿边地区综合交通运输体系的特征。在深入了解发展事实和特征的基础上，从规模与结构、衔接与合作、与周边互联互通、布局服务与区域发展协调、政策机制体制等方面诊断阐述西南沿边地区综合交通运输体系的基本问题和具体表现，为后文发展战略的提出提供现实基础。

第四部分：实证分析综合交通运输体系对西南沿边地区的影响（由第五章和第六章组成）。在前文研究基础上，分别从经济增长、制造业集聚两个视角实证分析综合交通运输体系对西南沿边地区的影响。其中，第五章从经济增长角度出发，构建考虑调节效应的面板模型，对西南沿边地区综合交通运输体系对经济增长的影响进行实证分析和假设检验。第六章从制造业集聚视角出发，提出研究假设，建立理论分析框架和模型，对西南沿边地区综合交通运输体系对制造业集聚的影响进行实证分析和假设检验。研究结论如下：交通基础设施与经济增长、制造业集聚在空间布局上存在一致性，且不同类型、不同等级的交通方式对西南沿边地区的经济增长、制造业集聚的影响程度存在差异。此外，还综合考虑调节变量和控制变量的影响，通过实证研究为综合交通运输体系发展战略构建提供实践基础。

第五部分：国内外综合交通运输体系发展的经验借鉴（第七章）。通过对国内外先进地区综合交通运输体系建设发展的先进经验进行总结归纳，为西南沿边地区构建综合交通运输体系提供借鉴启示。

第六部分：新一轮西部大开发背景下西南沿边地区综合交通运输体系发展战略和实施保障措施（由第八章和第九章组成）。归纳总结西南沿边地区综合交通运输体系的战略机遇，提出总体战略和细分战略，其中，细分战略分别包括公路、铁路、水路、航空、综合交通运输枢纽与城市交通等五个方面发展战略。为保障西南沿边地区综合交通运输体系发展战略的顺利实施，分别从机制体制保障和政策（财税、金融、资源环境、科技创新等）保障两方面提出保障措施。

第七部分：结论与展望（第十章）。对全书进行总结，提出研究不足与研究展望。

三、研究方法

1. 归纳总结法

通过归纳梳理西部大开发以来，西南沿边地区面临的区域发展战略、交通发展战略，对西南沿边地区构建综合交通运输体系的战略机遇进行总结分析。根据西南沿边地区经济社会发展态势、综合交通运输体系发展事实，总结归纳出西南沿边地区现阶段综合交通运输体系的特征及其存在的问题。将归纳总结分析方法贯穿整个研究过程，为研究的实证分析和政策建议部分提供科学的依据。

2. 定性与定量分析方法相结合

综合采用定性与定量分析方法，构建基本面板计量回归模型、考虑调节效应的面板计量回归模型和考虑时间滞后效应的面板计量回归模型，运用面板数据分析法，选择固定效应回归模型，从制造业集聚视角和经济增长视角实证分析综合交通运输体系对西南沿边地区的影响，分析交通基础设施与制造业集聚和经济增长在空间布局上存在的一致性，不同类型交通、不同等级交通基础设施对制造业集聚和经济增长的作用存在差异，并且引入市场化程度变量、人力资本、对外贸易等变量的作用。运用 ArcGIS 表征西南沿边地区各种交通基础设施的发展事实，采用区位熵来测量西南沿边地区产业集聚，以期客观地反映西南沿边地区综合交通运输体系的现状和影响。

3. 比较分析方法

本书将比较分析法贯穿全文。首先，对西南沿边地区经济社会发展态势、综合交通运输体系发展事实与特征进行纵向时间序列比较和横向各省（自治区）比较，进而诊断出西南沿边地区综合交通运输体系存在的问题。其次，从不同类型交通方式和不同等级交通基础设施等方面进行比较，验证西南沿边地区交通基础设施对制造业产业集聚、经济增长的影响。最后，综合比较分析国内外发达国家、先进城市的综合交通运输体系的先进经验，为西南沿边地区综合交通运输体系构建思路提供借鉴。

4. 理论与实践结合

综合运用博弈论、系统论、网络论等原理，提出西南沿边地区综合交通运输体系的发展战略及相关配套政策建议。本书将科学的理论运用于实践，基于以下考虑：①综合交通运输体系建设要与经济社会发展相适应；②各交通子系统存在竞争与协同的关系；③多样化的综合交通运输体系和交通网络布局更适应地区经济发展，分别提出了交通子系统发展战略，并从机制体制保障和政策（财税、金融、资源环境、科技创新等）保障两方面提出保障措施。

第四节　创新之处

本书的主要建树及创新表现在以下四个方面。

（1）本书选取综合交通体系发展水平相对落后的西南沿边地区作为研究对象。西南沿边地区属于经济社会和交通运输发展水平欠发达的地区，同时面临着西部大开发战略、沿边沿疆开放战略以及民族支持政策等多重叠加的发展战略机遇。紧扣西南沿边地区的西部性、边疆性和民族性剖析，发现了西南沿边地区综合交通运输体系既具有西部沿边地区特性的典型问题，又面临着西南沿边地区所特有的综合交通运输体系与各交通子系统的战略机遇，研究成果具有很强的针对性、适用性和代表性。

（2）本书基于西南沿边地区综合交通运输体系存在的问题、实证分析结果、战略机遇，以及国内外综合交通运输体系发展的成功经验，有针对性地提出了切合西南沿边地区实际的综合交通运输体系发展的战略目标、总体战略与细分战略，并从机制体制保障与政策保障两方面提出实施西南沿边地区综合交通运输体系发展战略的保障措施。

（3）本书从制造业集聚和经济增长两个视角，实证研究了综合交通运输体系对西南沿边地区的影响，发现一些不同于全国和东部地区的研究结论，充分说明了西南沿边地区的特殊性。实证发现的不同类型交通运输方式、不同等级的交通基础设施对西南沿边地区的影响存在显著差异，为西南沿边地区综合交通运输体系发展的总战略和细分战略构建以及配套政策的提出提供了理论依据，进一步丰富了综合交通运输体系理论。

（4）本书综合构建了基本面板计量回归模型、考虑调节效应的面板计量回归模型和考虑时间滞后效应的面板计量回归模型，采用固定效应来分析综合交通运输体系对西南沿边地区的影响。在实证研究中，首次选择市场化程度作为调节变量，选择规模经济、投资率、对外贸易、人力资本、劳动力成本等一系列影响因素作为控制变量，扩展了控制变量，丰富了综合交通运输体系理论研究方法，同时也增强了模型和研究结论的全面性、可靠性和准确性。

第二章　文献综述

20 世纪中期以后，在新技术革命的浪潮下，运输工具现代化和运输管理信息化水平逐渐提高，运输方式呈现多样化并分工合作，运输方式分工协调与新的交通科学技术相互融合、相互促进，推动现代综合交通运输体系的发展，使交通运输对经济社会发展的促进作用逐渐明显。如何根据某个国家或者地区的产业布局、地区特征和未来发展趋势等因素建设完善的交通运输方式，并组合不同交通运输方式以发挥不同交通运输方式的组合效应，以期最大化运输效率和效益，逐渐被国内外行政部门、交通问题研究等部门和人士关注，并成为全世界日益关注的话题。由于不同国家经济社会发展程度、发展基础以及区域特征不同，尽管国内外有关综合交通运输体系研究的侧重点有所不同，但如何建设和完善适应地区经济社会发展的综合交通运输体系，已经成为国内外理论研究和实践的重点。

第一节　国外研究现状

交通运输与经济协调发展二者关系历来是地理学家、经济地理学者、区域经济学者研究的重点和热点问题。国外较早开展了交通运输和综合交通运输体系的研究，其观点集中在交通运输与区位条件的关系、交通运输与经济协调发展相匹配、交通运输需求测度、综合交通运输体系规划研究等方面，其研究经过不断发展，成果丰硕。

一、交通运输与区位条件关系研究

区位条件优越与否一直是影响城市经济发展、产业集聚、地域空间布局的主要因素，交通运输作为主要的区位条件一直备受关注。19 世纪，德国经济学家冯·杜能在其著作《孤立国》中，第一次引入空间因素对此进行系统分析。他指出运输费用会对农业生产产生影响，农业随着交通费用的多少在中心城市周围形成圈层分布，即“杜能圈”，开创了经济空间分析的领域。1909 年，德国经济学家阿尔弗雷德·韦伯在《工业区位论：区位的纯理论》一书中，将运费假设为与重量和距离成正比，分析指出工业区位基本格局和方向的决定性因素是运输费用，最佳的工业区位是运输距离和运量最低的地点。他还提出要综合考虑劳动力成本和集聚两个要素来选择工业区位，对厂商来说，选择最优区位的标准是最小生产成本。

之后众多学者将交通运用到区位的其他理论中。1924 年，美国经济学家费特在贸易区边界区位理论中提出，运输费用和生产费用决定企业经济力的强弱。德国学者高兹首先在交通运输地理中研究区位，并在其 1934 年发表的《海港区位论》中将经济与地理结合，提出理想的海港区位是由腹地经陆地到海港，以及经海上到达最终海港的总运费最低。1934 年，瑞典经济学家俄林在其一般区位理论中提出，工业区位取决于产品运输的难易程度及原料产地与市场之间距离的远近。1956 年，区域科学的创始人美国学者 W. 艾萨德在其所著的《区位科学导论》一书中指出：“在经济生活的一切创造革新中，运输工具在促进经济活动和改变工业布局方面，具有普遍的影响力。”随后，20 世纪 60 年代初，以德国学者沃纳·松巴特为代表提出了生长轴理论。该理论认为，随着联结中心城市的重要交通干线（公路、铁路）的建设，将形成新的有利区位，方便人口的流动，降低运输费用，从而降低产品成本。这些研究将交通运输作为区域发展的联系纽带和支撑，从区位理论角度分析了交通运输给经济发展带来的集聚效应，进而促进区域经济协调发展。

二、交通运输对经济发展影响研究

随着区域经济的协调发展不断加深，国外学者从交通运输推动产业集聚、城市形成与发展等方面分析交通运输对区域经济发展的影响，并出现了交通经济带、交通产业带等概念。19 世纪上半叶，李斯特提出交通运输推动经济发展的思想后，罗依·桑普森提出了运输影响区域经济发展的假说，分析不同阶段的运输特性及运输价格政策对区域经济的影响。亚当·斯密在《国富论》中研究了交通运输对产业布局、劳动分工和市场发展的影响。美国空间经济学家胡佛（E. M. Hoover）在其撰写的《经济活动的区位》一书中指出，优势产业区位包括港口和交通枢纽转换节点，暗指交通线路的空间走向对企业选址有重要的影响，进而形成经济与产业集聚。Ratzel（1939）提出交通是城市形成的根本推动力，城市的形成与发展必须有良好的交通基础设施。1980年，英国学者威尔逊（A. Wilson）和比利时学者艾伦（P. Allen）结合耗散结构理论和突变理论，动态模拟空间相互作用模型和中心地理理论模型，发现新的经济中心、工业中心、居民中心总是产生在靠近交通线的地方，城镇体系的演化具有沿交通线路两侧分布的特征。

20世纪50年代，法国经济学家F. 佩洛克斯认为在一定的条件下，交通干线能通过现有的生产极之间建立的联系形成发展轴。Rudel & Richards（1990）通过对20世纪六七十年代厄瓜多尔安第斯山脉地区城镇化的研究，发现城镇化发展态势不完全由国家的支持力度决定，还受交通发达程度影响，交通发达地区的城镇化速度比交通不发达地区的要快，良好的交通状况能有效保障城镇化的平稳发展。Timofeev（2009）通过对俄罗斯的西乌拉尔地区进行实证研究发现，高等级公路能积极促进城市的急速扩张。此外，国外还通过调查实证研究证实综合交通体系对区域经济发展有重要影响。例如，Guy Michaels（2008）发现美国州际路网跨区联结了很多城市，并连通了很多乡村地区。于是，乡村地区的货物运输和零售业有了显著发展。路网的开通还增加了局部地区对熟练技术工人的需求。Nadiri、Manuneas（2006）研究了美国州际交通体系对经济的影响，认为州际交通系统在速度、产量和安全上，赋予全国多个州及局部区域的经济进行重组，以实现优势互补。Piotr Posik（2006）对欧洲交通体系、公共资本和区域政策等进行了调查研究，提出要准确界定交通体系对经济社会影响的方式和程度。

三、交通运输需求的研究

交通运输业作为经济社会发展的基础产业，在不同时期或不同阶段存在不同的交通运输需求。国外学者深入研究适应经济社会发展的交通运输需求，主要根据西方经济学基本原理，先确定影响运输需求的各类因素，再给出运输需求函数，并通过确定影响因素的量，最后根据运输需求函数计算出预测运输需求的变化量，包括影响运输需求的因素分析、总量分析和结构分析等。国外学者通过归纳总结得出：运输需求影响因素包括政治、经济、政策、技术、运输网布局、运输能力及市场价格等因素，同时通过历史数据分别确定影响因素与运输需求量的弹性函数和系数，得出运输需求的变动率及发展趋势，然后根据国家或地区原有运输结构确定不同交通运输方式，如公路、铁路、航空、水路、管道等的运输需求分配比例，为各种运输方式的进一步建设完善提供依据。

随着交通运输事业的迅猛发展，国外学者逐渐转到对交通运输需求的研究方法上，形成了一系列典型的研究方法。例如，日本从本国实际出发将投入—产出法运用于运输需求的计算和预测；欧美国家将多元线性回归方法运用于对未来交通需求的预测；英国利用本国交通调查数据，结合调查研究实际问题发现了矩阵估计技术，即根据现有的路段交通量观测数据来推算原始 O-D 量等方法。在国外关于交通运输需求的预测方法中，比较典型并为后世常用的具体方法包括：①四阶段法，即以居民出行调查为基础，由交通生成、交通分布、交通方式划分、交通量分配四个阶段组成。1953 年，美国将四阶段法运用于调查研究底特律市，并进行大都市圈交通规划。该方法通过不断改进和完善，成为目前公认的较为成熟的交通需求预测方法。根据四阶段法，1962 年美国芝加哥市交通规划研究中心在其研究过程中提出了“四阶段理论”。该理论将交通规划看成是与交通发生和吸引、交通分布、方式划分和交通分配相关的四个步骤；将地区交通供需的历史与现状、人口与经济、土地与社会等方面的关系相结合，对未来交通运输需求进行分析和预测，进而确定未来交通运输基础设施的规模、等级、结构和布局；将交通看成一个由过去到未来的完整过程，既考虑到过去，又考虑到未来。该理论深刻地影响着交通规划理论，成为交通运输需求的主导方法。②非集计模型等。同一时期，日本学者根据本国交通发展实际，首次提出非集计模型的理论、概念和算法。在非集计模型的基础上，20 世纪 60 年代末，Luce 首次推导出离散选择模型 Logit 模型。Matthew 在 Logit 模型的基础上，以效用最大化为基础，深化了非集计模型的理论基础，成为当前交通运输需求预测模型中应用最为广泛的模型。研究与预测某个地区的交通运输需求，一方面能判断该地区过去的交通需求与交通规模、方式、等级和布局等方面的适应性；另一方面能有效把握该地区运输需求的内在规律，为地区未来综合交通运输体系的发展规划制定、基础设施建设等方面提供科学依据，进而更好地优化交通运输资源配置，提高综合交通运输体系的整体效能，最终服务地区社会经济更快更好地发展。

四、综合交通运输体系战略规划研究

随着国民经济社会的持续发展，区域经济不断崛起。区域经济发展战略不断被提出并处于不断调整之中，政府、行业等部门逐渐认识到综合交通运输体系建设与完善的重要性。如何构建综合交通运输体系，做好区域综合交通运输体系的规划和管理的协调机制，更好地促进区域经济社会发展，逐渐变成了规划管理部门、学术界和实务界关注的热点和难点。国外逐渐开展了有关综合交通运输体系战略规划、政策、体制建设等方面的研究。

美国以及欧洲在名称上更倾向于采用“一体化运输”或“多式联运”的概念。美国在《1940 年运输条例》中提出，国家运输政策的目的是保持水路、公路和铁路等其他各种运输方式的协调和健康发展，通过不断发展完善，最终形成统一的国家运输体系，能满足美国商业、邮政业和国防的需要。而欧洲各国在不断实践中发现，原有以国家为中心相对独立的运输系统的构建存在着各种运输方式网络缺乏连通性、技术兼容性不强、可靠性标准不一致、服务质量存在较大差异等缺陷。为解决这些问题，20 世纪后半叶，欧共体（后为欧盟）率先在国际运输经济和政策领域，在区域性国家集团层次上制定并实施了“共同运输政策”，要求欧洲各国之间制定一个协调一致的运输政策，并于 1957 年在《罗马条约》（又称《建立欧洲经济共同体条约》）中专门设立了“运输”篇。明确规定欧洲经济共同体共同运输政策的基本原则与决策方式，要求在有限的过渡时期逐步实现欧洲共同体区域内的跨国境运输和在他国的国内运输权。在此期间，共同运输政策只适用于铁路、公路与内河的货物运输。《罗马条约》运输篇中的“共同运输政策”的提出有非常重要的影响，欧洲经济一体化的实现得益于统一的共同运输政策的实施，并由此推动统一运输市场的形成，促使欧洲经济一体化。

近年来，欧盟为加快区域内综合交通运输体系的发展，从全欧洲层面制定了运输系统规划，明确其建设目标和具体实施步骤等。主要内容包括：整合基础设施和运输工具；能相互配合和衔接作业；制定独立于各种方式的运输服务和法规；进行横向管理措施等。从 1955 年开始，日本先后将“综合交通体系”一词运用到其制订的“经济五年计划”“新长期经济计划”“中期经济计划”“经济社会发展计划”等国家经济计划中，并在1961年成立了综合交通体系专门委员会，经济计划厅对“综合交通体系”进行研究。1964年，日本完成了关于综合交通政策的第一次大规模研究，即形成“关于我国陆路交通的综合措施”的咨询报告，在报告中明确提出实现“利用各种运输方式，谋求资金合理筹措和分配”。随后，每次国家政策会议都强调以适应经济长期稳定增长为基础的综合性交通政策的必要性，并通过规划制定、政策调整等措施使当前运输体系向理想化的方向发展。

第二节 国内研究现状

近年来，随着交通运输业的快速发展，国内政府部门、专家学者等对交通运输关注颇多，在综合交通运输体系理论、交通运输与区域经济发展、交通运输需求、综合交通网络规划方法、区域综合交通运输体系发展对策、发展战略等方面，形成了一系列丰富的研究成果。

一、综合交通运输体系理论的研究

国内学者就综合交通运输体系的概念内涵进行了深入的探讨。陈汝龙（1989）、高家驹（1993）、罗仁坚（2003）、胡思继（2005）等人阐述了综合交通运输系统的内涵和地位；欧国立（2008）从形式、功能和运作维度赋予综合交通运输多维含义；汤长保（2008）运用组织理论研究综合交通运输系统的结构演化，揭示运输结构演化的内在机理；荣朝和、杨远舟、毛保华（2010）论述综合运输体系框架及各子体系的关系。詹晓兰（2014）在新型城镇化背景下，针对当前城市综合交通体系中存在的问题进行深入剖析，总结出新形势下城市综合交通发展的趋势，提出与“以人为本”新型城镇化发展相适应的城市综合交通规划体系发展思路，以期实现交通资源的有效配置，促使构建城乡一体化综合交通体系。

二、交通运输与区域经济发展关系的研究

交通运输与区域经济发展的关系在不同国家不尽相同，随着交通运输在

促进经济社会发展过程中的作用越来越明显，国内学者结合我国具体情况，因地制宜地深入研究交通运输与经济社会发展关系。张文尝（1981，1990）通过研究，认为交通运输基础设施与经济的空间联系是中国交通运输布局理论研究的基本问题，应该着重考察既定的地理环境和资源分布以及经济社会的空间布局下，交通运输网络布局及相应的运输能力供给问题。经过多年的发展，交通运输与区域经济发展关系研究形成了三种代表性观点：第一种认为，交通运输是经济发展的引致需求。著名经济地理学家陆大道（1995）提出“点—轴”空间结构系统开发理论，认为影响最佳产业布局形成的重要因素是交通基础设施。熊永钧（1997）归纳总结提出运输成本阈值理论，指出降低运输成本能带来经济增长。第二种认为，交通运输是经济发展的重要推力和区域经济增长的发动机。李善同、冯杰（2002）通过对基础设施与经济关系的研究得出结论：由于非平衡基础设施发展，造成了地区间经济水平不一。王荣辉（2006）通过研究发现，交通运输能拉动产业结构升级和区域经济增长，前者与后两者存在相互作用的内在机制，任何一方的变化会带来另一方的变化。第三种是对前两种的综合，称为交替推拉关系论。韩彪（1994）提出了“交替推拉”关系，即按照交通运输与经济的不同发展时期，双方起着不同作用。刘海洲等（2008）将交通与经济的互动关系简单归纳为一个系统动力学模型，指出交通与区域经济的互动发展主要为两个反馈回路。黄寿峰、王艺明（2012）采用新发展的非线性 Granger 因果检验方法——非参数 Tn 检验方法研究发现，我国交通基础设施发展与经济增长的相互作用呈现显著的非线性动态变化趋势，两者互为因果。冯旭杰、孙全欣等（2012）以上海为研究对象，运用协整理论研究了客货运量与第一、二、三产业间的相互关系，研究结果表明，交通基础设施建设适度超前对引导经济发展和产业结构调整有显著作用。于兆宇、张诚（2013）将协同度理论运用于铁路物流与区域经济的研究，构建了铁路物流与区域经济协同度模型，通过实证模型对全国 30 个省（自治区、直辖市）的铁路物流与区域经济协同度值进行测量，结论显示物流与经济系统在发展趋势上呈现“协同效应”。

三、交通运输需求测算的研究

交通运输作为区域经济发展的关键因素，对区域经济发展的作用越来越明显。国内学者不断关注运输需求发展趋势，研究主要以定性与定量分析相结合，一方面通过总结归纳某地区社会经济发展趋势，探究交通运输需求的产生、规模与分布等的一般规律和特征，以及注重分析各种交通运输方式的技术特性、共性以及适用范围等，对交通运输需求的发展趋势进行预测；另一方面，通过对交通运输需求影响因素的分析，利用多元回归分析构建适当的数学模型来预测交通需求发展趋势。国内关于运输需求的研究主要是在国外研究基础上进行定量分析，即结合国家宏观政策、根据历史数据，确定运输需求的增长系数或者增长函数，也有少数学者采用定性分析。张国伍（1991）定性研究了运输需求，包括交通需求的概念与产生，以及运输供给与需求关系、客运量和货运量与交通运输需求等方面的关系。杨兆升、黎春兰（1996）对交通运输与社会经济间复杂的耦合关系进行研究，在此基础上提出运输需求预测的综合社会经济模型。张国玉、刘谦（2006）基于对运输需求的概念和特点的归纳总结，探讨影响运输需求的各种要素，为定量分析运输需求奠定基础。李娟（2006）改进传统相关系数法对通道运输需求进行预测。杨敏、陈学武、王炜等（2007）提出基于活动的交通需求预测方法，并将所提出的方法与传统预测方法进行比较。马纲、马思红等（2007）结合小波理论的灰色预测模型重新构建非平稳时间序列，采用灰色预测方法对分解序列进行预测。刘敬青（2008）提出基于投入—产出的货物运输需求预测方法。郑淦文（2010）通过比较分析季节性指数平滑法、自适应模型与 ARIMA 模型，并将其运用于交通运输需求中，归纳分析三种预测模型的优缺点和适用范围，为其他学者选择运输需求预测模型提供理论基础。金双泉、汪作为（2015）从空间、特征、服务三重维度和政策导向、新型城镇化、区域一体化以及运输绿色化多重视角，赋予综合交通运输需求新内涵，并从发展预测、需求模型、数据洞悉以及拓展研究四大板块梳理出新时期综合交通运输需求预测的注意事项，其需求预测体系为综合交通运输需求预测体系的构建提供量化借鉴。

四、综合交通网络规划、发展对策和策略的研究

为更好地促进交通运输服务区域经济发展，国内逐渐兴起有关综合交通运输网络规划、发展战略等方面的研究。在综合交通网络规划方法研究方面，

1984 年中国科学院地理研究所陆大道提出“点—轴”系统理论，并指出根据这一理论将以交通干线为主的线状基础设施看作一定区域的主要发展轴线，重点开发该轴线及沿线地带内若干高等级区位点或点域及周转地区。周和平等（2007）将连续交通网络设计转化为离散交通网络设计，给出混合公路网络设计方法，李中轩等（2008）提出中点极化网是综合交通运输体系的有效配置方式，胡列格和程立勤（2008）建立了基于遗传算法的公路网布局双层规划模型，并根据这一模型提出节点重要度法与交通区位线法融为一体的城市群公路网规划布局新方法。在区域综合交通运输体系发展对策方面，毛敏等（2004）提出建设区域性轨道交通来促进珠江三角洲城市群的可持续性发展。赵航等（2006）指出要加快中原城市群的综合交通网络体系建设，实现各层次轨道交通网络一体化。刘中起和张伊娜（2006）提出构造长三角大都市圈的综合交通体系。林源（2008）提出山东半岛城市群快速综合交通系统构建的发展模式。在综合交通运输体系发展战略方面，王庆云（2005）从管理学层面提出交通发展的战略定位和发展思路。赵红茹（2006）针对西安市提出构筑“一城多心”城市空间结构的交通发展战略。孙启鹏、王庆云（2009）站在社会经济大系统的角度，提出了综合交通战略重点。林群、宋家骅（2011）提出以“枢纽城市”和“公交都市”为核心思路的深圳城市交通发展战略。

五、西部大开发综合交通运输体系发展研究

党的十六届三中全会提出区域协调发展战略，“积极推进西部大开发，振兴东北地区等老工业基地，促进中部地区崛起，鼓励东部地区率先发展，……形成东中西相互促进、优势互补、共同发展的新格局”。在这一背景下，在全国范围掀起建设和完善综合交通运输体系的浪潮。国内学者对影响西部地区经济社会协调发展的关键因素——交通运输开展了一系列研究。费志荣、刘小明（2008）提出西部地区应加快建设综合运输大通道。崔叙、赵万民（2010）基于西南山地城市居民出行特征和道路交通系统特征进行分析，从选择适应西南山地城市的道路网规划指标，建立适应西南山地城市的道路网等级结构，结合地形和防灾要求确定适应西南山地城市的道路系统布局、公共交通体系等方面，提出西南山地城市道路交通规划适应对策。李冀锋

(2010)、张腾（2011）分别论述了西部地区交通建设与区域经济发展、经济社会可持续发展关系。刘奕石、良清（2011）提出了西部交通建设的适度超前、跨越式、差异化等发展思路。同时，各种规划也提高了西部大开发综合交通运输体系的构建，如西部大开发“十三五”规划中强调西部地区要继续加快构建功能配套、安全高效、适度超前的现代化基础设施体系。特别是在交通方面，要基本建成“联通内外、覆盖城乡，功能配套、服务高效，运转顺畅、安全环保”的综合交通运输体系和信息、能源基础设施体系。

第三节　国内外研究述评

综观上述国内外有关交通运输的文献研究，区域综合交通运输体系建设的发展越来越受到政府和学者的关注。现有研究具有以下特征：①研究范围集中在经济发达地区的交通运输系统内部的微观问题，特别侧重于某座发达城市范围的综合交通运输体系的建设研究。②侧重从技术层面、经济性方面考虑，将定性与定量分析相结合，如将交通运输与经济发展、人口发展等结合，提出新建或改建某些路网结构。③研究层次上升到全局性、根本性、长远性战略层面进行系统研究的较少，从社会经济层面全面审视综合交通运输体系建设的少，尤其在新一轮西部大开发背景下，结合西南沿边地区的独特区位和战略地位，提出与之相适应的综合交通运输体系发展战略的则更为罕见。本书以西南沿边地区为研究对象，在新一轮西部大开发区域发展战略背景下，结合经济地理学、区域经济学等学科理论和系统定量实证分析方法，定性与定量研究西南沿边地区综合交通运输体系的发展事实、影响效应等，通过将宏观区域发展战略与综合交通运输体系建设相结合，提出构建发展战略和实施保障措施，为具有区情相似的西部地区、沿边地区、民族地区综合交通运输体系的构建提供借鉴。

第三章　理论基础

尽管目前没有将综合交通运输体系与区域发展战略联系在一起的完整理论体系，但有关区域经济增长理论与区位理论能为其提供坚实的理论基础，具体包括增长极理论、“点—轴”系统理论、运输区位理论、通道经济理论和区域经济发展战略理论等。

第一节　增长极理论

一、增长极理论形成与发展的主要脉络

1956年，法国经济学家费朗索瓦·佩鲁对物理学的“磁极”概念进行引申，并在《经济空间：理论的应用》(1950) 和《略论增长极的概念》(1955) 两本著作中，基于新古典理论的均衡增长观点首次提出以“增长极”为标志，以“不平等动力学”或“支配关系”为基础的不平衡增长理论，即因为某些有增长能力的主导部门或行业在一些区域的集聚和优先发展，形成了恰似“极”的多功能经济活动中心。这些“极”不仅促进自身发展，而且能在区域或部门中发挥支配作用，以吸引和扩散等推动效应进一步促进部门、周边地区的发展，从而形成经济区域和经济网络。佩鲁还指出了形成增长极所具备的条件，包括有能力的企业和企业家人才、良好的投资环境和生产环境以及具有一定的规模经济效益等。增长极从技术的创新与扩散、产生规模经济效益、资本的集中和输出，以及形成集聚经济效果等方面呈现吸收和扩散作用，成为萧条地区或不发达地区的经济发展战略。

此后，经济学家拉苏恩（J. R. Lasuen)、缪尔达尔、赫希曼、布德维尔等对增长极理论在地理结构或区位关系上进行补充和发展。拉苏恩指出增长极与组织空间的关系，增长极在行业、地理上具有集群性，经济活动中心的增

长速度比其他地区的增长要快。关于经济发达地区（增长极）对欠发达地区具有双重作用和影响的研究，瑞典经济学家缪尔达尔提出“循环累积因果关系”原理及“回流效应”和“传播效应”，美国经济学家赫希曼提出“增长极产生极化效应和涓滴效应”。两人提出的观点相似，都关注到增长极的存在导致不平衡发展。20世纪90年代后，新经济地理学从经济发展空间的角度出发，以不完全竞争、报酬递增和多样化需求假设为基础，提出推动经济发展的动力机制是集聚和分散力量的相互作用。随着学者的不断关注，该理论日趋成熟，其把发生支配效应的经济空间看作力场，认为位于该力场中的推进性单元（如主导工业部门）就是增长极。增长以不同强度首先出现在一些增长点或增长极上，并通过不同的渠道向外扩散，最终对整个经济造成不同的影响。因此，增长并非出现在所有地方，而是以不同的强度首先出现在一些增长点或增长极上，然后通过不同的渠道向外扩散，并对整个经济产生不同的影响，最终导致区域经济增长在空间上存在不均衡。

二、增长极理论的主要内容

总结来说，增长极理论的基本内涵包括以下几个方面：①在若干个或众多经济生产具有经济技术联系的产业部门中，存在工业综合体和主导工业部门，两者的不断扩大或推进带动其他产业的发展，形成工业生产集聚，使该地区经济得以快速增长，故称这种产生“极化”型经济增长的区域为增长极，该地区的生产超过区域自身需求，进而对整个区域经济的发展产生影响。②增长极从极化作用和扩散作用两个方面影响周边地区。其中，极化作用（效应）是一个集聚化过程，即体现在主导型产业的吸引和拉动下，劳动、资源、资金等生产要素不断向增长极聚集，促进增长极发展壮大，导致区域经济发展的不平衡。扩散作用是增长极对周边区域的影响，增长极在自身经济实力增强的同时，通过一系列联动机制逐渐向周围扩散人力、资源、资金等要素，把经济动力与创新成果通过辐射扩散作用带动周边落后地区经济社会的发展，促进次级增长极的形成与发展，缩短地区经济发展差距。总而言之，一方面，通过极化过程吸引周围区域的自然和社会经济潜力，增强经济实力，形成规模经济；另一方面，扩散作用不仅能促使原有增长极吸收各种资源，扩大自身空间结构，强化规模和实力，而且以渐进式扩散，向外转移产业、劳动力、技术等各项资源，促使形成新的增长极，该增长极在地理空间上一般位于某个具有一定规模的城市或区域。③在市场力量作用下或在经济政策引导下形成的地理空间的集聚点，一般是城市或城镇，这类增长极促使经济增长由点到面、由局部到整体依次递进、有机联系，并逐渐向整个空间扩散。其物质载体或表现形式为，从推进型单元逐步向各类别城镇、产业部门、新工业园区、经济协作区等发展。

随着学者对增长极理论研究的不断深化，该理论被不断完善，被许多国家广泛运用于区域规划。1960 年，J·弗里德曼将其运用到委内瑞拉等一些发展中国家的区域规划工作中，并将增长极这一概念重新定义为增长中心，即在经济政策引导下或在市场力量的作用下所形成的地理空间，如城市或城镇这样的集聚点，区域经济增长是从这些集聚点开始发展，并逐步向整个空间扩散。在我国，学者利用增长极理论指导区域开发实践，出现了“点—轴”模式，“发展轴（带）”等理论，并付诸行动。对欠发达地区采取“效益优先”原则，即首先集中投资具有增长潜力的区域，通过计划作用将这些城镇培育成新增长中心，然后通过政府干预强化增长中心的扩散效应。该理论在我国实践运用过程中显示：极化效应较为明显，但扩散效应没有达到预期以增长中心带动整个区域全面协调发展的目标。借鉴增长极理论对综合交通运输体系的影响研究，有助于完善区域经济发展战略，其科学性强。

第二节 “点—轴”系统理论

一、“点—轴”系统理论形成与发展的主要脉络

“点—轴”系统理论是建立在增长极理论基础上，最早可以追溯到 20 世纪 60 年代初以德国学者沃纳·松巴特等为代表的经济学家提出的生长轴理论，其观察到交通干线对沿线区域经济产业具有推动作用。该理论直接将交通运输与区域经济发展相结合，指出交通干线建设会引导和促进周边沿线地区经济活动产生，连接区域中心城市的主要交通干线会进一步改善该区域的区位优势，有利于劳动力、资源等要素的流动，降低运输费用和产品成本，

形成优良的投资环境，吸引劳动力和产业，进而促进人口和相关产业沿主要交通干线集聚，形成具有一定规模的呈主要交通干线沿线分布的居民集聚和产业集聚。概括来说，区域的发展是以交通干线为“主轴”形成产业集聚带，其中发展轴是这条交通干线。同样，法国经济学家佩罗克斯（F. Perroux）认为，在一定的条件下，生长轴之间通过交通运输系统建立联系，而交通干线则成为发展轴。20 世纪 70 年代，波兰经济学家萨伦巴和马利士提出了“点—轴”理论，并将其应用在波兰国家级的规划中，作为区域经济发展的主要模式之一。国内关于“点—轴”理论的研究源于我国学者陆大道于 20 世纪 80 年代在研究交通运输平台时提出的“点—轴”系统理论。该理论在其 1995 年出版的《区域发展及空间结构》一书中得到详细阐述，形成系统完整的科学理论体系。除此之外，国内学者于 20 世纪 80 年代结合“点—轴”理论将交通运输平台看作“发展轴”，提出“交通经济带”。

二、“点—轴”系统理论的主要内容

波兰经济学家萨伦巴和马利士研究发现，在一个区域内，在发展初期存在若干彼此相隔的经济发展核心区，它们在政治、经济、交通等方面存在绝对优势，这些主导产业明确、科技水平相对较高的中心城市和居民点形成了“点—轴”理论中的“点”，也被称为增长极，在地域空间上呈点状分布。随着社会经济发展，经济中心的数量不断增加，区域经济中心之间由于劳动力、资金、资源等生产要素的流动，出现相应的交通路线、管道、电子信息等基础设施，所形成的交通、通信干线和水源、能源通道等线状基础设施即为轴线，即为“点—轴”理论中的“轴”，“轴”通常对周边区域有很强的吸引力和凝聚力。因此，“点—轴”开发理论也被理解为从发达区域各个经济中心（点）沿交通线路（轴）向不发达区域在产业、技术、信息、资金、人员等方面进行推移发展，并在轴线两侧集聚形成新的经济增长点，最终推动社会经济的发展。由于不同经济中心在发展过程中存在差异，“点—轴”系统会形成由若干点和交通线组成的空间组织结构，经济中心（点）会因为差异存在不同等级和规模，如大、中、小城市和乡村。而基础设施的不同则会导致这些空间结构在形成发展过程中具有不同的动力，其集聚和扩散程度也会有所区别。“点—轴”系统理论强调社会要素在地域空间上的位置和组织形态，重视空间在发展过程中的扩散和集聚模式，而这一模式的产生主要依赖于“轴”的作用，即主要交通运输干线的作用。通过“点”“轴”相互作用带动社会经济客体的相互作用。

随着该理论逐渐被推广，“点—轴”系统理论也被广泛运用到区域规划中，如原联邦德国在进行国土整治规划时，采用“通过改善交通条件来调节人口流动方向和区域投资大小，引导带动产业带建设”的策略，效果明显。实践证明，可将交通干线作为区域开发的纽带和经济运行的通道，合理布局产业，形成一定规模的产业集聚带，提高产业发展优势和核心竞争力。“点—轴”系统理论也是形成交通经济带的理论基础，该理论把交通干线看作区域经济开发的纽带和运行的通道，提出了沿交通干线进行产业带合理布局的思想。

陆大道学者的“点—轴”系统理论将克里斯泰勒的中心地理论、增长极理论和生长轴理论有机结合，将中心城市、交通干线、经济产业、市场作用范围等有机统一在一个增长模式下，强调“点”居于主导地位，即中心城市作为区域各级集聚点带动其他低等级中心城镇发展。“轴”是多层次中心点之间沟通连接的通道，如交通线路、通信干线、水源通道、能源输送线等连接起来的“线状基础设施束”，即通过重要轴线资源输送设施在一定方向上和距离上连接若干个不同级别中心城镇，借助资源输送进行市场配置资源要素，通过资源集聚和扩散服务于点，形成相对密集的产业带或中心带，处于线状交通运输干线的附近地区则有较强的经济实力和发展潜力。陆大道的“点—轴”开发理论揭示了区域经济发展的不均衡性，中心城市之间通过轴线进行资源要素流动，在一定程度上促使周边地区形成新的经济中心，在增长极的周围形成沿轴线不规律分布的众多经济增长点，进而有利于整个区域经济的发展。该理论运用于现实中，首先要确定区域中心城市的等级体系，明确中心城市和生长轴的发展时序，通过重点开发，然后转移扩散，带动周边区域全面发展。该理论在我国经济社会发展过程中的运用也颇为广泛，是“全国国土规划纲要”空间发展战略的主体思想。我国东南沿海经济带和“长江经济带”战略就受到该理论的影响。

综上所述，“点—轴”理论侧重对发展轴线的研究，观点如：①“点”的集聚形成了区域发展的经济中心（居民点或中心城市）。②不同经济中心由于自然和非自然的因素存在差别，需要周边增长点提供所需的资源、技术和资金等，实现互补性，要求建设各种交通、通信、能源等线路，这些线路即为促进区域交流的发展轴线。③随着发展需要，轴线不断改善，导致中心城市即轴线上“点”的规模不断扩大，再次产生“点”与“点”之间的互动增加，从而轴线规模也随之扩大，不断向外扩散，形成新的经济中心。④各种要素在流动中沿轴线向两侧辐射、扩散，形成新的增长点。原轴线发展成经济干线并进一步形成新的支线，随着经济联系的不断增强，新的经济增长点和新干线又按照“点—轴”系统模型进一步循环发展。最终，在区域中形成不同等级的中心点和轴线，并且相应的“点”和“轴”构成了分布有序的“点—轴”空间结构。“点—轴”促使各种生产要素集聚与扩散，能在一定范围形成经济圈、交流圈，以及不同规模等级的经济中心和发展轴线，从而形成带动整个区域经济社会发展的“点—轴”系统，综合体现交通运输对经济发展的促进作用。根据发展轴线由不同基础设施种类构成，陆大道将发展轴进一步分为海岸发展轴、铁路干线沿线发展轴、大河河岸发展轴、复合型发展轴等。

第三节 运输区位理论

一、运输区位理论形成与发展的主要脉络

区位理论是研究人类经济行为空间布局的选择和空间内经济活动结构的理论，即讨论人类经济活动空间分布规律的理论。通俗来说，即为研究经济活动最优的空间、研究经济行为与空间关系的问题等。交通运输系统承载着运输资源、人口、信息等要素的重要任务，是经济产业发展的加速器，科学合理的交通运输路线、站点和交通网络布局规划能有效地促进经济社会发展。因此，在综合研究交通运输系统规划和建设时，众多学者都将交通区位理论作为重要理论依据。

19 世纪初，德国经济学家杜能（J. H. von Tunen）探索地价不同与农业分布的问题形成了农业区位论。韦伯（A. Webber）综合考虑运费、劳动力、集聚等区位因子提出了工业区位论，该理论以研究成本和运输费用为核心。之

后，胡佛、克里斯泰勒、廖什、俄林等进行深入研究，出现了中心地理论、市场区位论、贸易区位论等。其中，最具代表性的是胡佛的运输区位理论。

二、运输区位理论的主要内容

1948 年，美国空间经济学家胡佛在其出版的《经济活动的区位》一书中，首次提出了运输费用结构理论，考察了运输成本、运输结构等问题。胡佛将运输费用分为两个部分：一是站场装卸费用，二是线路运输费用。运输费用的高低与运输距离的远近呈正比例关系，而仓库、码头、营业机构、维修等支出的站场装卸费用不受运营里程的影响。胡佛认为，不同运输方式由于具有不同技术特征而存在运输费用递减的现象，这一发现修正了韦伯关于运费与距离的基本图形，奠定了运输区位论的理论基础。运费率递减律指的是随着运输距离的增长，运输费用不再按照每单位产品运输的里程同比增长，而是出现随着距离的增加而递减的趋势。究其原因，与运输结构两部分费用、长距离运输优惠政策、是否中转等因素有关。运输费用直接影响产业经济活动的选择。胡佛结合实际提出了“终点区位优于中间区位”的观点，这一观点对企业、产业选址布局影响较大。反之，交通站点的设定也直接影响到城镇经济社会的发展。胡佛运输区位论的建立深化了区位论，对企业选址、产业布局、市场区位等方面产生了较强的引导作用。该理论经常用于交通基础设施的规划以及产业布局、选址等经济活动，从而推动产业集聚和综合交通运输体系的网状结构发展。

第四节　通道经济理论

一、通道经济理论形成与发展的主要脉络

通道经济源自“点—轴”开发理论，建立在增长极理论、生长轴理论等理论基础上，综合运用区域经济学、运输经济学、运输地理学等学科，被运用于我国区域经济发展实践，最早于 1984 年在乌鲁木齐召开的全国经济地理

和国土规划学术讨论会上，由陆大道教授在其报告中提出。我国在区域发展问题方面于20世纪90年代，提出“沿海、沿江、沿边、沿线”等空间发展战略，就是受到通道经济理论的指导。与此同时，我国学术界和规划界对交通运输发展与区域经济一体化开发有一致的观点。此后，实施开放经济发展模式，实施西部大开发战略、开辟西南地区出海国际大通道战略，以及2013年提出的“一带一路”倡议、2016年“长江经济带”发展战略都与通道经济理论紧密关联。

二、通道经济理论的主要内容

众所周知，通道经济的形成与发展在很大程度上是由该地区交通通道建设与完善程度决定的。一般来说，通道是指在一定区域依托地缘优势与地理环境紧密结合的交通要道，是要素流通的管道，发挥要素流通、集散的载体平台功能，如交通干线、能源通道等。通道经济属于区域经济学范畴，是指在经济全球化和区域经济一体化背景下，国家或地区借助良好区位、资源禀赋和人文条件，以提升交通、信息、制度建设为基础，通过区域中心城市的经济辐射、产业转移和市场运作，进行分工合作、资源配置，实现经济产业沿交通运输通道集聚和扩散，进而增强区域间、城乡间、产业间的经济联系，带动沿线经济产业发展，最终形成通道促进区域经济发展的新型经济发展方式。该理论有三层含义：①通道经济发展的基础是区域内具备一定的物质条件、通道优势和人文条件，并在这一基础上形成的交通、信息和制度等通道；②通道经济是依托通道吸引生产要素转移、集聚、布局，进而通过中心城市辐射、产业转移、市场运作等方式产生作用，市场手段调整资源配置发挥主导作用；③通道经济发展最终要实现产业沿通道集聚和扩散，使区域内不同城市间、城镇间、产业间的各类资源要素相互流动与交换，优化配置各类资源，最终实现整个区域的全面发展。

通道经济是依托交通通道发展的区域一体化经济，由于交通通道的性质不同，因此存在不同的通道经济，如以江河水运交通为通道的“沿江经济”，以远洋运输通道与港口集散疏运为通道的“沿海经济”，以“路桥”综合性交通通道优势为通道的“路桥经济”，以现代化交通运输与信息高速公路一体化的“网络经济”等。交通干线作为通道经济的载体，具有交通性、立体性、区域性、流通性、外向性等特点，交通通道的性质、发展层次、等级和发育程度直接影响通道经济形成的特征、层次和发展水平。通道的建设与完善反映科技的进步和生产力的提高，促进经济的发展。相反，通道经济的发展又进一步促进科技的进步，进而促进通道的进一步建设和完善，再次促进通道经济的发展。学者朱其现（2009，2010）对通道经济的演化历程进行深入研究，指出开放型通道经济经历了陆上通道经济、海上通道经济、交通通道经济、产业（转移）通道经济和制度通道经济五个阶段。其中，制度通道经济阶段是综合考虑区域一体化和全球化特征，要求通过国家层面在制度建设、制度安排上推进，促使大范围区域内国家间、区域间在经济社会发展、产业发展上的融合，这从区域层面为综合交通运输体系奠定了理论基础。

通道经济与区域经济发展相互作用、相互影响，当运输通道建设与城市发展合理促进时，两者才能协同发展，才能向更高水平的经济演化。发展通道经济，有利于加快欠发达地区的开放步伐，促进其参与区域经济分工协作，打造新的增长极，带动周边地区加速发展。增长极理论、生长轴理论和“点—轴”理论更多地从宏观方面反映交通作为区域发展的枢纽，通道经济则将宏观政策与微观内容结合，更为细化，对构建适应地区经济社会发展的综合交通运输体系更有指导作用。

第五节　区域经济发展战略理论

追求区域经济均衡发展还是非均衡发展直接影响一个国家、一个地区所选择的发展战略的重点，以及制定和实施发展战略的模式和思路。不论是发展中国家还是发达国家，都普遍存在区域经济发展的非均衡性。区域经济发展差距不可避免，国家和地区在经济发展的演进历程中由于发展阶段的重点和追求目标不一致而采取不一样的区域经济发展战略。具体表现为区域均衡发展战略、区域非均衡发展战略和区域协调发展战略。

一、区域均衡发展战略理论

区域均衡发展理论最开始源自马歇尔的新古典经济学理论，是区域经济发展的主要理论之一。由马歇尔新古典经济学逐渐演绎出新古典区域均衡发展理论、罗森斯坦·罗丹的大推进论、纳尔逊的低水平均衡陷阱论以及莱本斯坦的临界最小努力理论、纳克斯的贫困恶性循环论和平衡增长理论等。新古典区域均衡发展理论提出一定的假设：①市场是完全竞争市场，市场生产存在资本和劳动力两种要素，两者能相互替代，资本关于产出的函数是可变的；②生产中存在能相互替代的两种要素，即资本和劳动力要素，资本是产出函数的可变变量；③生产要素能自由流动并且流动没有任何成本。基于这三个假设，新古典区域均衡理论认为，资本、劳动力和技术三个要素共同决定区域经济增长，而资本、劳动力和技术三个要素的报酬取决于各自的边际生产力。一般来说，不发达地区劳动力密集，劳动力边际收益即工资较低，而发达地区资本密集，资本边际收益率较低。在完全竞争市场机制下，要素可以自由、无成本地流动，由于区域存在要素禀赋和发展程度的差异，因此会导致资本从边际收益率低的发达区域流向边际收益率高的不发达地区，劳动力会从工资水平低的不发达地区流向工资水平高的发达地区，长期流动会使要素收益均等，导致区域发展趋于均衡。但由于该理论忽略技术进步、规模经济、流动成本、市场不完全均衡和制度因素等现实条件，在具体的现实当中运用十分有限。

大推进理论侧重全面的投入，指大量、全面投资到各个工业部门，进而促使各个工业部门不断扩大乃至发展，形成规模经济效益和外在效益，建立完善的市场体系，最终实现经济全面发展。低水平均衡陷阱论指出发展中国家人口过速增长阻碍人均收入迅速提高，并将人口过速增长看作“陷阱”。为了解决这一问题，要求对资本进行大规模的投入，从而引导投资带来的产出增长超过人口的增长，进而使人均收入增长率超过人口数量增长率。发展经济学的平衡增长理论比大推进论和低水平均衡陷阱论的内涵更为全面。它既强调部门或产业间的均衡发展，又强调区域间或区域内部的平衡发展，从而形成整个区域空间均衡化。在这一思想下，主张在区域内全面、均衡布局生产力，进行全面均衡投资，实现区域各产业、部门齐头并进，以带来整个区域经济全面均衡发展。区域均衡理论从静态角度分析区域在发展过程中地区间的公平与公正问题，但现实生活中缺乏实际操作性。这一理论指导我国在1949—1978 年的宏观区域发展政策，即实施均衡发展政策，对发展中国家经济发展初级阶段的宏观区域发展政策的制定具有广泛的指导作用。

二、区域非均衡发展战略理论

区域非均衡发展战略理论是我国学者在学习、借鉴西方发达国家区域发展的理论基础和总结我国区域均衡发展战略政策的经验教训上提出，具有很强的现实意义。区域非均衡发展理论提倡区域间经济部门或产业的不平衡发展，注重经济部门或产业相互间的关联效应以及资源优化配置效应。根据这一理论主张，发展中国家要将有限的资本和资源集中投入在少量“主导产业部门”促进其重点发展，然后带动关联部门（前向部门或后向部门）的发展。通过关联部门的有序带动作用，促进整个相关产业部门的发展，从而实现经济社会的总体增长。区域非均衡发展理论从经济学原理出发，从资源的稀缺性角度，指出一定时期内区域均衡发展的不合理性和不可行性，要求遵循区域在经济社会发展过程中会呈现非均衡发展这一规律，注重重点区域和重点产业的发展，强调提高资源的优化配置。该理论一经提出，就被许多国家和地区采用，国内外学者从区位理论、循环积累因果理论、不平衡增长理论、增长极理论、倒“U”型理论、核心—边缘理论、梯度推移理论等角度探索区域非均衡发展理论的形成机理。

1944 年，缪尔达尔提出循环积累因果理论。该理论认为经济发展过程在空间上不是同时产生或均匀扩散的，而是具有先后、因果关系，即经济发展最先从具有相对优势的地区开始。由于这类地区拥有初始优势，促使期初发展超越其他地方，并且在整个经济发展过程中会因为“循环累积因果效应”使该地区继续超前发展，进一步加剧该地区与其他地区的不平衡发展，形成增长区域和滞后区域。这两大区域在空间上相互影响，产生“回流效应”（又称极化效应，是指由于地区经济发展的不平衡，各生产要素会由滞后区域流向增长区域，进一步扩大两大地区间的经济发展差异）和“扩散效应”（是指各种生产要素由发达区域流向滞后区域，缩短两大地区间的经济发展差异）。通常情况，在市场机制的作用下，“回流效应”的作用远大于“扩散效应”，不利于滞后地区的发展。根据这一特性，在进行政策规划和实施时通常会建议：在发展初期，对具有相对优势的地区要优先发展，促进地区城市和产业规模扩大，经济水平整体上升。当相对优势区域经济发展到一定水平时，则需政府制定一系列特殊政策减缓“回流效应”，增加“扩散效应”，刺激落后地区的发展，从而缩小整个区域的经济差异。1958年，赫希曼提出的不平衡发展理论进一步对选取的优先发展项目进行分析得出：一个国家最初选择优先发展的产业是具有较强的联系效应的产业部门，应优先发展联系效应最大的产业部门。威廉姆森为进一步研究区域经济发展不平衡与时间推移之间的关系，利用24个国家的国际横截面数据和10个国家的时间序列数据进行实证分析，并提出倒“U”型理论。该理论在区域空间结构变动分析中引入时间这一影响因素后研究发现，随着时间的推移，区域均衡与增长之间的相互替代呈现倒“U”型关系，并总结得出：注重经济效益的国家，往往是通过“一系列的不平衡”最终达到区域经济整体全面发展的目标。区域经济发展过程中，随着时间的不断推移，地区之间的经济差距呈现“逐渐扩大—保持平稳—趋于缩小”的趋势，当经济发展到成熟期时，地区差距最终逐渐缩小。

此外，还包括梯度发展战略和反梯度发展战略。梯度理论认为地区间经济发展水平不平衡，会在该区域产生一种经济技术梯度。该经济技术梯度的存在会带来空间的不断推移扩散，即先让有条件优势的高技术梯度地区最先引进、掌握先进技术发展当地经济，然后引导该先进技术向次级区域转移，以此类推，逐步向处于二级梯度、三级梯度的地区推移。在我国，该梯度表现为东部、中部和西部地区三个梯度。反梯度发展战略是我国西部理论界针对梯度理论提出来的相反理论，又称为西部地区“跳跃战略”，即现代科学技术会向贸易、智力资源发达的地区、自然资源丰富的地区转移，而西部属于自然资源相对丰富的地区，可以直接从国外引进大量资金、技术和人才。区域非均衡发展就是运用区域发展一系列不平衡最终发展到平衡的思想，尽管会牺牲落后地区的发展利益，但很大程度上反映全球普遍存在的客观现象，在实际运用中更可行、更合理。我国在1978—1992年就属于区域非均衡发展政策阶段，提出了东部地区优先发展，然后带动中西部地区发展。由交通干线形成的经济带具有交通相对优势，在区域规划中采取一系列特殊政策，利用极化效应先带动沿线产业经济带的形成和发展，再制定政策指引向周边地区扩散辐射，最终实现经济的全面发展。因此，综合交通运输体系的形成和发展与区域经济发展政策存在极大的关联性，明确区域均衡发展理论和区域非均衡发展理论，对构建适合地区经济社会发展的综合交通运输体系极有必要。

三、区域协调发展战略理论

区域协调发展战略包括非均衡协调发展战略、区域经济协调发展战略和动态协调发展理论，强调“效率与公平”的协调。为解决日益严重的区域经济发展不平衡问题，保持国民经济高效运转和适度增长，我国学者科学地提出了区域非均衡协调发展战略。该战略认为：①区域非均衡发展是欠发达国家或地区经济发展的必然选择，但并不意味着只是简单、孤立地发展少数地区部分优势产业，其具有更深刻的含义，即要建立一个围绕优势地区和优势产业，能互相协调支撑、结构合理、经济社会效益高的区域产业体系。②该战略是强调在区域非均衡发展基础上的全面统筹协调，重视在市场“无形的手”和政府“有形的手”两者的相互作用下，实现产业间、区域间、城乡间、人与自然之间、国内发展与对外开放之间的全面协调发展，最终促成整个区域经济、社会协调发展。③强调效率与公平的有机结合，即重视效率强调非均衡发展，重视公平强调全面协调发展。因此，采用区域非均衡协调发展战略就要求在地区资源分配和政策导向上，实行适当地区倾斜与必要区域补偿相结合；在地区产业发展上，实行适度专业化与必要多样化相结合；在经济活动空间分布上，实行适度集中与必要地理分散相结合。

区域经济协调发展战略是我国在 1996 年发布的《国民经济和社会发展“九五”计划和 2010 年远景目标纲要》中提出的，将“坚持区域经济协调发展，逐步缩小地区发展差距”作为一项基本指导方针，并指出从“九五”开始，逐渐加大中、西部地区发展力度，促进区域协调发展。之后，进一步提出在遵循地理自然资源特点、市场发展规律、经济内在联系等方面，在深入认识现有经济布局的基础上，突破地理行政界线，依托中心城市和交通要道，逐步形成东、中、西部地区的全面协调发展，是一种动态的协调发展理论。动态协调发展理论由曾坤生（2000）在现代协同理论的基础上提出。该理论指出，在一国整体经济系统中，区域间各子系统应建立协调发展的共同目标，促使在动态协调发展下实现良性循环发展。该理论主张目标协调一致，较之区域均衡发展理论和区域非均衡发展理论而言，区域协调发展战略理论具有很强的科学性、合理性。既具有认识区域发展中非均衡的客观事实的优点，还综合考虑市场发展规律、区域资源配置、经济发展内在联系等因素，从全局出发，长远考虑区域协调发展子系统与整个区域的目标，具有务实性、长远性和全局性等特征。因此，笔者将区域协调发展战略作为本书的理论基础，促使人们更为客观地认识交通运输差异带来的地区不平衡发展这一现象。

第四章　西部大开发以来西南沿边地区综合交通运输体系发展现状

第一节　西南沿边地区经济社会发展基本情况

西部大开发以来，西南沿边地区经济总量有所增加，人民生活水平不断提高，产业结构有所调整，社会和谐趋向稳定，综合实力有所增强。但西南沿边地区由于地理区位上属于我国西部贫困地区，从古至今，其发展深受当地区位条件的特殊性、自然地理环境恶劣、宗教文化历史多样性、经济社会发展基础差等多种因素的制约，经济社会发展总体水平低、区域内部差异明显、社会稳定压力大。当前，我国实行区域协调发展战略，西南沿边地区经济社会发展态势直接影响我国全面建成小康社会、和谐社会目标的实现。

一、经济社会发展总体水平低

2000 年，西部大开发战略正式实施，着重在基础设施、生态环境、产业结构、农民生活、科技教育、创新和开放等方面启动一批建设工程。西部大开发战略的实施，使西部地区综合经济实力明显增强，基础设施更加完善，农民生活水平不断提高，生态建设和环境保护有序推进，成效明显，属于西南沿边地区的广西、云南、西藏三个省（自治区）也不例外。2016 年，西南沿边地区生产总值 34265 亿元，广西、云南、西藏三省（自治区）地区生产总值分别达到 18245.1 亿元、14870.0 亿元和 1150.1 亿元，分别排在全国的第 18 位、23 位和 31 位，高于 2000 年的 2050 亿元、1955 亿元和 117 亿元，2016 年较 2000 年增长了 7.9 倍、6.61 倍和 8.79 倍。但在全国 GDP 排名位置的变化不大，处于全国的中下游。为更好地分析西南沿边地区经济发展水平，选择主要经济指标如 GDP、人均 GDP、全社会固定资产投资、财政收入和支出等来分析。

（一）地区 GDP 和人均 GDP

地区 GDP 指标能反映一定时期某地区生产的所有产品和劳务的市场价值，能衡量一个地区总体经济状况。为全面了解西南沿边地区经济发展总体状况，选取西部大开发实施以来，即 2000—2016 年广西、云南和西藏的地区生产总值进行分析，见表 4-1。

表 4-1　2000—2016 年西南沿边地区 GDP 值及占全国 GDP 的比重

年份	GDP（亿元）					地区 GDP 占全国 GDP 的比重（%）			
	广西	云南	西藏	西南沿边地区	全国	广西	云南	西藏	西南沿边地区
2000	2050.14	1955.09	117.46	4122.69	99776.25	2.05	1.96	0.12	4.13
2001	2279.34	2138.31	146.04	4563.69	110270.36	2.07	1.94	0.13	4.14
2002	2523.73	2312.82	166.56	5003.11	121002.04	2.09	1.91	0.14	4.13
2003	2821.11	2556.02	189.09	5566.22	136564.64	2.07	1.87	0.14	4.08
2004	3433.50	3081.91	220.34	6735.75	160714.42	2.14	1.92	0.14	4.19
2005	3984.10	3461.73	248.80	7694.63	185895.76	2.14	1.86	0.13	4.14
2006	4746.16	3988.14	290.76	9025.06	217656.59	2.18	1.83	0.13	4.15
2007	5823.41	4772.52	341.43	10937.36	268019.35	2.17	1.78	0.13	4.08
2008	7021.00	5692.12	394.85	13107.97	316751.75	2.22	1.80	0.12	4.14
2009	7759.16	6169.75	441.36	14370.27	345629.23	2.24	1.79	0.13	4.16
2010	9569.85	7224.18	507.46	17301.49	408902.95	2.34	1.77	0.12	4.23
2011	11720.87	8893.12	605.83	21219.82	484123.50	2.42	1.84	0.13	4.38
2012	13035.10	10309.47	701.03	24045.60	534123.04	2.44	1.93	0.13	4.50
2013	14449.90	11832.31	815.67	27097.88	588018.76	2.46	2.01	0.14	4.61
2014	15672.89	12814.59	920.83	29408.31	635910.20	2.46	2.02	0.14	4.62
2015	16803.10	13717.90	1026.40	31547.40	676707.80	2.48	2.03	0.15	4.66
2016	18245.10	14870.00	1150.10	34265.20	741140.40	2.46	2.01	0.16	4.63

资料来源：根据全国及西南沿边地区各省（自治区）2001—2017 年统计年鉴数据整理所得。

由表 4-1 可知，2000—2016 年西南沿边地区国内生产总值整体呈增长趋势，占全国 GDP 的比重由 2000 年的 4.13%增加至 2016 年的 4.63%。具体特征如下。

（1）广西、云南、西藏的地区生产总值占全国 GDP 的比重较低。其中，广西地区生产总值占全国比重处于 2%～3%，在 2016 年为 2.46%，地区生产总值排名稳居中等水平；云南地区生产总值占全国比重呈现先下降后上升的趋势，从 2000 年的 1.96%下降至 2010 年的 1.77%，在深入实施西部大开发之后呈现上升趋势，并于 2016 年达到了 2.01%，但排名依然处于全国中下水平；西藏地区生产总值所占全国比重基本维持在 0.12%～0.16%。

（2）西南沿边地区 GDP 占全国比重从未超过 5%。尽管实施西部大开发以来，西南沿边地区经济发展水平有了很大的提高，无论是地区生产总值绝对数还是地区生产总值占全国比重，每年整体都呈上升趋势，但西南沿边地区经济总量在全国的地位微不足道，对全国 GDP 的贡献率相对微小，经济发展仍任重道远。

为更深入研究西南沿边地区的经济发展水平，选取人均 GDP 指标进行研究。人均 GDP 是衡量某个国家或地区人民生活水平的指标，通常等于该地区国内生产总值与该地区常住人口（或户籍人口）的比值。通过数据整理得出 2000—2016 年西南沿边地区人均 GDP 数据，见表 4-2。2016 年，广西人均 GDP 排名居全国第 26 位，西藏人均 GDP 排名居全国的第 27 位，云南人均 GDP 排名居全国第 30 位。

表 4-2　2000—2016 年西南沿边地区人均 GDP 值与全国人均 GDP 值的比较

年份	人均 GDP（元）				人均 GDP 与全国人均 GDP 的比值		
	全国	广西	云南	西藏	广西	云南	西藏
2000	7902.16	4652.00	4769.00	4572.00	0.589	0.604	0.579
2001	8670.08	5058.00	5014.68	5324.00	0.583	0.578	0.614
2002	9450.33	5558.00	5365.86	6117.00	0.588	0.568	0.647
2003	10599.60	6169.00	5871.04	6893.00	0.582	0.554	0.650
2004	12335.60	7461.00	7011.65	8103.00	0.605	0.568	0.657
2005	14258.90	8788.00	7835.00	9114.00	0.616	0.549	0.639
2006	16602.10	10296.00	8970.00	10430.00	0.620	0.540	0.628
2007	20337.10	12555.00	10540.00	12109.00	0.617	0.518	0.595
2008	23912.00	14652.00	12570.00	13588.00	0.613	0.526	0.568
2009	25962.60	16045.00	13539.00	15008.00	0.618	0.521	0.578

续表

年份	人均 GDP（元）				人均 GDP 与全国人均 GDP 的比值		
	全国	广西	云南	西藏	广西	云南	西藏
2010	30567.50	20219.00	15752.00	17027.00	0.661	0.515	0.557
2011	36017.60	25326.00	19265.00	20077.00	0.703	0.535	0.557
2012	39544.30	27951.70	22195.00	22935.70	0.707	0.561	0.580
2013	43320.10	30741.20	25322.00	26326.00	0.710	0.585	0.608
2014	46612.00	33089.60	27263.60	29251.70	0.710	0.585	0.628
2015	49351.00	35190.00	29015.00	31999.00	0.713	0.588	0.648
2016	53980.00	38027.00	31093.00	35184.00	0.704	0.576	0.652

资料来源：根据全国及西南沿边地区各省（自治区）2001—2017 年统计年鉴数据整理所得。

由表 4-2 可知，从人均 GDP 指标来看，西南沿边地区与全国差距较大，人均生活水平较低，贫困问题仍然突出。自 2000 年以来，西南沿边地区各省（自治区）人均 GDP 一直低于全国人均 GDP，广西、云南、西藏的人均 GDP 每年排名都位于全国的后五位。自 2000 年以来，广西人均 GDP 与全国人均 GDP 的比值一直呈上升趋势，由 2000 年的 0.589 增加至 2016 年的 0.705；云南人均 GDP 与全国人均 GDP 的比值呈先下降后上升的趋势，在 2016 年为 0.576，这与云南近年来 GDP 平稳增长有关；西藏人均 GDP 与全国人均 GDP 的比值也呈先下降后上升的趋势，这与西藏近年来 GDP 增长速度加快有关。

（二）产业结构

产业结构反映某地区产业部门的构成情况，地区产业结构的合理和高级化直接影响某个国家或地区经济社会的可持续发展。一般来说，产业结构合理化与地区自然环境、经济基础、技术基础和政策导向息息相关。每个地区的产业结构应与地方发展相匹配，实现在现有条件基础上产业之间的协调发展。产业结构高级化一般是指一国经济发展重点或产业结构重心由第一产业向第二产业和第三产业逐次转移的过程，标志着一国经济发展水平的高低和发展阶段、方向。一般具体反映在各产业部门之间产值、就业人员、国民收入比例变动的过程上。经济社会的长期发展旨在追求产业结构合理化与高度化的统一。本书选取三次产业的地区生产总值之比来分析某地区的产业结构。

通过数据整理得出，西南沿边地区三次产业结构比重，见表 4-3。

表 4-3　2000—2016 年西南沿边地区三次产业结构比重（%）

年份	全国			广西			云南			西藏		
	GDP1	GDP2	GDP3	GDP1	GDP2	GDP3	GDP1	GDP2	GDP3	GDP1	GDP2	GDP3
2000	14. 75	45. 43	39. 82	26. 27	36. 49	37. 24	22. 31	43. 13	34. 56	30. 92	23. 17	45. 91
2001	14. 06	44. 67	41. 27	25. 20	35. 50	39. 30	21. 70	42. 50	35. 80	27. 00	23. 20	49. 80
2002	13. 38	44. 32	42. 30	24. 31	35. 19	40. 50	21. 08	42. 62	36. 30	24. 58	20. 40	55. 02
2003	12. 42	45. 49	42. 09	23. 85	36. 85	39. 30	20. 40	43. 37	36. 23	22. 02	26. 01	51. 97
2004	13. 01	45. 75	41. 24	24. 44	38. 80	36. 76	20. 42	44. 41	35. 17	20. 50	27. 20	52. 30
2005	11. 73	46. 87	41. 40	22. 40	37. 10	40. 50	19. 30	41. 20	39. 50	19. 10	25. 30	55. 60
2006	10. 71	47. 40	41. 89	21. 40	38. 90	39. 70	18. 70	42. 80	38. 50	17. 50	27. 50	55. 00
2007	10. 37	46. 69	42. 94	20. 80	40. 70	38. 40	17. 70	43. 30	39. 10	16. 00	28. 80	55. 20
2008	10. 33	46. 76	42. 91	20. 30	42. 40	37. 40	17. 90	43. 00	39. 10	15. 30	29. 20	55. 50
2009	9. 88	45. 67	44. 45	18. 80	43. 60	37. 60	17. 30	41. 90	40. 80	14. 50	31. 00	54. 60
2010	9. 63	46. 17	44. 20	17. 50	47. 10	35. 40	15. 30	44. 60	40. 00	13. 50	32. 30	54. 20
2011	9. 54	46. 14	44. 32	17. 50	48. 40	34. 10	15. 90	42. 50	41. 60	12. 30	34. 50	53. 20
2012	9. 53	44. 97	45. 50	16. 66	47. 93	35. 41	16. 04	42. 87	41. 09	11. 47	34. 64	53. 89
2013	9. 41	43. 67	46. 92	16. 30	47. 70	36. 00	16. 20	42. 00	41. 80	10. 70	36. 30	53. 00
2014	9. 17	42. 72	48. 11	15. 40	46. 74	37. 86	15. 53	41. 22	43. 25	9. 95	36. 58	53. 47
2015	8. 90	40. 90	50. 20	15. 30	45. 90	38. 80	15. 10	39. 80	45. 10	9. 60	36. 60	53. 80
2016	8. 60	39. 80	51. 60	15. 30	45. 20	39. 50	14. 80	38. 50	46. 70	10. 10	37. 20	52. 70

资料来源：根据全国及西南沿边地区各省（自治区）2001—2017 年统计年鉴数据整理所得。

由表 4-3 可知，自 2000 年以来，西南沿边地区三次产业结构整体上呈第一产业比重逐渐下降，第二产业和第三产业比重逐渐上升，但在各省（自治区）存在差异。具体表现如下。

（1）广西第一产业比重逐渐下降，第二产业所占比重呈先上升后缓慢下降趋于稳定的趋势，第三产业所占比重呈先上升后下降再缓慢上升的趋势，到 2016 年三次产业比调整为 15. 3 ∶ 45. 2 ∶ 39. 5，形成较为稳定的“二、三、一”产业结构，这与近年来广西持续推行工业化发展息息相关。

（2）云南第一产业比重逐渐下降，但一直高于 10%；第二产业大体呈缓慢下降趋势，到2016年下降至38.5%；第三产业比重波动上升，到2016年三次产业比调整为14.8∶38.5∶46.7，形成“三、二、一”产业结构。在2014年，云南第三产业的占比首次超过了第二产业，标志着云南省正从第二产业为主导转变为第三产业为主导，这与云南近年来大力推进传统产业转型升级、发展特色旅游产业息息相关。

（3）西藏第一产业比重逐渐下降，由2000年的30.92%下降到2016年的10.1%，下降幅度较大；第二产业所占比重逐渐增加，第三产业比重在50%~55%缓慢波动。西部大开发以来，三次产业比由2000年的30.92∶23.17∶45.91调整至2016年的10.1∶37.2∶52.7，这与西藏自治区主动调整产业发展政策，逐渐发展壮大第三产业、第二产业息息相关。

（4）与全国产业结构相比，广西、云南、西藏三省（自治区）整体呈现第一产业比重皆高于全国；第二产业所占比重除广西高于全国，云南和西藏皆低于全国；第三产业所占比重除西藏高于全国，广西和云南皆低于全国。由此可见，西南沿边地区各省（自治区）产业结构还需进一步调整。西部大开发以来，西南沿边地区逐步落实差别化的产业政策，工业化进程明显加快，产业呈现承接转移规模不断扩大、速度不断加快、层次明显提升、方式不断创新的态势。工业产业出现产业集聚发展，产业规模不断扩大，产业结构不断优化。但产业发展中资源和能源消耗强度过高，离实现产业的合理化和高级化的目标还有较长的距离，需要进一步承接适应地区发展的产业转移，进而促进产业结构的合理化和高级化。

（三）居民消费收入和可支配收入

居民的消费水平和可支配收入能反映当地人民生活水平的变化情况。居民消费水平分为城镇居民消费水平和农村居民消费水平，分别反映城镇和农村居民在物质和劳务消费过程中，对满足人们生存、发展和享受方面需求所达到的程度。西南沿边地区的居民消费水平、城镇居民消费水平和农村居民消费水平皆低于全国水平，且与全国水平差距较大，西南沿边地区各省（自治区）之间的差异较大。

在居民消费水平方面：2016年，全国居民消费水平为21228元，广西、云南、西藏的居民消费水平分别为15013元、14534元和9743元（见表4-4），皆低于全国水平。在城镇居民消费水平方面：2016年，全国城镇居民消费水平为 29219 元，广西、云南、西藏的城镇居民消费水平分别为 22491 元、22365 元和 18775 元，皆低于全国水平。在农村居民消费水平方面：2016 年，全国农村居民消费水平为 10752 元，广西、云南、西藏的农村居民消费水平分别为 8225 元、8336 元和 5952 元（见表 4-5），皆低于全国水平，西藏与广西、云南的差距较大。西部大开发以来，尽管西南沿边三省（自治区）居民消费水平持续增长，但一直没有达到全国的水平。居民的消费水平与居民的人均可支配收入息息相关，要提高居民消费水平，首先要提高居民的可支配收入。

表 4-4　2000—2016 年西南沿边地区居民消费水平和城镇居民消费水平　单位：元

年份	居民消费水平				城镇居民消费水平			
	全国	广西	云南	西藏	全国	广西	云南	西藏
2000	3721.38	2147.38	2529.93	1822.87	6999.34	5276.79	5444.04	4737.17
2001	3987.01	2247.00	2192.00	1939.00	7323.89	5620.00	5137.00	4992.00
2002	4301.50	2405.00	2377.00	2313.00	7745.47	5941.00	5537.00	11849.00
2003	4606.01	2567.00	2495.00	2825.00	8104.04	6843.00	5979.00	9112.00
2004	5137.59	2863.00	2966.00	3166.00	8879.59	7452.00	7853.00	10227.00
2005	5770.60	3928.00	3749.00	3019.00	9832.20	7149.00	8285.00	9040.00
2006	6416.31	4330.00	4075.00	2915.00	10738.78	7894.00	8579.00	7312.00
2007	7572.23	4987.00	4553.00	3215.00	12479.68	9069.00	9010.00	7888.00
2008	8707.04	6103.00	4553.00	3504.00	14060.52	11221.00	9010.00	8324.00
2009	9514.36	6893.00	5926.00	4060.00	15127.40	12585.00	11661.00	9563.00
2010	10918.52	7732.00	6724.00	4513.00	17103.54	13969.00	12624.00	10523.00
2011	13133.55	9180.55	8278.14	4730.25	19911.75	15681.36	14463.62	11393.31
2012	14698.86	10519.48	9781.55	5339.51	21861.24	17457.19	16513.67	12958.38
2013	16190.20	11710.00	11224.00	6275.48	23608.96	19185.00	19089.00	14000.54
2014	17806.41	12944.00	12235.00	7204.53	25448.51	20518.00	19569.00	15009.17
2015	19308.00	13857.00	13401.00	8756.00	27088.00	21076.00	20699.00	17466.00
2016	21228.00	15013.00	14534.00	9743.00	29219.00	22491.00	22365.00	18775.00

资料来源：根据全国及西南沿边地区各省（自治区）2001—2017 年统计年鉴数据整理所得。

居民人均可支配收入是反映居民的实际收入中可以用于安排日常生活的

收入，是衡量居民收入水平和生活水平的重要指标。通过对数据进行整理，得出城镇居民家庭人均可支配收入数据表，见表 4-5（由于统计数据只能找到 2013—2016 年的居民家庭人均可支配收入和农村居民家庭人均可支配收入，因此没有在表 4-5 中显示）。

在居民家庭人均可支配收入方面：2016 年，全国居民家庭人均可支配收入 23821 元，广西、云南、西藏三省（自治区）的居民家庭人均可支配收入分别为 18305 元、16720 元和 13639 元，皆低于全国水平，差距在 2013—2016 年不断增大。在城镇居民家庭人均可支配收入方面：2016 年，全国城镇居民家庭人均可支配收入 33616.2 元，广西、云南、西藏三省（自治区）城镇居民家庭人均可支配收入分别为 28324.43 元、28610.57 元和 27802.39 元，低于全国水平。在农村家庭人均可支配收入方面：2015 年，全国农村家庭人均可支配收入 11421.70 元，广西、云南、西藏三省（自治区）农村家庭人均可支配收入分别为 9466.60 元、8242.10 元和 8243.70 元，低于全国水平。

表 4-5　2000—2016 年西南沿边地区农村居民消费水平和城镇居民家庭人均可支配收入

单位：元

年份	农村居民消费水平				城镇居民家庭人均可支配收入			
	全国	广西	云南	西藏	全国	广西	云南	西藏
2000	1917.03	1478.45	2006.60	1143.70	6279.98	5834.43	6324.64	7426.32
2001	2032.10	1519.00	1646.00	1223.00	6859.58	6665.73	6797.71	7869.16
2002	2156.68	1627.00	1778.00	1336.00	7702.80	7315.32	7240.56	8079.12
2003	2292.18	1678.00	1821.00	1272.00	8472.20	7785.04	7643.57	8765.45
2004	2521.38	1816.00	2011.00	1422.00	9421.61	8689.99	8870.88	9106.07
2005	2783.64	2366.00	1913.00	1532.00	10493.03	9286.70	9265.90	9431.18
2006	3065.53	2483.00	2145.00	1827.00	11759.45	9898.75	10069.89	8941.08
2007	3537.84	2746.00	2547.00	1950.00	13785.79	12200.44	11496.11	11130.93
2008	4065.08	3070.00	2547.00	2149.00	15780.76	14146.04	13250.22	12481.51
2009	4401.73	3302.00	3038.00	2398.00	17174.65	15451.48	14423.93	13544.41
2010	4940.84	3561.00	3603.00	2635.00	19109.44	17063.89	16064.54	14980.47
2011	6187.49	4670.85	4824.65	2774.66	21809.78	18854.06	18575.62	16195.56
2012	6963.90	5355.45	5645.03	3098.17	24564.72	21242.80	21074.50	18028.32
2013	7773.39	5795.00	6003.00	3874.40	26467.00	22689.38	22460.02	20394.46

续表

年份	农村居民消费水平				城镇居民家庭人均可支配收入			
	全国	广西	云南	西藏	全国	广西	云南	西藏
2014	8743.96	6644.00	7116.00	4497.84	28843.85	24669.00	24299.01	22015.81
2015	9630.00	7439.00	7820.00	5412.00	31194.80	26415.90	26373.20	25456.60
2016	10752.00	8225.00	8336.00	5952.00	33616.20	28324.43	28610.57	27802.39

资料来源：根据全国及西南沿边地区各省（自治区）2001—2017 年统计年鉴数据整理所得。

（四）固定资产投资完成额和社会消费品零售总额

固定资产投资是建造和购置固定资产的经济活动，其额度是反映某地区固定资产投资规模、速度、比例关系和使用方向的综合性指标，能反映地区经济繁荣程度和经济实力。西部大开发以来，广西、云南、西藏三省（自治区）的固定资产投资完成额分别由 2000 年的 583.34 亿元、683.96 亿元和 64.05 亿元增加至 2016 年的 18236.78 亿元、16119.40 亿元和 1596.05 亿元（见表 4-6）。西部大开发以来，广西、云南、西藏三省（自治区）的固定资产投资完成额占国家固定资产投资完成额的比重分别为 1.66%～3.01%、1.8%～2.66%和 0.17%～0.26%，西南沿边地区三省（自治区）固定资产投资完成额合计占全国固定资产投资完成额的 3.7%～5.93%，并在 2016 年达到最大值 5.93%。尽管近年来西南沿边地区固定资产投资完成额有所上升，特别是在水利、通信、交通、能源等基础设施方面投资较大，开工建设了成品油原油管道，中俄等国际油气管道，西电东送输电通道和联网工程，远距离输电等在内的能源供应设施重点工程，并积极扩大“五横”“四纵”“四出境”国际通道建设，基础设施建设全面推进，但由于西南沿边地区本身发展基础较弱，因此固定资产投资还需进一步加强。

表 4-6　2000—2016 年西南沿边地区固定资产投资完成额和社会消费品零售总额

单位：亿元

年份	固定资产投资完成额				社会消费品零售总额			
	广西	云南	西藏	西南沿边地区	广西	云南	西藏	西南沿边地区
2000	583.34	683.96	64.05	1331.35	859.20	583.17	42.90	1485.27
2001	655.63	738.45	83.26	1477.34	935.90	655.40	48.65	1639.95

续表

年份	固定资产投资完成额				社会消费品零售总额			
	广西	云南	西藏	西南沿边地区	广西	云南	西藏	西南沿边地区
2002	750.33	814.61	106.58	1671.52	1025.54	711.25	53.19	1789.98
2003	921.30	1000.12	133.96	2055.38	857.71	782.46	58.30	1698.47
2004	1236.51	1291.54	162.36	2690.41	973.41	884.87	63.70	1921.98
2005	1661.17	1777.63	181.39	3620.19	1397.02	1034.40	73.11	2504.53
2006	2198.72	2208.60	231.14	4638.46	1600.84	1188.88	89.70	2879.42
2007	2939.67	2759.03	270.34	5969.04	1897.87	1394.60	112.01	3404.48
2008	3756.41	3435.93	309.91	7502.25	2395.80	1764.70	130.00	4290.50
2009	5237.24	4526.37	378.28	10141.89	2790.70	2051.10	156.60	4998.40
2010	7057.56	5528.71	462.67	13048.94	3312.00	2542.40	185.25	6039.65
2011	7990.66	6191.00	516.31	14697.97	3908.23	3038.08	218.99	7165.30
2012	9808.61	7831.13	670.52	18310.26	4516.59	3511.65	254.64	8282.88
2013	11907.67	9968.30	876.00	22751.97	5133.08	4112.56	322.20	9567.84
2014	13843.22	11498.50	1069.23	26410.95	5772.83	4632.87	364.51	10770.21
2015	16227.70	13500.60	1295.70	31024.00	6348.10	5103.20	408.50	11859.80
2016	18236.78	16119.40	1596.05	35952.23	7027.30	5722.90	459.40	13209.60

资料来源：根据西南沿边地区各省（自治区）2001—2017 年统计年鉴数据整理所得。

社会消费品零售总额是指批发和零售业、住宿和餐饮业以及其他行业直接销售给城乡居民和社会集团的消费品零售额，既是反映居民购买力和物质生活水平的重要指标，更是反映某地区经济景气程度的重要指标。西部大开发以来，广西、云南和西藏全社会消费品零售总额分别由 2000 年的 859.2 亿元、583.17 亿元和 42.9 亿元增加至 2016 年的 7027.3 亿元、5722.9 亿元和 459.4 亿元（见表 4-6）。2016 年，广西、云南、西藏社会消费品零售总额占全国比重分别为 2.11%、1.72%和 0.14%，合计占比达 3.97%。尽管近年来西南沿边地区社会消费品零售总额绝对值不断增加，但占全国比重依然保持在 3%~4%，变化并不明显。西南沿边地区三省（自治区）之间固定资产投资完成额和社会消费品零售总额差距较大，特别是西藏，每年的固定投资完成额和社会消费品零售总额与广西、云南差距很大。

（五）财政收入和财政支出

财政收入是指政府为履行职能、实施公共政策和提供公共物品与服务需要而筹集的一切资金总和，其资金的支出反映政府能为社会经济活动提供公共物品和服务的数量和范围的能力，既是衡量一国或者地方政府财力的重要指标，更能反映地区经济发展情况，其资金量的大小是当地财政支出多少的前提。西部大开发以来，西南沿边地区地方公共财政收入由 2000 年的 333.18 亿元增加至 2016 年的 3524.55 亿元（见表 4-7），2016 年较 2000 年增加 9.58 倍。广西、云南和西藏地方公共财政收入分别由 2000 年的 147.05 亿元、180.75 亿元和 5.38 亿元增加至 2016 年的 1556.27 亿元、1812.29 亿元和 155.99 亿元，实现了由百到千、由个位到百位的历史性增加。2016 年，全国地方公共财政收入 87239.35 亿元，西南沿边三省（自治区）地方公共财政收入占全国比重分别为 1.78%、2.08%和 0.18%，三省（自治区）合计占比较小，仅为 4.04%。自 2000 年以来，西南沿边地区的地方公共财政收入占全国比重波动变化。例如，西部大开发战略实施以来，广西地方公共财政收入占全国比重由 2000 年的 2.3%下降至 2016 年的 1.78%，云南地方公共财政收入占全国比重大致呈下降趋势，由 2000 年的 2.82%下降至 2016 年的 2.08%，西藏地方公共财政收入占全国比重缓慢上升，在 2016 年达到了最大值 0.18%，这与地区经济发展水平和国家总体发展速度息息相关，反映地区经济发展水平与国家总体发展速度存在偏差。

表 4-7　2000—2016 年西南沿边地区地方公共财政收入和财政支出数据　单位：亿元

年份	地方公共财政收入（本级）				地方公共财政支出			
	广西	云南	西藏	西南沿边地区	广西	云南	西藏	西南沿边地区
2000	147.05	180.75	5.38	333.18	258.49	414.11	59.97	732.57
2001	178.67	191.28	6.11	376.06	351.65	496.43	104.57	952.65
2002	186.73	206.76	7.31	400.80	419.86	526.89	137.84	1084.59
2003	203.66	229.00	8.15	440.81	443.60	587.35	145.91	1176.86
2004	237.77	263.36	10.02	511.15	507.47	663.64	133.83	1304.94
2005	283.04	312.65	12.03	607.72	611.48	766.31	185.45	1563.24
2006	342.58	379.97	14.56	737.11	729.52	893.58	200.20	1823.30

续表

年份	地方公共财政收入（本级）				地方公共财政支出			
	广西	云南	西藏	西南沿边地区	广西	云南	西藏	西南沿边地区
2007	418.83	486.71	20.14	925.68	985.94	1135.22	275.37	2396.53
2008	518.42	614.05	24.88	1157.35	1297.11	1470.24	380.66	3148.01
2009	620.99	698.25	30.09	1349.33	1621.82	1952.34	470.13	4044.29
2010	771.99	871.19	36.65	1679.83	2007.59	2285.72	551.04	4844.35
2011	947.72	1111.16	54.76	2113.64	2545.28	2929.60	758.11	6232.99
2012	1166.06	1338.15	86.58	2590.79	2985.23	3572.66	905.34	7463.23
2013	1317.60	1611.30	95.02	3023.92	3208.67	4096.51	1014.31	8319.49
2014	1422.28	1698.06	124.27	3244.61	3479.79	4437.98	1185.51	9103.28
2015	1515.16	1808.10	137.13	3460.39	4065.51	4712.83	1381.46	10159.80
2016	1556.27	1812.29	155.99	3524.55	4441.70	5018.86	1587.98	11048.54

资料来源：根据西南沿边地区各省（自治区）2001—2017年统计年鉴数据整理所得。

公共财政支出是指在市场经济条件下，政府为提供公共产品和服务，满足社会共同需要而进行的财政资金支付，反映地区为满足经济建设和各项事业需要的资金使用情况，更表示地区财政支持力度。从投入产出的角度出发，一个地区的经济社会发展往往有服务于社会大众的产品支出，如社会建设基本支出、社会文教费支出、行政管理费等，由于具有非排他性和非竞争性，属于公共产品类，因此一般是由国家、地方财政支出，而这一类产品事关地区经济社会发展民生项目，属于西部大开发扶持支出的重点建设对象，了解地方公共财政支出有助于了解西南沿边地区的社会事业发展步伐。

2016年，全国地方公共财政支出160351.36亿元。西部大开发以来，西南沿边地区地方公共财政支出由2000年的732.57亿元增加至2016年的11048.54亿元，2016年较2000年增长14.08倍，增长幅度大。广西、云南和西藏地方公共财政支出分别由2000年的258.49亿元、414.11亿元和59.97亿元增加至2016年的4441.70亿元、5018.86亿元和1587.98亿元（见表4-7）。西部大开发以来，西南沿边地区三省（自治区）地方公共财政支出占国家比重大致呈增长趋势，到2016年三省（自治区）所占比重分别为2.77%、3.13%和0.99%，合计占比6.89%。尽管近年来西南沿边三省（自治区）公共财政支出逐年增加，但占全国比重依然保持在5.9%~7.3%，变化趋势不大。比较地方公共财政收入和财政支出数值，西南沿边地区财政支出远远高于财政收入，且两者差额越来越大。

（六）外向型经济

西南沿边地区具有沿边、沿疆的区位优势，特别是广西具有沿边、沿疆、沿海的优势，理应发挥其优势促进沿线地区开发、开放进程加快。外向型经济（吴冬霞，王旦，2012）是指与国际市场紧密联系的某国或某地区的经济体系。从广义上来说，外向型经济是指在世界范围进行贸易、资本、技术、劳动力等方面的经济交流活动。从狭义上来说，外向型经济是指以国际市场为导向，以出口创汇为主要目标的经济活动。本节以可收集到的统计指标如进出口额、出口额和进口额来考察西部大开发战略以来，西南沿边地区的外向型经济的发展状况，见表4-8。

表4-8　2000—2016年西南沿边三省（自治区）外向型经济指标统计数据

单位：万美元

年份	进出口额			出口额			进口额		
	广西	云南	西藏	广西	云南	西藏	广西	云南	西藏
2000	203379.00	181276.00	13031.00	148891.00	117509.00	11334.00	54488.00	63767.00	1697.00
2001	179700.30	198832.30	9290.80	123533.80	124400.40	8236.70	56166.50	74431.90	1054.10
2002	243049.00	222676.00	13037.00	150746.00	142971.00	8112.00	92303.00	79705.00	4925.00
2003	318675.00	266913.00	15986.00	196992.00	167659.00	12126.00	121683.00	99254.00	3860.00
2004	427722.00	374116.90	19989.20	238558.50	223861.10	13022.40	189163.50	150255.80	6966.80
2005	518150.38	474344.10	20546.84	287663.43	264172.53	16538.29	230486.94	210171.57	4008.55
2006	666756.16	622483.64	32837.66	359297.21	339149.22	22221.78	307458.95	283334.42	10615.88
2007	925899.70	879356.70	39346.40	510915.70	476827.90	32636.40	414984.00	402528.80	6710.00
2008	1323616.80	959691.60	76582.90	734744.40	498441.30	70757.20	588872.40	461250.30	5825.70
2009	1425472.60	804759.50	40209.80	837537.00	451325.20	37547.10	587935.60	353434.30	2662.70
2010	1773890.60	1343012.00	83606.70	960307.30	760576.70	77102.90	813583.30	582435.30	6503.80
2011	2335596.60	1602877.30	135836.80	1245775.80	947245.40	118284.90	1089820.80	655631.90	17551.90
2012	2948446.00	2101373.20	342414.40	1546775.20	1001737.10	335518.40	1401670.80	1099636.10	6896.00
2013	3282749.90	2530355.90	331940.90	1869325.70	1567137.80	326905.00	1413424.20	963218.10	5035.90
2014	4054885.10	2960742.20	225494.65	2432742.50	1878746.50	210086.60	1622142.60	1081995.70	15408.05
2015	5126215.00	2449127.90	90799.00	2802570.00	1661563.30	58179.00	2323645.00	787564.60	32620.00
2016	4789694.00	1990235.40	77795.00	2302934.00	1149031.40	47027.00	2486760.00	841204.00	30768.00

资料来源：根据西南沿边地区各省（自治区）2001—2017年统计年鉴数据整理所得。

由表4-8可知，西部大开发以来，西南沿边地区对内、对外开放水平不断提升，进出口贸易增长迅速。自2000年以来，西南沿边地区整体呈现上升趋势，但受国内外贸易形势的影响，在2016年进出口总额和出口总额出现了大幅度的下降。2000—2015年，广西、云南、西藏三省（自治区）的进出口总额、出口额、进口额呈稳步上升趋势。广西、云南、西藏的进出口总额分别由2000年的203379万美元、181276万美元和13031万美元增加至2015年的512.6亿美元、245.0亿美元和9.1亿美元；出口额分别从2000年的148891万美元、117509万美元和11334万美元增加至2015年的280.3亿美元、166.2亿美元和5.8亿美元；进口额分别由2000年的54488万美元、63767万美元和1697万美元增加至2015年的232.4亿美元、78.8亿美元和3.3亿美元。

表4-9　2000—2016年西南沿边地区与全国外向经济发展数据和比重

年份	西南沿边地区			全国			西南沿边地区所占全国比重（%）		
	进出口额（万美元）	出口额（万美元）	进口额（万美元）	进出口额（亿美元）	出口额（亿美元）	进口额（亿美元）	进出口	出口	进口
2000	397686.00	277734.00	119952.00	4742.90	2492.00	2250.90	0.84	1.11	0.53
2001	387823.40	256170.90	131652.50	5096.50	2661.00	2435.50	0.76	0.96	0.54
2002	478762.00	301829.00	176933.00	6207.70	3256.00	2951.70	0.77	0.93	0.60
2003	601574.00	376777.00	224797.00	8509.90	4382.30	4127.60	0.71	0.86	0.54
2004	821828.10	475442.00	346386.10	11545.60	5933.30	5612.30	0.71	0.80	0.62
2005	1013041.31	568374.25	444667.06	14219.00	7619.50	6599.50	0.71	0.75	0.67
2006	1322077.46	720668.21	601409.25	17604.40	9689.80	7914.60	0.75	0.74	0.76
2007	1844602.80	1020380.00	824222.80	21761.80	12200.60	9561.20	0.85	0.84	0.86
2008	2359891.30	1303942.90	1055948.40	25632.50	14306.90	11325.60	0.92	0.91	0.93
2009	2270441.90	1326409.30	944032.60	22075.30	12016.10	10059.20	1.03	1.10	0.94
2010	3200509.30	1797986.90	1402522.40	29740.00	15777.50	13962.50	1.08	1.14	1.00
2011	4074310.70	2311306.10	1763004.60	36418.60	18983.80	17434.80	1.12	1.22	1.01
2012	5392233.60	2884030.70	2508202.90	38671.20	20487.10	18184.10	1.39	1.41	1.38
2013	6145046.70	3763368.50	2381678.20	41589.90	22090.00	19499.90	1.48	1.70	1.22
2014	7241122.00	4521575.60	2719546.40	43015.30	23422.90	19592.40	1.68	1.93	1.39
2015	7666141.30	4522312.30	3143829.00	39530.30	22734.70	16795.60	1.94	1.99	1.87
2016	6857724.40	3498992.40	3358732.00	36855.60	20976.30	15879.30	1.86	1.67	2.12

资料来源：根据全国和西南沿边地区各省（自治区）2001—2017年统计年鉴数据整理所得。

自2000年以来，西南沿边地区进出口、出口、进口占全国比重波动上升，分别由2000年的0.84%、1.11%、0.53%上升至2016年的1.86%、1.67%、2.12%，西南沿边地区外贸发展占全国比重逐渐上升（见表4-9）。西南沿边地区进出口贸易增加，对外开放水平不断提高。同时，随着西部大开发，西南沿边地区东兴、瑞丽等重点开发开放试验区建设，利用外资的质量和水平不断提高，对外投资与承包工程规模逐步扩大，外向型经济不断发展。

西南沿边地区各省（自治区）具有共同的、有别于其他省份的特点，即拥有大量对外通商的口岸。借助口岸资源，其面向东盟国家的外向型经济发展优势越发明显。口岸一般是指国家指定对外进行货物和服务等往来的门户，是一国国际货物运输的枢纽。许多企业在口岸设有仓库或物流中心，借助有效的公路、铁路、航运等交通运输网络，将货物直达国内外经济腹地，直接带动国内外经济贸易往来，促进周边国家、省、区之间的贸易往来。西南沿边地区依托口岸资源进一步加强与东盟国家，国内湖南、四川等经济腹地在贸易、物流运输、制造加工、旅游等方面的开放合作，极大地促进了西南沿边地区的外向型经济发展，实现了沿边沿疆开放开发的新跨越，见表4-10。

表4-10　2000—2016年西南沿边地区边境贸易发展趋势

年份	广西			云南			西藏		
	边境进出口贸易总额（万美元）	进出口总额（万美元）	边境进出口占进出口总额比重（%）	边境进出口贸易总额（万美元）	进出口总额（万美元）	边境进出口占进出口总额比重（%）	边境进出口总额（万美元）	进出口总额（万美元）	边境进出口占进出口总额比重（%）
2000	45667.88	203789	22.41	35600	181300	19.64	11406.79	13031.00	87.54
2001	47746.04	179715	26.57	34600	198900	17.40	8104.14	9290.80	87.23
2002	57100.88	243032	23.50	36800	222600	16.53	6135.80	13037.00	47.06
2003	75228.34	319173	23.57	41900	267700	15.65	7750.39	15986.00	48.48
2004	75608.93	428847	17.63	52400	374800	13.98	9044.56	19989.20	45.25
2005	106046.40	518289	20.46	65500	473800	13.82	12083.21	20546.84	58.81
2006	151734.90	667398	22.74	77600	623200	12.45	17238.26	32837.66	52.50
2007	217635.50	927686	23.46	101100	878000	11.51	23912.02	39346.40	60.77
2008	316482.10	1324179	23.90	120100	959900	12.51	23958.04	76582.90	31.28
2009	442951.30	1420599	31.18	126100	801900	15.73	24867.81	40209.80	61.85
2010	623133.20	1770609	35.19	173600	1336800	12.99	50054.95	83606.70	59.87
2011	861893.90	2333084	36.94	200500	1605300	12.49	90758.65	135836.80	66.81

续表

年份	广西			云南			西藏		
	边境进出口贸易总额（万美元）	进出口总额（万美元）	边境进出口占进出口总额比重（%）	边境进出口贸易总额（万美元）	进出口总额（万美元）	边境进出口占进出口总额比重（%）	边境进出口总额（万美元）	进出口总额（万美元）	边境进出口占进出口总额比重（%）
2012	1266170.00	2947369	42.96	214900	2100500	10.23	169104.80	342414.30	49.39
2013	1536330.00	3283690	46.79	333400	2582900	12.91	192389.10	331940.90	57.96
2014	2298593.00	4055305	56.68	357900	2962200	12.08	198189.60	225494.70	87.89
2015	2333986.00	5126215	45.53	249100	2452700	10.16	48543.93	90799.00	53.46
2016	2211583.00	4789694	46.17	294700	1999900	14.74	44960.93	77796.00	57.79

资料来源：根据西南沿边地区各省（自治区）2001—2017年统计年鉴数据整理所得。

由于西南沿边地区的特殊区位，其边境贸易作为拉动沿边地区经济增长的重要力量，对地区经济增长有着举足轻重的作用。通过表4-10可知，自2000年以来，西南沿边地区边境贸易发展进入全新阶段，边境进出口总额整体呈逐年攀升趋势，年平均增长率高。2000年，广西、云南、西藏三省（自治区）的边境进出口贸易总额分别为45667.88万美元、35600万美元和11406.79万美元，分别占该省进出口总额的22.41%、19.64%和87.54%，到2016年，广西、云南、西藏三省（自治区）的边境进出口贸易总额分别为2211583万美元、294700万美元和44960.93万美元，分别占该省为出口总额的46.17%、14.74%和57.79%，2016年，广西、云南、西藏三省（自治区）的边境进出口贸易总额较2000年增长了47.43倍、7.28倍和2.94倍。自2000年以来，西南沿边三省（自治区）边境贸易对各省外贸进出口的贡献率存在不同，广西积极推动边境贸易发展，边境贸易所占比重整体呈上升趋势，接近总外贸进出口额的一半，特别是2014年占外贸进出口总额的56.68%，广西边境口岸经济逐渐打造成富有特色的沿边贸易经济带。云南边境贸易总额大致呈增长趋势，占总外贸比重为10%~20%，边境贸易在云南对外贸易中的地位并不凸显。西藏的进出口总额较小，主要的贸易方式为边境贸易，所占比重较大。广西、云南、西藏拥有多个边境口岸，这些口岸极大地促进了西南沿边地区的边境贸易发展。

尽管边境贸易作为沿边沿疆的西南沿边地区最主要的贸易方式，充分体现了“通道经济”，但贸易结构较为单一，有待形成深层次的加工贸易。边境贸易主要包括边民互市贸易、边疆小额贸易和经济技术合作，西南沿边地区是以边民互市和边境小额贸易为主的边境贸易方式，根据统计数据整理得图4-1。广西的边境小额贸易自2004年以来，以年均34.99%的速度迅速增长，边民互市贸易也维持30.5%的增长速度。增长速度加快，使其成为带动广西贸易发展的主要方式。云南的边境小额贸易整体呈增长趋势，但增长速度较慢，其边民互市贸易有着较大的市场潜力，应该通过建设完善的基础设施及交易平台，促进边民互市贸易充分发挥作用。

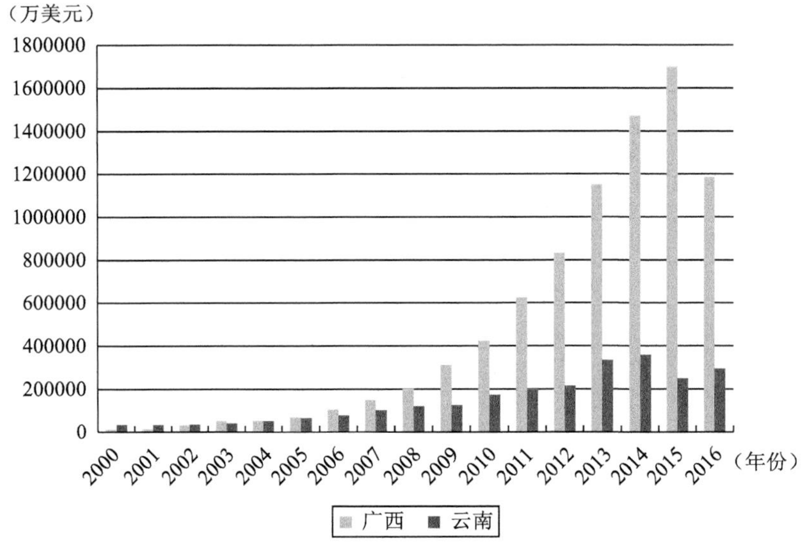

图4-1 2000—2016年西南沿边地区边境小额贸易进出口总额

（七）社会发展水平

西南沿边地区基本覆盖了西南石漠化连片特困地区，以广西、云南、西藏为代表的西南沿边地区的贫困县主要是边境县、山区县和民族自治县。特殊的区位、地形地貌、民族特征使该地区贫困发生率明显高于非边境县、平原县和非民族县。全国592个国家扶贫开发工作重点县（以下简称扶贫重点县）分布21个省（直辖市、自治区），以云南最多，高达73个，占全省县级区划的56.6%；341个民族自治贫困县（包括西藏）分布于全国17个省级行政区内，西藏数量最多，其次为云南。广西有28个扶贫重点县，占该省县级区划的比重为25.7%，8个边境县中有3个是扶贫重点县。2011年，中央扶贫开发工作会议宣布，“根据到2020年全面建设小康社会目标的要求，适应我国扶贫开发转入新阶段的形势，中央决定将农民人均纯收入2300元（2010年不变价）作为新的国家扶贫标准”，比2009年的1196元标准提高了92%。这一标准的提高，使在人均纯收入普遍低于全国平均水平和东部沿海地区的西南沿边地区贫困人口比重成倍增加，新一轮扶贫攻坚战更具有挑战性。

为更好地了解西南沿边地区社会保障事业的发展情况，选取能反映社会保障事业发展水平的指标，包括公共图书馆业机构数、数字电视用户数、广播节目综合人口覆盖率、电视节目综合人口覆盖率、农村广播节目人口覆盖率、农村电视节目人口覆盖率、普通高等学校数、普通高中学校数、普通高等学校教职工数、普通高中教职工数、普通高中在校学生数、国内专利申请受理项、国内发明专利申请受理项、国内实用新型专利申请受理量、国内专利申请授权量、国内发明专利申请授权量、国内实用新型专利申请授权量、医疗卫生机构数、卫生人员数、每万人拥有卫生技术人员数、医疗卫生机构床位数、每万人医疗机构床位数、电话普及率（包括移动电话）、邮电业务量（可比价格）、互联网上网人数和互联网普及率等指标来了解西南沿边地区的社会保障事业发展水平，见表4-11。

表4-11　2016年全国、西南沿边地区社会保障相关指标数值

指标	单位	全国	广西	云南	西藏
公共图书馆业机构数	个	3153.00	114.00	151.00	81.00
数字电视用户数	万户	20157.00	510.47	393.18	18.39
广播节目综合人口覆盖率（%）		98.40	96.90	97.40	95.20
电视节目综合人口覆盖率（%）		98.90	98.40	98.20	96.30
农村广播节目人口覆盖率（%）		97.80	96.30	96.70	94.20
农村电视节目人口覆盖率（%）		98.50	98.00	97.80	95.40
普通高等学校数	个	2596.00	73.00	72.00	7.00
普通高中学校数	所	13383.00	450.00	480.00	31.00
普通高等学校教职工数	万人	240.45	6.37	5.26	0.37
普通高中教职工数	万人	259.00	7.55	8.45	0.57
普通高中在校学生数	万人	2366.65	91.89	80.58	5.69
国内专利申请受理量	项	3281200.00	59239.00	23709.00	712.00

续表

指标	单位	全国	广西	云南	西藏
国内发明专利申请受理量	项	1204981.00	43078.00	7907.00	176.00
国内实用新型专利申请受理量	项	1468295.00	11599.00	13549.00	410.00
国内专利申请授权量	项	1611900.00	14858.00	12032.00	245.00
国内发明专利申请授权量	项	302136.00	5159.00	2125.00	33.00
国内实用新型专利申请授权量	项	897035.00	6535.00	8063.00	154.00
医疗卫生机构数	个	983394.00	34253.00	24234.00	6835.00
卫生人员数	万人	1117.30	39.06	32.98	2.92
每万人拥有卫生技术人员数	人	61.00	60.00	52.00	45.00
医疗卫生机构床位数	万张	741.00	22.45	25.36	1.45
每万人医疗机构床位数	张	53.68	46.40	53.15	43.67
电话普及率（包括移动电话）	部/百人	110.55	85.22	89.67	97.65
邮电业务量（可比价格）	亿元	43345.54	455.76	1286.40	69.01
互联网上网人数	万人	73125.00	2213.00	1892.00	149.00
互联网普及率（%）		53.20	46.10	39.90	46.10

资料来源：根据全国及西南沿边地区各省（自治区）2017 年统计年鉴数据整理所得。

为更好地反映西南沿边地区的社会保障事业发展水平，将相应指标与地区常住人口相比得人均指标数。2016 年，全国、广西、云南和西藏常住人口分别为 138271 万人、4838 万人、4771 万人和 331 万人，相应指标与当地常住人口相比得人均指标数，见表 4-12。

表 4-12　2016 年全国、西南沿边地区社会保障相关指标人均值

指标	单位	全国	广西	云南	西藏
每万人公共图书馆业机构数	个	0.02	0.02	0.03	0.25
广播节目综合人口覆盖率（%）		98.40	96.90	97.40	95.20
电视节目综合人口覆盖率（%）		98.90	98.40	98.20	96.30
农村广播节目人口覆盖率（%）		97.80	96.30	96.70	94.20
农村电视节目人口覆盖率（%）		98.50	98.00	97.80	95.40
每万人普通高等学校数	个	0.019	0.015	0.015	0.021
每万人普通高中学校数	所	0.097	0.093	0.101	0.094
每万人普通高等学校教职工数	人	0.002	0.001	0.001	0.001

续表

指标	单位	全国	广西	云南	西藏
每万人普通高中教职工数	人	0.002	0.002	0.002	0.002
每万人普通高中在校学生数	人	0.017	0.019	0.017	0.017
每万人国内专利申请受理量	项	23.730	12.245	4.969	2.151
每万人国内发明专利申请受理量	项	8.715	8.904	1.657	0.532
每万人国内实用新型专利申请受理量	项	10.619	2.397	2.840	1.239
每万人国内专利申请授权量	项	11.658	3.071	2.522	0.740
每万人国内发明专利申请授权量	项	2.185	1.066	0.445	0.100
每万人国内实用新型专利申请授权量	项	6.488	1.351	1.690	0.465
每万人医疗卫生机构数	个	7.112	7.080	5.079	20.650
每万人卫生人员数	人	80.805	80.736	69.126	88.218
每万人拥有卫生技术人员数	人	61.00	60.00	52.00	45.00
每万人医疗机构床位数	张	53.68	46.40	53.15	43.67
电话普及率（包括移动电话）	部/百人	110.55	85.22	89.67	97.65
邮电业务量（可比价格）	元/人	3134.825	942.042	2696.290	2084.894
互联网普及率%		53.20	46.10	39.90	46.10

资料来源：根据全国及西南沿边地区各省（自治区）和2017年统计年鉴数据整理所得。

由表4-12可知，2016年从文化娱乐和体育事业方面来看，西南沿边地区由于云南和西藏常住人口数值较低，使每万人公共图书馆业机构数高于全国，广西则与全国水平相近。西南沿边地区的广播和电视节目综合人口覆盖率皆低于全国水平（98.4%和98.9%），其中西藏的差距较大。农村广播和电视节目人口覆盖率皆低于全国水平（97.8%和98.5%），西藏的差距依然较大，反映西南沿边地区广播和电视普及率与全国平均水平仍有差距，特别是城乡差距较大。从教育资源和教育发展方面来看，2016年广西、云南两个省（自治区）每万人普通高等学校数均为0.015个，低于全国水平（0.019个），而西藏由于常住人口较小则达到了0.021个，高于全国平均水平。西南沿边地区每万人普通高等学校教职工数皆低于全国平均水平（0.002人）；除了云南，广西、西藏的每万人普通高中学校数低于全国平均水平（0.097所）；西南沿边地区每万人普通高中教职工数与全国水平（0.002人）持平；除了广西，云南、西藏每万人普通高中在校学生数与全国水平（0.017人）持平。

从科技方面来看，西南沿边地区每万人国内专利、发明专利、实用新型专利的受理量/授权量基本跟不上全国水平，差距很大。从卫生和社会服务方面来看，近年来国家大力改善西部地区医疗救助基本设施和人才支撑，采用各项措施改善西部地区医疗设施简陋，很多疾病无法及时医治的现状。从表4-12可知，虽然2016年西南沿边地区的医疗卫生软硬件指标值大部分没有达到全国平均水平，但与全国平均水平的差距在逐渐缩小。从邮电通信方面来看，西南沿边地区电话普及率分别为85.22部/百人、89.67部/百人和97.65部/百人，但依然低于全国平均水平110.55部/百人；人均邮电业务量远低于全国水平，特别是广西与全国平均水平相差甚远；互联网普及率也与全国平均水平存在明显差距。综上所述，西南沿边地区由于地理位置、自然环境、历史基础等方面的因素，社会事业发展水平相对落后，与内地发达地区相比，在包括人员素质、思想观念、教育文化在内的整个社会进化过程中存在着阶段性的差距。

二、区域差异明显

（一）与全国、东部发达地区的差异明显

西部大开发战略实施以来，西南沿边地区的经济社会在经济总量、人均GDP、居民生活水平、居民消费水平、外向型经济、财政支出和收入等方面取得长足发展，但由于自然地理环境恶劣、生产方式原始落后、民族关系错综复杂、经济社会基础落后和文化交通封闭等因素，西南沿边地区的经济社会发展进程缓慢。与此同时，尽管东、中部地区的发展速度拉动全国经济社会的发展速度大幅度提升，但西南沿边地区各项主要经济社会发展指标在全国的比重只呈现缓慢增加或者日益下降，以致增长速度相对滞后，西南沿边地区与全国，特别是东部发达地区的绝对差距日益扩大。为更好地反映西南沿边地区与东部发达地区的差距，本节选择全国经济发展排名靠前的广东省、江苏省和山东省与西南沿边三省（自治区）进行对比分析，时间阶段为2010—2016年。

第一，选取地区GDP和人均GDP进行比较，分析整理数据，见表4-13。由表4-13可知，2016年在全国31省（自治区）GDP排名上，广东、江苏、山东分别以GDP值8.09万亿元、7.74万亿元和6.8万亿元排名前三，而广

西、云南、西藏分别以 1.83 万亿元、1.48 万亿元和 0.12 万亿元排名第 18 位、第 23 位和第 31 位。在绝对数值上，广东地区生产总值分别是广西、云南、西藏三省（自治区）的 4.41 倍、5.47 倍和 70.22 倍。西南沿边三省（自治区）生产总值与广东、江苏和山东等发达地区差距较大。2016 年，在人均 GDP 排名上，天津市、北京市和上海市分别以 115617 元、114717 元和 113719 元位居全国前三，江苏、广东和山东三省分别以 96887 元、74016 元和 68733 元居全国第 4 位、第 8 位和第 9 位，而广西、云南、西藏三省（自治区）分别以 38027 元、31093 元和 35184 元排名第 26 位、第 30 位和第 28 位，西南沿边地区人均 GDP 排名一直属于全国的中下游水平。从人均 GDP 的绝对值上来说，广东人均 GDP 的绝对值分别是广西、云南和西藏的 1.95 倍、2.38 倍和 2.1 倍，西南沿边地区人均 GDP 与发达地区差距较大。

表 4-13　2010—2016 年西南沿边三省（自治区）与广东、江苏、山东三省地区 GDP 和人均 GDP 比较

指标	地区	2010 年	2011 年	2012 年	2013 年	2014 年	2015 年	2016 年
地区生产总值（亿元）	广东	46013.06	53210.28	57067.92	62474.79	67809.85	72812.60	80854.91
	江苏	41425.48	49110.27	54058.22	59753.37	65088.32	70116.40	77388.28
	山东	39169.92	45361.85	50013.24	55230.32	59426.59	63002.30	68024.49
	广西	9569.85	11720.87	13035.10	14449.90	15672.89	16803.10	18317.64
	云南	7224.18	8893.12	10309.47	11832.31	12814.59	13717.90	14788.42
	西藏	507.46	605.83	701.03	815.67	920.83	1026.40	1151.41
人均GDP（元）	广东	44736.00	50807.00	54095.00	58833.00	63469.00	67503.00	74016.00
	江苏	52840.00	62290.00	68347.00	75354.00	81874.42	87995.00	96887.00
	山东	41106.00	47335.00	51767.81	56884.94	60879.10	64168.00	68733.00
	广西	20219.00	25326.00	27951.71	30741.21	33089.61	35345.00	38027.00
	云南	15752.00	19265.00	22195.00	25322.00	27263.63	29015.00	31093.00
	西藏	17027.00	20077.00	22935.71	26326.00	29251.74	31999.00	35184.00

资料来源：根据西南沿边地区各省（自治区）和全国 2011—2017 年统计年鉴数据整理所得。

第二，选择居民消费水平和城镇居民家庭人均可支配收入进行比较分析，整理得出数据，见表 4-14。2016 年，广东、江苏和山东三省的居民消费水平分别为 28495 元、35875 元和 25860 元，而广西、云南、西藏三省（自治区）

的居民消费水平分别为 15013 元、14534 元和 9743 元。江苏省的居民消费水平分别是广西、云南和西藏的 2.39 倍、2.47 倍和 3.68 倍，西南沿边地区居民消费水平与东、中部发达地区差距较大。2016 年，广东、江苏和山东的城镇居民家庭人均可支配收入分别为 37684.25 元、40151.59 元和 34012.08 元，广西、云南和西藏的城镇居民家庭人均可支配收入分别为 28324.43 元、28610.57 元和 27802.39 元，与广东、江苏、山东三省差距较大。在农村居民家庭人均可支配收入方面，2015 年广东、江苏和山东的农村居民家庭人均可支配收入分别为 13360.4 元、16256.7 元和 12930.4 元，广西、云南、西藏的农村家庭人均可支配收入分别为 9466.6 元、8242.1 元和 8243.7 元。江苏的农村家庭人均可支配收入分别是广西、云南、西藏的 1.72 倍、1.97 倍和 1.97 倍，反映西南沿边地区农村居民可支配收入与东中部发达地区差距较大，农民生活水平差距较大。

表 4-14　2010—2016 年西南沿边三省（自治区）与广东、江苏、山东三省居民消费水平和城镇居民家庭人均可支配收入比较

单位：元

指标	地区	2010 年	2011 年	2012 年	2013 年	2014 年	2015 年	2016 年
居民消费水平	广东	17218.00	19578.12	21823.28	23739.01	24581.75	26365.00	28495.00
	江苏	14035.00	17166.48	19452.26	23585.00	28316.00	31682.44	35875.00
	山东	11611.00	13565.41	15094.99	16728.00	19184.00	20684.00	25860.00
	广西	7732.00	9180.55	10519.48	11710.00	12944.00	13857.00	15013.00
	云南	6724.00	8278.14	9781.55	11224.00	12235.00	13401.00	14534.00
	西藏	4513.00	4730.25	5339.51	6275.48	7204.53	8756.00	9743.00
城镇居民家庭人均可支配收入	广东	23897.80	26897.48	30226.71	29537.29	32148.11	34757.20	37684.25
	江苏	22944.26	26340.73	29676.97	31585.48	34346.26	37173.50	40151.59
	山东	19945.83	22791.84	25755.19	26882.39	29221.94	31545.30	34012.08
	广西	17063.89	18854.06	21242.80	22689.38	24669.00	26415.90	28324.43
	云南	16064.54	18575.62	21074.50	22460.02	24299.01	26373.20	28610.57
	西藏	14980.47	16195.56	18028.32	20394.46	22015.81	25456.60	27802.39

资料来源：根据西南沿边地区各省（自治区）和全国 2011—2017 年统计年鉴数据整理所得。

第三，选取地方公共财政收入和财政支出两个指标进行比较分析。由表 4-15 可知，2016 年广东、江苏和山东的地方公共财政收入（本级）分别为

10395.35亿元、8121.23亿元和5860.18亿元，广西、云南和西藏三省（自治区）的地方公共财政收入分别为1556.27亿元、1812.29亿元和155.99亿元。广东的地方财政收入分别是广西、云南和西藏的6.68倍、5.74倍和66.64倍，特别是西藏的地方财政收入远低于广东的地方财政收入水平。

表4-15　2010—2016年西南沿边三省（自治区）与广东、江苏、山东三省地方公共财政收入和支出比较

单位：亿元

指标	地区	2010年	2011年	2012年	2013年	2014年	2015年	2016年
地方公共财政收入（本级）	广东	4517.04	5514.84	6229.18	7081.47	8065.08	9366.78	10395.35
	江苏	4079.86	5148.91	5860.69	6568.46	7233.14	8028.59	8121.23
	山东	2749.38	3455.93	4059.43	4559.95	5026.83	5529.33	5860.18
	广西	771.99	947.72	1166.06	1317.60	1422.28	1515.16	1556.27
	云南	871.19	1111.16	1338.15	1611.30	1698.06	1808.15	1812.29
	西藏	36.65	54.76	86.58	95.02	124.27	137.13	155.99
地方公共财政支出	广东	5421.54	6712.40	7387.86	8411.00	9152.64	12827.80	13446.09
	江苏	4914.06	6221.72	7027.67	7798.47	8472.45	9687.58	9981.96
	山东	4145.03	5002.07	5904.52	6688.80	7177.31	8250.01	8755.21
	广西	2007.59	2545.28	2985.23	3208.67	3479.79	4065.51	4441.70
	云南	2285.72	2929.60	3572.66	4096.51	4437.98	4712.83	5018.86
	西藏	551.04	758.11	905.34	1014.31	1185.51	1381.46	1587.98

资料来源：根据西南沿边地区各省（自治区）和全国2011—2017年统计年鉴数据整理所得。

在地方公共财政支出方面，2016年广东、江苏和山东三省的地方公共财政支出分别为13446.09亿元、9981.96亿元和8755.21亿元，广西、云南和西藏三省（自治区）的地方公共财政支出分别为4441.70亿元、5018.86亿元和1587.98亿元，广东的地方公共财政支出分别是广西、云南和西藏三省（自治区）的3.02倍、2.68倍和8.47倍，同样相差较远。同时，广东、江苏和山东三省的地方公共财政支出与财政收入的比值分别为1.26、1.23和1.49，同一地区财政支出与财政收入差距较小，但广西、云南和西藏财政支出与财政收入的比值分别为2.85、2.77和10.18，同一地区财政支出与财政收入差距较大，反映出公共财政投入远大于财政收入，财政投入产出效率低。

总体来说，西部大开发战略的实施，依然没有改变西南沿边地区与全国、东中部发达地区的经济社会发展差距，绝对差距继续扩大直接影响中国区域协调发展战略的实施，加剧了经济社会结构失衡，不利于西南沿边地区保持平稳快速发展的态势。

（二）区域内部差异明显

西南沿边地区与全国、东中部发达省（自治区、直辖市）在经济社会发展方面具有明显的区域差异，在区域发展内部也存在明显差异，以广西、云南和西藏为代表的西南沿边地区内部的经济社会发展水平不一致。例如，广西出现了“两区一带”的社会经济发展格局；云南形成了以昆明为增长极，滇中、滇西北地区经济发展水平高，昭通与西南的保山、临沧、普洱经济水平低的区域经济发展格局；西藏形成“两层七区”的区域经济发展格局。

1. 广西“两区一带”经济发展格局

2009 年 12 月，《国务院关于进一步促进广西经济社会发展的若干意见》（以下简称《意见》）获批准实施，明确了广西“两区一带”、构筑国际区域经济合作新高地、形成我国沿海经济发展新一极的区域发展战略。至此，广西掀开了“两区一带”区域协调发展战略。《意见》提出“两区一带”的广西区域发展总体布局的新思路，即确定了以沿海区域广西北部湾经济区（包括南宁市、钦州市、北海市、防城港市）为发展龙头，带动广西整个区域发展；以“黄金水道”西江经济带（包括桂林市、柳州市、梧州市、贵港市、来宾市、玉林市、贺州市）为核心，加强与粤港澳的经济合作；对桂西资源富集区（包括百色市、崇左市、河池市）进行自身发展能力提升的三大区域发展格局。“两区一带”囊括了广西 14 个地级市，各区域在经济和地域发展方面特征鲜明，优势互补，形成良性互动，共同构成了 21 世纪广西崛起的战略规划图。《意见》还提出要加强政策引导与支持，促进形成主体功能定位清晰、地区间良性互动，对广西区域发展战略布局给出指导意见。例如，指出广西北部湾经济区要依托海洋、土地、旅游等优势资源，全面实施《广西北部湾经济区发展规划》，发展成为带动广西加速发展的新引擎；西江经济带要依托地理位置、交通运输、产业基础等优势，建成承东启西、集群发展、辐射带动力强的区域经济中心，助推桂粤港澳发展一体化；桂西资源富集区要依托自然矿产、特色旅游等巨大潜力，发展成为区域新材料、新能源和特色旅游等产业基地，助力扶贫攻坚奔小康。通过实施“两区一带”区域发展布局，实现整个广西区域互动、协调发展。2010 年，党中央、国务院出台的《关于深入实施西部大开发战略的若干意见》、国家“十二五”规划纲要、广西“十二五”规划纲要也对广西经济跨越发展进行具体指导，经过“十一五”“十二五”时期建设，北部湾经济区率先发展，加之《广西北部湾经济区发展规划》上升为国家战略，大批重点产业发展迅速，龙头效应逐渐显现。西江经济带发挥黄金水道的优势，积极承接产业转移，推动产业集聚。特别是 2014 年 8 月，国家发展和改革委员会正式印发《珠江—西江经济带发展规划》，珠江—西江经济带发展正式上升为国家战略，进一步促进该区域的发展。桂西资源富集区依托自然资源的优势，沿边沿疆的区位优势等，积极发展资源型产业和商贸旅游业，产业发展初具规模。总体来说，目前广西“两区一带”格局已经成型。

（1）北部湾经济区处于北部湾顶端的中心位置，包括南宁、北海、钦州、防城港，并把沿边的崇左，靠近粤港的玉林也纳入经济区统筹规划，形成“4+2”的格局。本书根据《意见》所确定的北部湾经济区范围，为便于对广西“两区一带”进行区域对比，在本节对北部湾经济区的相关数据描述，仅包括南宁市、北海市、钦州市、防城港市 4 个城市，土地面积为 42514 平方千米，2016 年末总人口达 1289.79 万人。北部湾经济区是我国唯一既沿海又沿边、沿江的经济区，它东临粤港澳、背靠大西南、面向东南亚，生态环境优良，多元文化交融，具有独特的区位优势。由于受自然、历史条件和文化等因素的影响，整个北部湾经济区以南宁、钦州、防城港为中心，沿海发展动力较足。特别是自 2008 年 1 月国家批准实施《广西北部湾经济区发展规划》以来，北部湾经济区发展迅速，成为推动广西整体发展的龙头。

北部湾经济区近年来发展迅速，综合实力进一步增强。根据广西统计年鉴数据整理得知（见表 4-16）：2010—2016 年，从经济总量来看，北部湾经济区四市 GDP 持续增长，增长率保持平均 14%以上，特别是 2010 和 2011 年，四市总体 GDP 增长率分别达到了 22.1%和 23.9%。2010—2016 年，四市的地区生产总值占广西 GDP 比重持续增大，皆大于 30%，且所占比重逐年上升。从产业结构来看，北部湾经济区在 2010—2016 年，三次产业生产总值在数量上不断增长，所占比重有所调整。整体趋势表现为：第一产业产值所占比重下降，并在 2016 年下降到 13.46%；第二产业产值所占比重逐渐上升，在

2016 年达到 43.3%；第三产业所占比重在 42%上下浮动。产业结构不断优化与国家、自治区大力实施《广西北部湾经济区发展规划》等政策密不可分。2010—2016 年，在相关政策的支持下，石化、冶金、能源、电子、生物制药、核电、轻工业、食品等重大产业项目落户北部湾经济区，并逐渐发展为广西千亿元产业，成为广西经济发展的支柱产业。从社会投资、财政收入等指标来看，北部湾经济区全社会固定投资额由 2010 年的 2796.72 亿元增至 2016 年的 6386.86 亿元，增长速度较快；公共财政预算收入由 2010 年的 228.65 亿元增至 2016 年的 468.02 亿元。除此之外，北部湾经济区依托良好的区位优势，大力发展外向型经济带，进出口贸易发展迅速，进出口总额由 2010 年的 769417 万美元增至 2016 年的 2246195 万美元。由此可见，北部湾经济区的发展龙头作用逐渐显现。

表 4-16　北部湾经济区 2010—2016 年经济发展主要数据

指标	2010 年	2011 年	2012 年	2013 年	2014 年	2015 年	2016 年
GDP（亿元）	3042.75	3770.17	4268.59	4817.43	5448.72	5867.15	6488.07
GDP1（亿元）	511.24	635.08	678.30	742.96	768.70	810.31	873.39
GDP2（亿元）	1198.05	1545.18	1787.21	2097.47	2385.35	2530.03	2810.80
工业 GDP（亿元）	954.80	1228.75	1408.75	1660.52	1880.28	1990.31	2231.66
GDP3（亿元）	1333.45	1589.92	1803.08	1977.00	2294.67	2526.83	2803.88
全社会固定资产投资（亿元）	2796.72	3671.74	4513.52	4246.04	4810.12	5623.51	6386.86
公共财政预算收入（亿元）	228.65	277.22	339.98	384.02	415.19	447.06	468.02
公共财政预算支出（亿元）	454.88	544.25	672.64	738.99	813.54	990.42	1058.70
社会消费品零售总额（亿元）	1237.96	1465.88	1710.96	1968.12	2197.63	2424.19	2691.21
进出口（万美元）	769417	1131095	1488980	1495022	1911739	2408800	2246195
出口（万美元）	353847	461328	553110	584963	788512	994100	812023

注：相关数据为南宁、北海、钦州、防城港四市的数据。

数据来源：根据广西 2011—2017 年统计年鉴数据整理所得。

（2）西江经济带因流域的地理优势，一直是广西重要的农业、工业和旅游区域。其区域范围包括桂东、桂中、桂北沿西江的区域，通过珠江流域与珠江三角洲及港澳地区联通，并与云南、贵州等大西南欠发达地区紧密联系。由于水运优势，交通运输便利，有较好的工业发展基础，因此自 2008 年以来，广西实施“打造西江黄金水道，推进区域经济协调发展”战略，逐年加大整治力度，不仅提高西江自身航运能力，还不断完善沿线流域的基础设施，促进整个西江流域的经济发展。根据《意见》，广西西江经济带包括桂林市、柳州市、梧州市、贵港市、来宾市、玉林市、贺州市等 7 个城市，而 2014 年 7 月国家批准实施的《珠江—西江经济带发展规划》所确定的珠江—西江经济带广西段则为南宁市、柳州市、梧州市、贵港市、百色市、来宾市和崇左市 7 个城市。根据研究需要，本节所涉及的西江经济带区域范围以《意见》提出的为准，相关数据描述分析皆采用《意见》所给定的 7 个城市数据。西江经济带土地面积 107704 平方千米，2016 年末常住人口达 2631. 37 万人。

随着国家、自治区层面对珠江—西江经济带的不断重视，西江沿线水运等基础设施的不断改善，大批特色沿江产业集聚西江流域，带动西江经济带的开发建设。加之，近年来国家从宏观层面综合考虑珠江—西江经济带在全国区域协调发展和面向东盟开放合作中的重要战略地位，促进广东、广西经济一体化，从政策层面大力推进西江流域沿线各省区沟通合作，探索跨省区流域经济合作发展新模式，有各项政策指导扶持使西江经济带发展迅速，成为广西经济跨越发展重要增长区域。2010—2016 年，从经济总量来看，西江经济带 GDP 持续增长，GDP 年平均增速为 10. 5%，特别是 2010 年、2011 年和 2015 年，该区域的 GDP 增长率分别达到了 23. 38%、20. 8%和 19. 77%。2010—2016 年，西江经济带地区生产总值占广西 GDP 总量比重保持在 52%以上。从产业结构来看，西江经济带在 2010—2016 年，第二产业占主导地位，第二产业所占比重介于 46. 24%~52. 63%；第一产业所占比重缓慢下降；第三产业所占比重逐渐上升，但变化不大。西江经济带不断优化沿江产业布局，调整产业结构。柳州加快建设先进制造业基地，做大做强汽车、机械、冶金、化工等产业。桂林充分发挥旅游资源优势，进一步提升旅游竞争力，打造国际旅游胜地，进一步优化升级国家高新技术产业开发区，壮大工业产业，推进机械、汽车、橡胶、医药、特色农林产品精深加工等产业升级换代。梧州、玉林、贵港、贺州等地改善自身基础设施环境，不断加强与珠江三角洲地区的市场对接，主动承接东部产业转移，推动沿江产业集聚，壮大自身产业规模，加强区域间的经济互补性。从社会投资、财政收入等指标来看，西江经济带全社会固定资产投资额由2010年的4052.9亿元增至2016年的10437.26亿元，增长1.58倍，远远高出全区的比重；公共财政预算收入由2010年的269.49亿元增至2016年的765.75亿元，增长了1.84倍（见表4-17）。除此之外，西江经济带依托连接云南、贵州和珠江三角洲的流域优势，外向型经济态势保持良好，进出口贸易发展持续增加。自确立“两区一带”发展战略以来，西江经济带的发展为广西经济发展提供了有力的支撑。

表4-17　西江经济带2010—2016年经济发展主要数据

指标	2010年	2011年	2012年	2013年	2014年	2015年	2016年
GDP（亿元）	5085.15	6143.14	6827.98	7539.56	8243.79	9873.72	10784.30
GDP1（亿元）	834.04	1030.89	1114.39	1205.65	1240.56	1295.86	1395.22
GDP2（亿元）	2627.11	3204.52	3545.34	3968.42	4161.05	4622.06	4986.48
工业GDP（亿元）	2316.19	2810.29	3079.82	3434.29	3561.76	3852.38	4168.83
GDP3（亿元）	1624.00	1907.73	2168.25	2365.49	2842.18	3955.08	4402.60
全社会固定资产投资（亿元）	4052.90	5183.24	6713.51	6214.76	6967.60	9315.31	10437.26
公共财政预算收入（亿元）	269.49	324.87	436.95	486.90	515.12	732.05	765.75
公共财政预算支出（亿元）	800.74	980.39	1178.11	1281.47	1372.08	1873.95	2070.61
社会消费品零售总额（亿元）	1738.22	2050.79	2378.19	2699.30	3042.44	3970.46	4390.62
进出口（万美元）	527472	572918	641620	653023	553378	3117400	2989416
出口（万美元）	232757	279898.6	275741	266281	271176	2010300	1678997

注：相关的数据为桂林、柳州、梧州、贵港、来宾、玉林、贺州七市的数据。

资料来源：根据广西2011—2017年统计年鉴数据整理所得。

（3）桂西资源富集区处于广西西部，包括百色市、河池市和崇左市，陆地边境线长约900千米，土地面积87029平方千米，2016年末常住人口为918.84万人。桂西资源富集区地理位置优越，其中崇左市、百色市与越南毗邻，拥有6个与越南边境省接壤的边境县（市），拥有多个等级的边境口岸。桂西资源富集区处在我国大陆东、中、西三个地带的交会点，与云南、贵州紧密相连，发挥着“承东启西”的重要战略作用，是广西乃至中国融入大湄公河区域合作的重要通道。桂西资源富集区除了拥有良好的区位条件之外，还是广西工业化资源的重要宝库，有色金属矿产资源极为丰富，具有种类齐全、储量大、综合利用价值高等特点，其中含量较大的有锡、铅、锰等工业化资源。此外，桂西资源富集区蕴藏着丰富的水能、生物、旅游等自然与人文资源，既是国家“西电东送”的主要基地，也是广西电力行业重点建设的基地。因其自然资源优势，桂西资源富集区还拥有多种生态食品和名优产品。加之，桂西资源富集区与国家规划的左右江革命老区重叠，是全国重要的红色旅游目的地。当地民族众多，民俗风情资源丰富，具有代表性的是“刘三姐”故乡、世界长寿之乡巴马生态旅游基地，以及崇左市的特色壮族文化和山水边境旅游等。

近年来，在“两区一带”区域政策和国家左右江革命老区等相关政策的指导下，桂西资源富集区充分发挥矿产、水能、旅游等资源富集优势，因地制宜地积极实施优势资源开发战略，发展自身特色产业，在全国带头探索加快发展老少边山穷地区的新路径，自我发展能力不断增强。2010—2016年，从经济总量来看，桂西资源富集区国民生产总值持续增长，年平均增长率为8.61%，特别是2010年，该区域的GDP增长率达到了25.89%。2010—2016年，桂西资源富集区地区生产总值仅占广西GDP总量的14%左右。从产业结构来看，桂西资源富集区在2010—2016年，第二产业所占比重较大，皆大于43%，但该比重逐年缓慢下降；第一产业所占比重较大，平均达21.68%，尽管近年来该比重也不断缓慢下降，但在2016年依然达到了19.94%；第三产业所占比重缓慢上升，在2016年达到了36.71%。桂西资源富集区按照主体功能区的要求，加快形成河池、百色、崇左3个中心城市，黔桂走廊、右江河谷和南崇经济带、沿边经济带4条特色经济带，铝、锰、糖和其他有色金属，桑蚕茧丝绸，红色旅游，养生长寿健康七大产业组团的“三核四带七组团”空间开发格局。百色重点打造全国重要的铝工业基地和红色旅游目的地，加快发展煤炭、电力、农产品加工等产业。河池重点打造有色金属、水电和生态旅游基地，加快发展特色食品、桑蚕等产业。崇左重点发展糖业和锰深加工，加快发展旅游、水泥、剑麻深加工等产业。从社会投资、财政收入等指标来看，桂西资源富集区全社会固定投资数额小，且增长率比较缓慢。2010 年桂西资源富集区的全社会固定资产投资为 1310.5 亿元，到 2016 年增至 2296.83 亿元，增长 75%，远低于北部湾经济区和西江经济带两大区域。公共财政预算收入平稳增长，由 2010 年的 82.97 亿元增至 2016 年的 153.6 亿元，增长 85%。与此同时，由于百色市和崇左市与越南等东盟国家接壤，大力发展边境贸易，进出口总额量大，贸易顺差较大。桂西资源富集区的进出口贸易总额由 2010 年 47.78 亿美元增至 2016 年的 208.8 亿美元，增长速度较快。2010—2016 年，出口总额占进出口总额的比例皆大于 60%，更在 2013 年达到了 89.7%（见表 4-18）。总体来说，桂西资源富集区借助丰富资源不断增强自身发展实力，取得了良好的成效。

表 4-18　桂西资源富集区 2010—2016 年经济发展主要数据

指标	2010 年	2011 年	2012 年	2013 年	2014 年	2015 年	2016 年
GDP（亿元）	1435.10	1667.90	1778.46	1917.12	2168.84	2281.27	2537.69
GDP1（亿元）	317.93	390.45	406.43	432.27	443.22	465.25	505.91
GDP2（亿元）	679.37	772.83	805.51	870.62	972.73	986.30	1105.25
工业 GDP（亿元）	581.10	661.29	678.94	727.51	802.61	807.13	912.96
GDP3（亿元）	437.79	504.62	566.51	614.23	752.89	829.72	931.54
全社会固定资产投资（亿元）	1310.50	1616.38	1810.07	1676.96	1787.09	2109.31	2296.83
公共财政预算收入（亿元）	82.97	93.28	118.24	140.16	149.24	154.55	153.60
公共财政预算支出（亿元）	344.17	408.44	521.78	571.59	646.23	755.21	833.79
社会消费品零售总额（亿元）	306.66	361.53	418.03	473.95	533.28	583.95	646.15
进出口（万美元）	477747	629072	816768	1135647	1590186	2216500	2087997
出口（万美元）	374455	504635	717991	1018257	1373315	1540300	1234768

注：相关数据为百色、河池和崇左的数据。

资料来源：根据广西 2011—2017 年统计年鉴数据整理所得。

（4）广西“两区一带”区域经济发展差异。广西实施“两区一带”区域战略，对三大区域经济发展差异的比较有利于了解当前广西区域内部差异。区域经济差异是指在一定时期，特定区域之间经济发展总体水平的非均衡现象，一般从地区经济总量、产业结构和人民生活水平三个方面进行比较分析。

第一，从经济总量差异来看，北部湾经济区龙头作用非常明显。本节采用区域所占广西 GDP 的比重、市均 GDP（区域内每个地市的平均 GDP）来分析广西三大区域的经济总量差异，见表 4-19。

表 4-19　2010—2016 年广西“两区一带”区域经济总量差异

年份	占广西 GDP 比重（%）			市均 GDP（亿元）		
	北部湾经济区	桂西资源富集区	西江经济带	北部湾经济区	桂西资源富集区	西江经济带
2010	31. 80	15. 00	53. 14	760. 687	478. 365	726. 450
2011	32. 17	14. 23	52. 41	942. 543	555. 967	877. 591
2012	32. 75	13. 64	52. 38	1067. 147	592. 819	975. 425
2013	33. 34	13. 27	52. 18	1204. 357	639. 041	1077. 079
2014	34. 77	13. 84	52. 60	1362. 179	722. 946	1177. 684
2015	34. 78	13. 52	58. 53	1466. 788	760. 423	1410. 531
2016	35. 42	13. 85	58. 87	1622. 018	845. 897	1540. 614

资料来源：根据广西 2011—2017 年统计年鉴数据整理所得。

由表 4-19 可知，2010—2016 年，北部湾经济区四市和西江经济带七市占广西 GDP 比重都在缓慢增加，并在 2016 年分别达到了 35. 42%和 58. 87%。桂西资源富集区所占比重较小，仅在 14%上下浮动。通过比较市均 GDP 可知，北部湾经济区市均 GDP 值最大，其次是西江经济带，最后是桂西资源富集区，且与前两大区域差距较大。由此可见，广西“两区一带”在经济发展总量上差异明显。

第二，从产业结构差异来看，北部湾经济区的产业结构层次最高，2010—2016 年，第一产业比重逐渐下降，第二产业比重不断提高，第三产业浮动变化。2016 年三次产业比为 13. 46 : 43. 32 : 43. 22（见表 4-20）。桂西资源富集区在 2010—2016 年，第一产业比重总体下降，但所占比重皆大于 19%；第二产业比重逐渐下降；第三产业比重逐渐上升，说明桂西资源富集区整体上产业结构层次并不高，但近年来产业结构不断优化，第二产业和第三产业逐渐发展壮大。西江经济带在 2010—2016 年，第一产业比重逐渐下降；第二产业比重虽占 46%以上，但处于逐渐下降趋势；第三产业不断调整，并在 2016 年达到了 40.82%。根据产业结构演化理论，经济不断发展会使某个地区的产业结构演进从以第一产业为主导到以第二产业为主导，再到第三产业为主导的方向发展。而某个区域产业结构水平的高低主要取决于该地区第二产业与第三产业发展水平的高低。从表 4-20 可知，北部湾经济区产业发展水平明显高于西江经济带和桂西资源富集区。

表 4-20　2010—2016 年广西“两区一带”区域产业结构差异（%）

年份	北部湾经济区			桂西资源富集区			西江经济带		
	第一产业	第二产业	第三产业	第一产业	第二产业	第三产业	第一产业	第二产业	第三产业
2010	16.81	39.37	43.82	22.15	47.34	30.51	16.40	51.66	31.94
2011	16.85	40.98	42.17	23.41	46.34	30.25	16.79	52.16	31.05
2012	15.89	41.87	42.24	22.86	45.29	31.85	16.32	51.92	31.76
2013	15.42	43.54	41.04	22.55	45.41	32.04	16.00	52.63	31.37
2014	14.11	43.78	42.11	20.44	44.85	34.71	15.05	50.47	34.48
2015	13.81	43.12	43.07	20.40	43.23	36.37	13.13	46.81	40.06
2016	13.46	43.32	43.22	19.94	43.55	36.71	12.94	46.24	40.82

资料来源：根据广西 2011—2017 年统计年鉴数据整理所得。

第三，从人均生活水平来看，北部湾经济区人均生活水平远高于桂西资源富集区和西江经济带。最能体现一个地区生活水平高低的指标主要是人均 GDP。人均 GDP 一般等于某时段某个地区的国民生产总值与该地区常住人口之比，本书人均 GDP = 区域 GDP/年末常住人口。通过计算整理得出表 4-21。由表 4-21 可知，2010—2016 年，北部湾经济区的人均 GDP 远高于桂西资源富集区和西江经济带，且差距越来越明显。2010—2016 年，桂西资源富集区人均 GDP 普遍低于西江经济带，但增长速度较快，由 2010 年的 14062.32 元增至 2016 年的 27618.41 元，这与桂西资源富集区不断调整产业结构，加大第二、第三产业发展密不可分。西江经济带人均 GDP 在 2010—2016 年有所增长，但增长速度缓慢，没有跟上广西的平均水平。比较三大区域人均 GDP 与广西人均 GDP 整体水平可知，北部湾经济区一直高于广西平均水平，西江经济带在 2015 年超过了广西平均水平，桂西资源富集区在 2011—2016 年皆低于广西平均水平，说明广西“两区一带”区域人们生活水平的差距较大。

表 4-21 2010—2016 年广西“两区一带”常住人口和人均 GDP 情况

年份	年末常住人口（万人）			人均 GDP（元）			
	北部湾经济区	桂西资源富集区	西江经济带	北部湾经济区	桂西资源富集区	西江经济带	广西
2010	1214.75	1020.53	2504.88	25048.36	14062.32	20300.96	20219.00
2011	1227.64	889.94	2527.42	30710.74	18741.71	24305.97	25326.00
2012	1238.30	895.33	2548.37	34471.36	19863.70	26793.51	27951.00
2013	1250.21	900.52	2568.27	38532.96	21289.07	29356.55	30741.00
2014	1260.61	906.00	2800.61	43222.85	23938.60	29435.69	33090.00
2015	1273.95	912.80	2603.51	46054.79	24992.00	37924.65	35345.00
2016	1287.97	918.84	2626.12	50374.39	27618.41	41065.53	38027.00

资料来源：根据广西 2011—2017 年统计年鉴数据整理所得。

2. 云南省形成以昆明为增长极，滇中、滇西北地区经济发展水平高，昭通与西南的保山、临沧、普洱成经济发展水平低的区域经济发展格局

与东南亚、南亚接壤的区位优势，民族集聚，复杂的自然环境等使云南在中国区域协调发展中战略地位雄厚。目前，云南形成以下五大功能定位，即云南是“一带一路”连接交会的支点，是沟通南亚、东南亚国家的通道枢纽，是承接重大产业转移和产业聚集的基地，是与南亚、东南亚交流合作的重要平台和窗口，是沿边自由贸易试验区。经过“十一五”“十二五”期间的发展，云南逐渐形成以昆明为增长极，滇中、滇西北地区经济发展水平高，昭通经济衰退与西南的保山、临沧、普洱经济发展水平低的区域经济发展格局。2015 年，云南省《关于制定国民经济和社会发展第十三个五年规划的建议》（以下简称《建议》）中提出，要构建“一核一圈两廊三带六群”区域发展新空间。“一核”指昆明市与滇中新区，“一圈”指包括昆明市、曲靖市、玉溪市、楚雄州和红河州北部地区的滇中城市经济圈，“两廊”指孟中印缅经济走廊和中国—中南半岛国际经济走廊，“三带”指沿边开放经济带、澜沧江开发开放经济带、金沙江对内开放合作经济带，“六群”包括滇中城市群和滇东北、滇西北、滇西、滇西南、滇东南等城镇群。该区域空间布局旨在主动服务和融入国家共建“一带一路”倡议、长江经济带战略的需要，为实

现功能定位奠定基础。

由云南省 2016 年主要经济社会指标数据（见表 4-22）可知，云南省经济社会发展不平衡，呈现以昆明为中心，滇中、滇西北地区经济发展水平高，昭通与西南的保山、临沧、普洱经济发展水平低的区域经济发展格局。

表 4-22　云南省各州市 2016 年经济社会发展重要指标数据

地区	GDP（亿元）	三次产业构成（%）			人均GDP（元）	社会消费品零售总额（亿元）	地方公共财政预算收入（亿元）	地方公共财政预算支出（亿元）	进出口总额（亿美元）
		GDP1	GDP2	GDP3					
全省	14719.95	14.91	38.38	46.71	30949	5722.92	1812.29	5018.86	199.99
昆明	4300.08	4.66	38.61	56.73	64156	2310.09	530.00	688.40	66.81
曲靖	1768.41	18.98	38.16	42.86	29155	564.97	126.31	400.15	6.30
玉溪	1311.88	10.29	52.24	37.47	55389	326.77	131.06	233.35	20.19
保山	612.39	24.71	34.79	40.50	23654	200.18	57.51	212.65	2.66
昭通	765.53	19.52	42.07	38.41	14040	237.63	59.80	410.06	0.06
丽江	309.29	15.30	38.91	45.79	24116	104.85	48.25	150.07	0.69
普洱	567.54	26.83	34.43	38.74	21737	163.04	50.06	245.72	11.22
临沧	550.82	28.08	33.73	38.19	21906	173.65	38.27	213.39	6.65
楚雄	846.72	19.21	38.02	42.77	30948	298.77	73.64	235.21	5.11
红河	1333.79	16.07	45.08	38.85	28588	366.56	133.10	378.79	20.15
文山	735.88	21.14	35.69	43.17	20362	323.72	54.69	272.23	5.92
西双版纳	366.03	25.20	26.94	47.86	31338	116.41	30.48	117.31	8.79
大理	972.20	21.12	38.15	40.73	27360	332.99	82.01	294.82	2.65
德宏	323.55	24.12	24.44	51.44	25150	124.73	32.61	134.26	42.52
怒江	126.46	15.81	29.95	54.24	23289	32.63	9.46	83.35	0.16
迪庆	176.88	6.44	36.24	57.32	43247	45.93	16.47	118.66	0.10

注：由于省、州（市）分级核算，各州（市）数相加不等于全省数。

资料来源：根据云南 2017 年统计年鉴数据整理得出。

第一，从经济总量来看。2016 年，云南省地区生产总值排名前三的为昆明市、曲靖市、红河州，排名后三的为丽江市、迪庆市和怒江市，且排名靠前地区与排名靠后地区区域差距较大。由此得出，昆明市、曲靖市、红河州和玉溪市成为经济实力领先区域，处于经济发展增长极，2016 年这 4 个地区的产值皆大于 1000 亿元。昭通和滇西南地区以丽江市、迪庆市和怒江市为代表经济发展较差，滇中地区以大理市、楚雄州为代表经济发展水平进一步增强。由此可以看出，2016 年云南省各州（市）地区生产总值区域差异明显，各州（市）地区生产总值的大小与当地区位、自然资源、人口、交通基础设施等因素息息相关。

第二，从产业结构来看。2016 年，云南省三次产业结构比例为 14.91∶38.38∶46.71，形成“三、二、一”产业结构，但第一产业所占比重接近 15%。三次产业结构比例在云南各州市的差异较大，如昆明市 2016 年三次产业比分别为 4.66∶38.61∶56.73，呈现“三、二、一”产业结构，产业结构层次较高。在云南各州（市）中，第一产业比重大于 20%的州（市）包括保山、普洱、临沧、文山、西双版纳、大理、德宏等，其中临沧第一产业所占比重达到 28.08%，农林畜牧业发展、粗放型生产方式使这一比重较高。第二产业所占比重较高的州（市）包括昆明、曲靖、玉溪、昭通、丽江、楚雄、红河、大理等，特别是玉溪市，第二产业比重高达 52.24%。同样发现，第二产业所占比重较大的州（市），地区生产总值量相对较高。第三产业所占比重在各州（市）皆高于 35%，其中昆明第三产业比重高达 56.73%，即使处于 GDP 低值区的怒江和迪庆，第三产业所占比重也分别达 54.24%和 57.32%。由此可知，对于云南来说，自然环境的限制导致云南省各州（市）整体呈现“三、二、一”产业结构，不论是地区生产总值低值区，还是地区生产总值高值区，第三产业比重都偏高，而且地区生产总值的高值区往往第二产业所占比重也较大。

第三，从人均 GDP 来看。2016 年，云南省人均 GDP 值为 30949 元，各州（市）人均 GDP 值差距较大，其中最大值是昆明的 64156 元，其次是玉溪的 55389 元，既是云南省最富裕的地区，也是云南经济社会的增长极。人均 GDP 值最低的区域集中在滇东北的昭通，滇东南的文山，滇西北的怒江，滇西南的临沧、普洱等州（市），其中昭通的人均 GDP 仅 14040 元。高于全省人均 GDP 数值的州（市）有昆明、玉溪、西双版纳、迪庆 4 个，低于全省人均 GDP 数值的州（市）有曲靖、保山、昭通、丽江、普洱、临沧、楚雄、红河、文山、大理、德宏、怒江等 12 个。由此可见，云南省各州（市）经济社会发展的绝对水平和相对水平地域分化程度大，且区域贫富差距明显。

第四，从社会消费品零售总额来看，在云南省各州（市）分布差异较大。2016年，云南全省社会消费品零售总额仅为5722.92亿元，其中社会消费品零售总额高值区在昆明市，达2310.09亿元，低值区集中在怒江、迪庆、丽江、西双版纳等州（市），社会消费品零售总额皆低于120亿元。社会消费品零售总额高值区同样也是GDP和人均GDP高值区。

第五，从地方公共财政预算收入和地方公共财政预算支出来看。2016年，云南省地方公共财政预算收入和地方公共财政预算支出分别为1812.29亿元和5018.86亿元，其在各州（市）的分布差异较大，且两者具有同步性。昆明市地方公共财政预算收入和地方公共财政预算支出分别达530亿元和688.40亿元，是云南省地方财政收入和支出的最大值。地方公共财政预算收入和地方公共财政预算支出的低值区主要集中在怒江、迪庆、西双版纳、临沧等地区，这些地区同样是GDP和人均GDP的低值区。

第六，从进出口总额来看。2016年，云南省进出口总额达199.99亿美元，受国际贸易的影响，其进出口总额比2015年下降了18.4%。云南省各州市进出口总额差异明显，排名靠前的有昆明和德宏，分别为66.81亿美元和42.52亿美元。进出口总额低值区包括迪庆、怒江、昭通、丽江等，这些州（市）的进出口总额不足1亿美元，其中昭通的进出口总额仅为0.06亿美元。

综上所述，云南省经济社会活动分布极不均衡，总体上呈现较明显的滇中部较高、沿省域边界西高东低的区域特征。这与云南省各州（市）的自然条件、区位及自然资源等地理分布、历史发展和人力资本等多方面因素息息相关。受中国在改革开放初期实行的非均衡区域发展战略的影响，在昆明、玉溪、曲靖一带实行财政补助和税收减免，以及经济技术开发区、高新技术开发区和工业园区等优惠政策，加大对滇中地区的基础设施建设，强化了云南省各州（市）的区域发展不平衡。

3. 西藏自治区“两层七区”经济发展格局

西部大开发战略实施以来，青藏铁路通车，林芝和阿里机场通航，那曲物流中心建成，促使西藏经济区域格局产生重大变化。加之，“十一五”规划以来，西藏采取“两层七区”的方式组织区域经济，即一级区3个，分别是藏中经济区、东部经济区、西部经济区，重点突出了藏中经济区；二级区则是在一级区的基础上，将核心藏中经济区再划分为 4 个经济亚区。西藏以主要城镇为中心，加强相邻地区和经济发展水平相当地区的联系与合作，形成特色发展的三大经济区域。①藏中经济区，以拉萨市、日喀则、山南、林芝、那曲五地市为主；②东部经济区，以昌都为主；③西部经济区，以阿里为主。

由表 4-23 可知，西藏经济社会发展水平呈现中部核心区经济社会发展较快，东部经济区和西部经济区发展相对落后的阶梯形区域经济发展格局。

表 4-23　2016 年西藏各州（市）经济社会发展重要指标数据

指标	西藏全区	拉萨市	昌都市	山南市	日喀则市	那曲市	阿里地区	林芝市
GDP（亿元）	1150.07	424.95	147.86	126.53	187.75	106.24	41.43	115.77
GDP1 比重（%）	9.16	3.56	15.69	4.86	16.44	13.86	13.71	7.99
GDP2 比重（%）	37.51	38.31	40.04	49.02	35.54	23.97	31.23	35.20
GDP3 比重（%）	53.33	58.13	44.27	46.12	48.02	62.17	55.06	56.81
全社会固定资产投资总额（亿元）	1655.50	582.27	220.71	186.92	253.44	141.40	68.53	202.23
财政收入（亿元）	129.04	71.18	12.34	13.56	12.37	6.01	2.97	10.61
财政支出（亿元）	1190.82	248.49	170.07	126.08	312.37	166.87	81.26	85.68
财政收入占 GDP 比重（%）	11.22	16.75	8.35	10.72	6.59	5.66	7.17	9.16
农村居民人均可支配收入（元）	9094	11448	8038	9908	8135	8638	8695	11812
农村居民生活消费支出（元）	6070	6874	5843	4790	3986	2484	6344	8228
城镇居民人均可支配收入（元）	27802	29383	24335	25894	27338	28324	29936	24452
城镇居民消费支出（元）	19440	21405	16576	20306	19137	15444	17003	15735
社会消费品零售总额（亿元）	459.41	229.67	41.52	44.74	83.20	18.70	10.05	31.54

资料来源：根据西藏 2017 年统计年鉴数据整理所得。

三、社会维稳压力大

西南沿边地区长期经济基础薄弱、社会发展机制不完善、社会组织建设相对滞后，民族和宗教问题相对复杂，国内外不稳定因素相互交织，转型发展所带来的城乡差距、贫富差距、区域差距、行业差距等因素，导致极易产生各种社会矛盾。沿边特征、民族文化、宗教关系与跨界民族使西南沿边地区的社会稳定面临种种威胁，社会维稳压力大。

第二节　西南沿边地区综合交通运输体系的事实与特征

一、西南沿边地区综合交通运输体系发展事实

西南沿边地区由于区位条件、自然资源、地形地貌、发展基础等多方面因素导致交通基础条件一直落后于其他地区。西部大开发战略实施以来，广西、云南、西藏加强交通基础设施建设，形成具有一定规模的公路、铁路、水路、航空和管道等多种运输方式组成的交通运输体系。公路、铁路、水路、民航、城市公共交通等是综合交通运输体系的主要组成部分，其发展水平反映了一个国家或者地区的综合交通运输水平。因此，从综合交通运输体系的主要组成部分来研究当前西南沿边地区综合交通运输体系的发展现状极为必要，本节分别从公路、铁路、水路、民航、城市公共交通 5 个方面来考察。根据 2001—2017 年的《中国统计年鉴》和《中国交通统计年鉴》，以及西南沿边地区各省（自治区）收集的交通资料，得到公路营运里程、铁路营运里程和国土面积等数据，以及西南沿边地区各省（自治区）的公路、铁路、水路、民航和城市公共交通具体发展水平，通过计算相应密度，定性与定量地对西南沿边地区综合交通运输体系发展事实进行分析。

（一）西南沿边地区公路设施现状分析

1. 西南沿边地区公路营运里程分析

（1）西南沿边地区各省（自治区）公路营运里程差异分析。通过数据的收集整理，得出西南沿边地区各省（自治区）公路营运里程、等级公路里程、高速公路里程（除西藏之外），具体情况见表 4-24。

表 4-24　2000—2016 年西南沿边地区各省（自治区）公路数据　　单位：公里

年份	公路通车里程				等级公路里程				高速公路里程	
	广西	云南	西藏	合计	广西	云南	西藏	合计	广西	云南
2000	52910	109636	22503	185049	45430	102626	10600	158656	812	517
2001	54752	163953	35537	254242	40192	106396	7200	153788	822	517
2002	56297	164853	39760	260910	42155	107617	8400	158172	822	746
2003	58451	166134	41302	265887	45284	109302	9100	163686	1011	1064
2004	59704	167050	42203	268957	47304	110876	10100	168280	1157	1291
2005	62003	167678	43716	273397	51046	111961	10900	173907	1411	1424
2006	90318	198496	44813	333627	52101	99834	15900	167835	1545	1549
2007	94202	200333	48611	343146	62861	104771	19500	187132	1879	2507
2008	99273	203753	51314	354340	73051	124526	22700	220277	2181	2512
2009	100491	206028	53845	360364	77154	138150	26100	241404	2395	2512
2010	101782	209230	58249	369261	81239	158119	36200	275558	2574	2630
2011	104889	214524	63108	382521	87296	165843	38900	292039	2754	2746
2012	107906	219052	65198	392156	91583	171960	41800	305343	2883	2943
2013	111384	222940	70591	404915	96343	178371	48700	323414	3305	3200
2014	114900	230398	75470	420768	100647	189481	54400	344528	3722	3255
2015	117993	236007	78000	432000	105019	197071	58400	360490	4288	4006
2016	120547	238052	82097	440696	108947	200898	71400	381245	4603	4134
2016 年较 2000 年的增长倍数	1.278	1.171	2.648	1.382	1.398	0.958	5.736	1.403	4.669	6.996

资料来源：根据西南沿边地区各省（自治区）2001—2017 年统计年鉴数据整理所得。

由表 4-24 可知，西南沿边地区公路营运总里程、等级公路里程和高速公路里程在 2000—2016 年逐渐上升，2016 年较 2000 年的公路营运里程和等级公路里程的增长分别为 1.382 倍和 1.403 倍，但三省（自治区）之间存在明显的差异。从总量来看，云南的公路营运总里程和等级公路里程总量较大。2016 年，云南的公路营运里程达 238052 公里，分别是广西、西藏的 1.97 倍、2.9 倍，占西南沿边地区的 54%，云南等级公路里程长 200898 公里，是广西的 1.84 倍，但高速公路里程与广西相差不大。从 2016 年较 2000 年增长的倍数来看，公路营运里程增长最快的是西藏，增长达到了 2.648 倍，广西、云南分别为 1.278 倍和 1.171 倍。广西、云南、西藏的等级公路里程增长分别为 1.398 倍、0.958 倍和 5.736 倍，增长速度较快。西部大开发以来，高速公路里程在广西、云南增长较快，云南和广西 2016 年较 2000 年增长分别达到了 6.996 倍和 4.669 倍。

总体而言，西部大开发以来，随着工业化、城镇化的不断加快，西南沿边地区各省（自治区）公路网持续优化，且各具特点。

①广西 2016 年公路里程达 120547 公里，等级公路达 108947 公里，等级公路里程占总里程的比重达 90.38%，高速公路里程达 4603 公里，二级及以上高等级普通公路里程达 13306 公里。全区设区市行政中心、相邻省或国家至少有一条以上高速通道，区内 14 个地级市和 93 个县（市、区）均通达高速公路，全区已通高速公路的县（市、区）达 85%；基本实现县县通二级以上公路，乡乡通沥青（水泥）路，97%建制村通沥青（水泥）路，全区公路网通达度和覆盖率显著提高。但广西高速公路起步较晚，到 1993 年高速公路里程仅有 183 公里，2007 年达到 1879 公里，覆盖地区不到 50%，高速公路发展难以满足经济快速发展和开放合作新形势的需要。直到 2008 年，为适应中国—东盟自由贸易区和北部湾经济区开发建设的需要，广西加大了对高速公路的建设力度，并在 2008 年底使高速公路里程突破了 2000 公里，达 2181 公里，成为广西公路交通建设史上的里程碑，基本实现了地级市连通高速公路。形成了以南宁市为中心连接地市，“通江、达海、连边”的高速公路通道网络骨架，通行能力和运输效率极大提升。2009 年，广西实施“两区一带”区域战略，继续加大高速公路建设的投资力度。经过“十二五”时期建设，到

2016 年底，广西高速公路里程达 4603 公里，基本实现高速公路连接各市、连通周边省份和出海、出边、出国的网络化目标。

广西高速公路被列入国家高速公路网的有“两纵四横”、2 条联络线和 1 条城市环线。“两纵”是 G65 包茂（包头至茂名）高速、G75 兰海（兰州至海口）高速；“四横”是 G72 泉南（泉州至南宁）高速、G76 厦蓉（厦门至成都）高速、G78 汕昆（汕头至昆明）高速、G80 广昆（广州至昆明）高速。两条联络线和一条城市环线——G7211 南友高速、G7511 钦东高速（钦州至东兴）和 G7201 南宁绕城高速。此外，还拥有 S31 三北高速、S21 资铁高速、S43 六钦高速、S50 岑罗高速、S60 钦崇高速、S6501 桂林绕城高速、防城港支线 7 条省级高速公路。从广西高速公路分布图上可以看出，广西目前已经形成“三纵三横”的高速公路布局，贯穿全区 14 个地级市，且与 13 条出省的高速公路形成以南宁为中心，有效连接省内和省外的高速公路通道网络。公路作为最能连通区域间的交通基础设施，其发展极大地便利了区域间人们的通行。加之，各类等级汽车客运站、货运站的合理运行，跨省、跨区（县、镇、乡）等客运班线的不断丰富，极大地提高了区域间的通行效率和通行质量。与此同时，出行的便利带来人们对民用汽车的需求。2015 年末，广西有营运性客货汽车 51.4 万辆，清洁能源新能源汽车突破 6000 辆。2017 年末，民用汽车保有量突破 500 万辆，达 504.33 万辆，其中私人汽车保有量为 452.65 万辆。

②受云南地形、地质和自然资源分配的影响，云南省矿产资源、自然资源、旅游资源等在省内分布不均衡，公路一直是云南省发展的主要交通方式，经过多年的建设完善，云南旨在形成“七出省、五出境”公路交通网络。截至 2016 年底，云南公路营运里程达 238052 公里，等级公路里程达 200898 公里，等级公路里程占公路总里程比重达 84.4%；高速公路里程达 4134 公里，二级及以上高级公路里程达 17082 公里，占总里程的 7.18%。目前，云南省高速公路被列入国家高速公路网的有首都放射线京昆高速（G5），东西横线有杭瑞高速（G56）及其支线大丽高速（G5611）、沪昆高速（G60）、广昆高速（G80）及其支线开河高速（G8011），南北纵线有渝昆高速（G85）及其支线昆磨高速（G8511）等。此外，还拥有 108、213、214、320、323、324、

326 共 7 条国家级公路以及 60 余条省级公路，形成了以昆明、曲靖、玉溪和大理为主的公路枢纽，有效衔接省内和省外，乃至境外的公路通道网络。

“十二五”时期，云南省抓住国家加大国道主干线改造和西部大开发省级通道建设力度加强的机遇，不断加快完善高速公路网、改造国省干线、加强农村公路等公路基础设施建设，基本建成覆盖城乡的公路网体系，实现全省 13 个州（市）全部通高速，129 个县有 72 个通高速公路；国省干线高等级化，实现了全省 129 个县（市）123 个通高等级公路、农村交通通畅化，新改建农村公路 9 万公里，农村公路总里程达 19.7 万公里，乡镇通畅率达 100%，建制村通畅率达 75%。通过一系列公路网建设，已实现高速公路出省通道 5 个，实现“四出境”高速公路网。由于云南地形地貌本身的特点和各种资源的分布区域性，公路作为一种现代化的道路交通基础设施，具有时间成本低、经济高效、便捷舒适和安全等特点，极大地促进了云南工业、旅游等资源、产品在省际和省内的交流。加之，近年来云南大力改善市区公路基础设施，如汽车站、衔接公交、有轨通道等的建设完善，极大地提高区域间和区域内的通行效率及通行质量。云南公路网的完善有力地拉动了区域经济发展，对构建与周边国家的陆上通道，改善云南各区域交通运输格局，促进社会经济发展将具有十分重要的意义。

③由于西藏复杂的地理环境、地形地貌和自然条件，公路一直是西藏客货运的主要运输方式，是西藏联系区内外的主要渠道，更是西藏经济社会发展的命脉。西藏和平解放前交通发展极为缓慢，由于各方面因素道路多为仅供人畜通行的羊肠小道，交通对经济社会发展的促进作用有限。随着西藏的和平解放，先后修建了川藏、青藏、中尼、新藏和滇藏等干线公路，开启了西藏的公路历史，改造了西藏与区外的交通运输状况，实现以公路交通运输方式为主的交通运输体系，加强藏区人民同区外人民的联系，有力地促进了西藏经济社会的发展。除了一般公路的建设，西藏还加大等级以上公路的建设，如拉萨至贡嘎机场专用公路的建成通车，标志着西藏第一条高速公路正式通车，填补了西藏没有高等级公路的空白，走上西藏公路建设的新起点；墨脱公路全线贯通，结束了全国最后一个县不通公路的历史；拉萨至林芝高等级公路 2015 年通车运营，完善了以拉萨为中心，以青藏公路、川藏公路、

新藏公路、滇藏公路、中尼公路等公路为干线，东连四川、云南，西接新疆，北连青海，南邻印度、尼泊尔，区内省道相接、地市相通、县乡连接的公路交通网的建设。据统计，截至2016年底，西藏公路总里程达82097公里，较2000年增长2.648倍。2017年底，74个县中71个县已畅通黑色化公路，乡镇公路通达率99.7%，建制村公路通达率99.2%。

西藏主要公路干线包括青藏公路、新藏公路、川藏公路、滇藏公路和中尼公路。青藏公路是世界上海拔最高、线路最长的柏油路，全年畅通，既是我国4条进藏公路中唯一有客运班车营运的线路，也是通往西藏路程最短、路况最好且最安全的公路。全长1937公里，全线平均海拔在4000米以上，其中包括海拔5231米的唐古拉山垭口，从青海省省会西宁市经茶卡、都兰、格尔木到拉萨。川藏公路东起四川成都，经雅安、康定在新都桥分为南北两线，南线2159公里，北线2412公里，西至西藏自治区首府拉萨，地势由东向西急剧升高，公路平均海拔在3000米左右，地势险峻。中尼公路，从尼泊尔的加德满都出发，经樟木友谊桥，进入中国西藏自治区的聂拉木县，过西藏第二大城市日喀则市，到达西藏自治区首府拉萨，途经1市9县1个口岸，全长943公里。所经樟木口岸是西藏目前唯一与周边国家联通的陆路口岸，是中国与尼泊尔王国经济贸易的重要窗口，交通地位尤为重要。新藏公路北起新疆维吾尔自治区的叶城，南抵西藏拉孜县，后又南延至阿里的普兰县。叶城至拉萨的新藏公路全长2841公里，全线平均海拔在4500米以上，是世界上海拔最高的公路，也是路段最艰险的公路之一，全程大部分为一望无垠的戈壁沙漠和常年积雪的高山峻岭的无人区。滇藏公路是云南至西藏的主要通道，由云南省下关市出发，经香格里拉，北至西藏芒康县，全长800公里，全线平均海拔4200米，地质状况复杂。由于区域地形地质的特殊性、天气恶劣等方面因素，西藏公路网的建设任重道远。

（2）西南沿边地区总的公路营运里程变化趋势分析。为更好地了解西南沿边地区公路营运里程整体发展趋势，将西南沿边地区各省（自治区）数据进行加总，得到西南沿边地区总的公路营运里程变化趋势图，如图4-2所示。

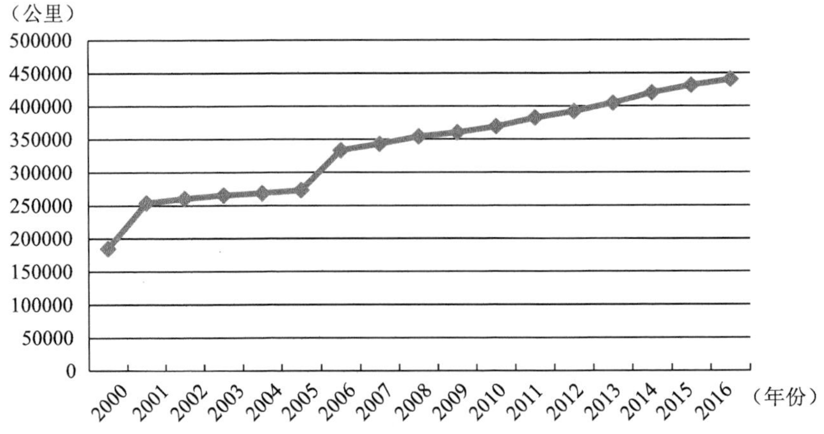

图 4-2　2000—2016 年西南沿边地区总的公路营运里程变化趋势

由图 4-2 和表 4-24 可知，自 2000 年以来，西南沿边地区总的公路营运里程呈现持续增长的变化趋势，2016 年较 2000 年增长 1.382 倍；其中 2001 年和 2006 年的变化幅度较大，公路营运里程显著增加。2000 年西南沿边地区公路营运里程达 185049 公里，2001 年公路营运里程达 254242 公里，增长率达 37.39%；2005 年公路营运里程为 273397 公里，2006 年公路营运里程达 333627 公里，增长率达 22.03%。这一特征与我国西部大开发战略实施（2000 年）和《西部大开发“十一五”规划》通过（2006 年）及西部大开发进入深化推进阶段息息相关，西南沿边地区公路交通设施建设明显加快。

2. 西南沿边地区公路密度分析

西南沿边地区各省（自治区）由于地理位置、地形地貌、行政面积、功能结构、人口数量、经济基础等要素不同，公路营运总里程数难以反映当地的公路交通发展状况。为更深入了解西南沿边地区及各省（自治区）在服务人民出行和地区经济社会发展的情况，计算出西南沿边地区各省（自治区）的公路密度，包括每百平方公里的公路里程数和每万人的公路里程数，具体情况见表 4-25。

表 4-25　2000—2016 年西南沿边地区各省（自治区）公路密度　单位：公里

年份	每百平方公里的公路里程数					每万人的公路里程数				
	广西	云南	西藏	西南沿边地区	全国	广西	云南	西藏	西南沿边地区	全国
2000	22.35	27.82	1.87	10.10	17.44	11.14	25.85	86.61	20.00	13.25
2001	23.13	41.60	2.96	13.87	17.62	11.44	38.24	134.84	27.22	13.30
2002	23.78	41.83	3.31	14.23	18.32	11.68	38.05	148.23	27.69	13.74
2003	24.69	42.16	3.44	14.51	18.79	12.03	37.97	151.76	27.97	14.00
2004	25.22	42.39	3.51	14.67	19.42	12.21	37.84	152.72	28.07	14.39
2005	26.19	42.55	3.64	14.92	34.72	12.59	37.68	155.96	28.31	25.58
2006	38.16	50.37	3.73	18.20	35.88	18.21	44.28	157.19	34.29	26.30
2007	39.80	50.83	4.04	18.72	37.20	18.83	44.38	168.30	35.00	27.12
2008	41.94	51.70	4.27	19.33	38.72	19.66	44.85	175.53	35.85	28.09
2009	42.46	52.28	4.48	19.66	40.07	19.74	45.07	182.01	36.19	28.93
2010	43.00	53.09	4.85	20.14	41.60	19.73	45.47	194.02	36.70	29.89
2011	44.31	54.43	5.25	20.87	42.62	20.17	46.32	208.07	37.75	30.48
2012	45.59	55.58	5.42	21.39	43.98	20.59	47.02	211.94	38.42	31.30
2013	47.06	56.57	5.87	22.09	45.22	21.09	47.57	226.22	39.39	32.01
2014	48.54	58.46	6.28	22.95	46.33	20.99	48.88	237.66	40.05	32.64
2015	49.85	59.89	6.49	23.57	47.51	21.38	49.77	240.76	40.82	33.30
2016	50.93	60.40	6.83	24.04	48.75	21.61	49.90	248.37	41.26	33.96
2016 年较 2000 年的增长倍数	1.28	1.17	2.65	1.38	1.80	0.94	0.93	1.87	1.06	1.56

资料来源：根据 2001—2017 年全国及西南沿边地区统计年鉴整理得出的公路里程与行政面积、年末总人口数计算得出。

由表 4-25 可知，自 2000 年以来，西南沿边地区各省（自治区）的公路密度与全国同步呈现不断增长趋势，但与公路总里程一样，在各省（自治区）间存在明显的地区差异。为更好地研究西南沿边地区各省（自治区）公路密度的时间变化趋势，得出西南沿边地区各省（自治区）每百平方公里的公路里程数的变化趋势图（见图 4-3）和每万人的公路里程数的变化趋势图（见

图 4-4）。具体分析如下。

（1）从每百平方公里的公路里程数来看。西南沿边地区 3 个省（自治区）的公路密度值从高到低，分别是云南、广西、西藏。2016 年，广西、云南、西藏、西南沿边地区、中国的每百平方公里的公路里程数分别为 50. 93 公里、60. 4 公里、6. 83 公里、24. 04 公里和 48. 75 公里。其中，云南、广西高于全国水平，西藏由于行政区域土地面积大，每百平方公里的公路里程数很低，仅为 6. 83 公里，广西、云南、全国的每百平方公里的公路里程数分别是西藏的 7. 46 倍、8. 84 倍和 7. 14 倍。

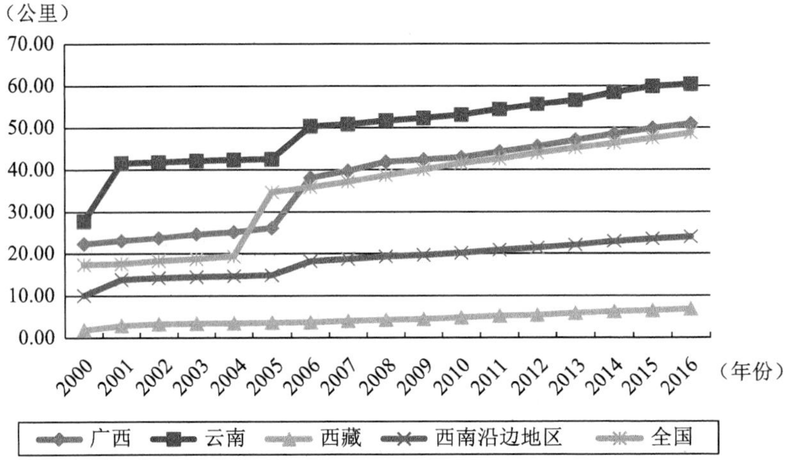

图 4-3　2000—2016 年西南沿边地区各省（自治区）每百平方公里的公路里程数的变化趋势

由图 4-3 和表 4-25 可知，从每百平方公里的公路里程数的增长倍数来看。2000—2016 年，广西、云南、西藏、西南沿边地区、全国的增长倍数分别为：1. 28 倍、1. 17 倍、2. 65 倍、1. 38 倍和 1. 80 倍。进一步得出，西南沿边地区各省（自治区）整体增长较慢，除西藏之外，远低于全国平均水平，且在西南沿边地区各省（自治区）的每百平方公里的公路里程数存在地区差异。同时，由图 4-3 还可以发现，云南、广西、西藏皆在 2001 年和 2006 年每百平方公里的公路里程数增幅明显加快，这与西部大开发开始实施和深入推进阶段相呼应，公路交通基础设施建设步伐明显加快。

（2）从每万人的公路里程数来看。西南沿边地区各省（自治区）每万人的公路里程数从高到低，分别是西藏、云南、广西。西藏每万人公路里程数远高于全国、云南和广西，2016 年达 248.37 公里，这与其地域辽阔、人口稀少紧密关联；云南每万人公路里程数于 2016 年达 49.9 公里，高于全国和广西水平，这与其公路里程总量大紧密关联；广西由于近年来人口增长速度快于公路建设速度，其每万人公路里程数是西南沿边地区最低的，2016 年仅为 21.61 公里，低于全国水平（33.96 公里）。由此可知，西南沿边地区各省（自治区）每万人公路里程数表现明显的地区差异。

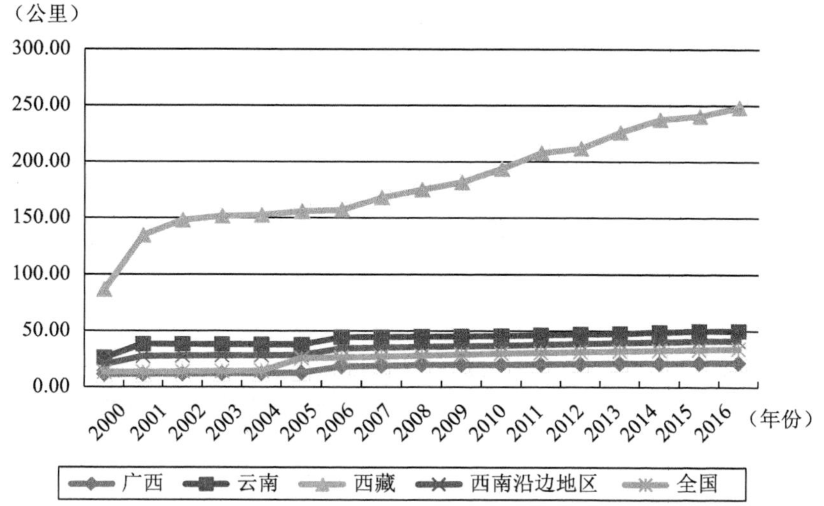

图 4-4　2000—2016 年西南沿边地区各省（自治区）每万人公路里程数的变化趋势

由图 4-4 和表 4-25 可知，从西南沿边地区各省（自治区）每万人的公路里程数的增长倍数来看，2000—2016 年，广西、云南、西藏、全国每万人的公路里程数增长倍数，分别为 0.94 倍、0.93 倍、1.87 倍、1.56 倍，除了西藏的增长倍数高于全国水平外，广西、云南皆低于全国增长倍数，说明西南沿边地区公路整体建设水平没有跟上全国水平。从每万人公路里程数的变化趋势图可知，西南沿边地区各省（自治区）在 2001 年和 2006 年表现出明显的增幅，这与西部大开发开始实施和深入推进阶段相呼应，与公路交通基础设施建设步伐明显加快息息相关。

3. 西南沿边地区公路运输量及周转量分析

公路因便捷、快速等特点，一直是货物和旅客运输及周转的主要方式。西部大开发以来，随着西南沿边地区经济社会的快速发展，对交通运输提出了较高的需求。自 2000 年以来，西南沿边地区各项基础设施建设不断增加，直接对各种交通运输方式的运输量和周转量的结构产生影响，而且每种交通运输方式的运输及周转的总量与结构，直接反映出当地交通运输水平和经济社会发展基础。为进一步了解西南沿边地区公路运输和周转的总量与结构情况，通过对 2000—2016 年西南沿边地区各省（自治区）的数据进行整理，得出公路货物与旅客运输量及周转量数据表，具体见表 4-26、表 4-27、表 4-28 和表 4-29。

表 4-26　2000—2016 年西南沿边地区各省（自治区）公路货运量及其所占比重

年份	公路货运量（万吨）				公路货运量占本省（自治区）总货运量比重（%）			
	广西	云南	西藏	西南沿边地区	广西	云南	西藏	西南沿边地区
2000	23514	48800	196	72510	75.20	92.95	93.65	86.34
2001	23747	49200	201	73148	71.38	92.48	94.67	84.39
2002	24325	50500	208	75033	72.85	91.82	94.75	84.68
2003	24164	53900	266	78330	72.22	91.82	95.19	84.74
2004	25822	54300	274	80396	69.57	91.11	95.29	82.88
2005	27861	56700	356	84917	67.91	91.16	96.32	81.97
2006	30525	60600	346	91471	67.16	91.27	95.96	81.51
2007	32920	65500	360	98780	65.64	91.23	93.55	80.74
2008	64884	39100	711	104695	76.38	85.75	94.85	79.74
2009	75766	40800	920	117486	79.69	86.62	95.91	82.08
2010	93552	45700	952	140204	82.46	87.38	95.55	84.08
2011	113549	54200	979	168728	83.40	81.75	93.80	82.92
2012	135112	63200	1042	199354	83.73	83.71	91.08	83.76
2013	124677	98700	1778	225155	82.48	88.84	76.82	85.10
2014	108270	103200	1871	213341	78.57	89.04	78.04	83.31
2015	119194	102000	1973	223167	79.61	89.24	79.61	83.74
2016	128247	109500	1906	239653	79.77	89.83	75.46	84.03

资料来源：西南沿边地区各省（自治区）2001—2017 年统计年鉴数据整理所得。

由表 4-26 和表 4-27 可知，不论客运还是货物运输，公路运输在西南沿边地区的综合交通运输体系中占据绝对的主导地位。自 2000 年以来，西南沿边地区的货物运输中，公路货物运输量除云南在2008年下降之外，其他各省（自治区）整体呈上升趋势，且在2007—2008年明显上升。2016年，广西、云南、西藏和西南沿边地区的公路货物运输量分别达128247万吨、109500万吨、1906万吨和239653万吨，较2000年分别增加4.45倍、1.24倍、8.72倍和2.31倍，增长幅度较大。同时，公路运输量占本省（自治区）总货运量比重较大，但在各省（自治区）间存在差异。广西、云南、西藏和西南沿边地区的公路运输占本省（自治区）总货运量的比重分别由2000年的75.2%、92.95%、93.65%和86.34%调整到2016年的79.77%、89.83%、75.46 %和84.03%。除了广西缓慢波动上升以外，云南、西藏的公路运输量所占比重缓慢波动下降，这与西部大开发实施以来，西南沿边地区加大建设和发展铁路与民航密不可分。

表4-27　2000—2016年西南沿边地区各省（自治区）公路客运量及其所占比重

年份	公路客运量（万人次）				公路客运量占本省（自治区）总客运量比重（%）			
	广西	云南	西藏	西南沿边地区	广西	云南	西藏	西南沿边地区
2000	39321	31600	257	71178	91.55	93.77	82.88	92.48
2001	41020	37900	259	79179	92.28	94.75	81.11	93.40
2002	42459	36700	262	79421	92.57	94.34	79.00	93.33
2003	40524	33000	255	73779	92.96	93.75	78.49	93.25
2004	45578	36500	256	82334	93.26	93.83	75.57	93.45
2005	48740	38500	385	87625	93.38	93.67	80.30	93.44
2006	52609	40900	445	93954	92.89	93.38	73.45	92.99
2007	57213	42900	460	100573	92.70	92.66	67.64	92.53
2008	60645	31200	6786	98631	93.67	89.66	97.92	92.63
2009	65045	32800	7759	105604	93.27	89.62	97.42	92.39
2010	72208	36200	8066	116474	93.82	89.60	97.08	92.68
2011	79300	41400	3659	124359	93.92	90.00	92.92	92.55
2012	86449	44800	3739	134988	94.32	90.32	92.25	92.90
2013	45606	43400	1326	90332	89.69	88.93	73.23	89.04
2014	42841	44500	1408	88749	85.81	88.82	72.78	87.04

续表

年份	公路客运量（万人次）				公路客运量占本省（自治区）总客运量比重（%）			
	广西	云南	西藏	西南沿边地区	广西	云南	西藏	西南沿边地区
2015	41522	43700	1490	86712	81.44	87.75	71.89	84.30
2016	39750	41200	889	81839	78.30	84.43	57.16	80.93

资料来源：西南沿边地区各省（自治区）2001—2017 年统计年鉴数据整理所得。

在旅客运输中，公路是西南沿边地区各省（自治区）的主要客运交通方式。自 2000 年以来，公路客运量变化趋势波动较大，且存在明显的区域差异。广西呈先上升后快速下降的趋势，特别是 2013 年广西进入高铁时代，公路的养护、扩宽建设造成道路拥挤等情况，广西的公路客运量由 2012 年的 86449 万人次下降至 2013 年的 45606 万人次，但公路依然占据主导地位，2016 年广西的公路客运量所占比重依然达 78.3%。云南的公路客运量总体呈现轻微波动缓慢上升的趋势，但所占比重逐渐下降，由 2000 年的 93.77%下降到 2016 年的 84.43%。西藏的公路客运量在 2008 年跳跃式发展，由 2007 年的 460 万人次上升至 2008 年的 6786 万人次，此后在 2011 年下降，这与西藏整体客运量紧密相关。尽管如此，公路依然是西藏的主要客运方式，2016 年该比重达 57.16%。

货物周转量和旅客周转量都是反映地区经济发展对交通运输的需求，以及地方交通设施发展水平的主要指标，为更好地了解西南沿边地区公路设施对货物周转量和旅客周转量的总体和结构的影响情况，通过整理得出表 4-28 和表4-29。

表 4-28　2000—2016 年西南沿边地区公路货物周转量及其所占比重

年份	公路货物周转量（亿吨公里）				公路货物周转量占本省（自治区）总货物周转量比重（%）			
	广西	云南	西藏	西南沿边地区	广西	云南	西藏	西南沿边地区
2000	209.44	296.65	8.09	514.18	27.18	61.86	87.97	40.83
2001	212.10	318.49	8.26	538.85	26.53	61.57	88.60	40.64

续表

年份	公路货物周转量（亿吨公里）				公路货物周转量占本省（自治区）总货物周转量比重（%）			
	广西	云南	西藏	西南沿边地区	广西	云南	西藏	西南沿边地区
2002	218.51	333.20	8.47	560.18	25.39	60.45	89.03	39.41
2003	217.10	357.64	10.32	585.06	23.03	60.02	89.57	37.75
2004	235.62	365.08	11.10	611.80	21.50	58.10	90.18	35.23
2005	258.43	381.96	40.71	681.10	21.38	58.18	97.10	35.71
2006	286.85	409.46	36.61	732.92	21.42	59.15	92.51	35.39
2007	302.23	450.83	37.48	790.54	19.93	58.48	87.37	33.92
2008	799.96	468.63	28.80	1297.40	36.19	57.77	78.28	42.42
2009	934.70	496.14	25.40	1456.20	39.51	58.81	68.60	44.86
2010	1173.50	548.53	26.56	1748.50	40.09	59.95	63.61	45.02
2011	1494.00	617.27	27.10	2138.40	42.95	61.96	61.89	47.33
2012	1878.30	702.51	27.87	2608.70	45.69	64.33	56.14	49.67
2013	1857.20	921.98	81.46	2860.60	48.16	69.57	76.62	54.10
2014	1902.70	1002.40	85.96	2991.00	49.17	71.21	76.62	55.49
2015	2122.60	1077.90	90.64	3291.10	52.26	73.56	78.59	58.33
2016	2248.50	1173.10	94.50	3516.00	52.78	74.76	75.09	59.04

资料来源：西南沿边地区各省（自治区）2001—2017 年统计年鉴数据整理所得。

由表 4-28 和表 4-29 可知，自 2000 年以来，西南沿边地区各省（自治区）的公路货物周转量和旅客周转量地区差异明显。从公路货物周转量来看，西南沿边地区各省（自治区）呈增长趋势，广西、云南、西藏和西南沿边地区 2016 年公路货物周转量较 2000 年的分别增长 9.74 倍、2.95 倍、10.68 倍和 5.84 倍，增长幅度较大。特别是广西在 2008 年急速增长，由 2007 年的 302.23 亿吨公里增长至 2008 年的 799.96 亿吨公里。此后一直保持高速增长，到 2016 年，广西的公路货物周转量达 2248.50 亿吨公里。这与广西在 2008 年北部湾经济区战略上升为国家战略，大力建设发展各项经济社会事业息息相关，说明国家层面的区域战略对地区经济社会发展影响巨大。云南、西藏的公路货物周转量在西部大开发以来，一直保持稳定的增长趋势，分别由 2000 年的 296.65 亿吨公里和 8.09 亿吨公里增长至 2016 年的 1173.10 亿吨公里和

94.50亿吨公里。从公路货物周转量占本省（自治区）总货物周转量的比重来看，广西、云南、西藏和西南沿边地区所占比重分别由2000年的27.18%、61.86%、87.97%和40.83%变化为2016年的52.78%、74.76%、75.09%和59.04%。除了西藏的公路货物周转量所占比重逐渐下降以外，其他省所占比重逐渐上升，公路一直是西南沿边地区货物周转的主要交通方式。

表4-29　2000—2016年西南沿边地区公路旅客周转量及其所占比重

年份	公路旅客周转量（亿人公里）				公路旅客周转量占本省（自治区）总旅客周转量比重（%）			
	广西	云南	西藏	西南沿边地区	广西	云南	西藏	西南沿边地区
2000	347.94	171.20	3.21	522.35	74.83	71.95	51.80	73.66
2001	372.07	232.76	3.33	608.16	75.79	76.52	51.96	75.87
2002	382.70	210.10	3.53	596.33	76.17	74.61	52.64	75.42
2003	367.35	192.87	3.26	563.48	77.32	73.21	50.28	75.63
2004	410.64	227.21	3.27	641.12	77.56	71.50	46.16	75.05
2005	438.77	233.12	18.42	690.31	76.56	70.30	80.70	74.43
2006	471.43	247.71	18.60	737.74	75.39	68.35	65.54	72.60
2007	536.93	265.80	18.95	821.68	75.17	67.56	52.45	71.84
2008	563.52	272.98	24.15	860.64	74.81	66.27	62.92	71.51
2009	618.28	302.22	21.73	942.23	78.52	67.39	55.49	73.90
2010	695.32	352.10	22.77	1070.20	79.08	67.24	53.02	74.02
2011	776.51	424.57	22.50	1223.60	79.80	69.51	49.82	75.11
2012	857.98	470.20	23.20	1351.40	81.87	70.16	49.07	76.54
2013	415.73	323.10	31.01	769.84	68.01	58.70	53.65	63.13
2014	430.60	321.06	32.78	784.44	64.26	55.97	52.29	60.05
2015	410.82	330.21	34.70	775.73	56.14	55.08	50.62	55.42
2016	390.05	319.99	22.70	732.74	52.44	54.65	37.40	52.71

资料来源：西南沿边地区各省（自治区）2001—2017年统计年鉴数据整理所得。

从公路旅客周转量来看，西南沿边地区各省（自治区）公路旅客周转量呈现先上升后下降的趋势，广西、云南、西藏和西南沿边地区公路旅客周转量占本省（自治区）总旅客周转量比重分别从2000年的74.83%、71.95%、51.80%和73.66%，下降至2016年的52.44%、54.65%、37.40%和52.71%，但所占比重都大于35%，说明公路作为旅客周转量主要方式的地位依然没变。此外，受高速铁路开通运营的影响，广西、云南在2013年同时出现大幅度下降，公路旅客周转量分别从2012年的857.98亿人公里、470.20亿人公里下降至2013年的415.73亿人公里、323.10亿人公里，反映出旅客周转量及运输量更容易受交通运输方式的便捷性、快速、可达性等因素影响。同时可以看出，旅客对运输便捷、舒适的要求较高，对现代交通运输方式提出了新的要求。因此，加快由高速公路、等级公路、农村公路等组成的公路运输体系的建设与完善，对促进当地货物、旅客运输量和周转量的增加贡献显著，可以促进当地经济社会的快速发展。

（二）西南沿边地区铁路设施现状分析

1. 西南沿边地区铁路营运里程分析

（1）西南沿边地区各省（自治区）铁路营运里程差异分析。通过数据整理得出，西南沿边地区各省（自治区）的铁路营运里程具体情况见表4-30。

表4-30　2000—2016年西南沿边地区各省（自治区）铁路营运里程　单位：公里

年份	广西	云南	西藏	西南沿边地区	全国
2000	2725	2015.2	0	4740.2	68700
2001	2715	2015.2	0	4730.2	70100
2002	2751	2015.6	0	4766.6	71900
2003	2751	1983.5	0	4734.5	73000
2004	2751	1925.0	0	4676.0	74400
2005	2733	1925.0	0	4658.0	75400
2006	2737	1925.0	550.0	5212.0	77100
2007	2736	1923.7	550.0	5209.7	78000
2008	2732	1923.7	531.0	5186.7	79700
2009	3126	1923.7	526.0	5575.7	85500
2010	3174	2473.4	532.0	6179.4	91200
2011	3163	2491.3	531.5	6185.8	93200
2012	3164	2619.4	531.5	6314.9	97600
2013	3982	2618.8	531.5	7132.3	103100

续表

年份	广西	云南	西藏	西南沿边地区	全国
2014	4711	2915.9	786.3	8413.2	111800
2015	5086	2929.4	786.3	8801.7	121000
2016	5141	3651.5	786.3	9578.8	124000

资料来源：根据西南沿边地区各省（自治区）2001—2017 年统计年鉴数据整理所得。

由表 4-30 可知，西南沿边地区各省（自治区）间铁路营运里程整体呈增长趋势，但在各省（自治区）间存在明显差异。从总量来看，自 2000 年以来，西南沿边地区各省（自治区）铁路营运里程由长到短的排序依次是广西、云南、西藏。2016 年分别达到 5141 公里、3651.5 公里和 786.3 公里，增长幅度较大。特别是广西和云南分别于 2013 年和 2016 年相继进入高速铁路时代，铁路营运里程大幅度上升。2016 年广西、云南高速铁路（时速 200 公里及以上）分别达 1751 公里和 708 公里。高速铁路的开通运营拉近了西南沿边地区与国内大城市的时间距离，可达性大幅度提高。

总体而言，西部大开发以来，随着国家各项宏观政策落户西南沿边地区，铁路运输网络持续优化，但各具特点。

①广西铁路建设起步较晚，2004 年以前仅有湘桂、黔桂、黎湛、枝柳、南昆 5 条国家铁路，以及沿海铁路等一些地方铁路，铁路营运里程为 2751 公里，广西铁路被称为“路网末梢”。2004 年，国务院审议通过《中长期铁路网规划》，广西开始进行大规模铁路建设，优化广西交通基础设施建设。2008 年，广西铁路建设全面实施“一揽子”计划，全面推进广西交通与相邻省份的互联互通，广西铁路建设进入了“加速度”发展的态势。到 2016 年底，广西铁路基本形成了北通、南达、东进、西联的现代化路网格局，实现了由“路网末梢”到“区域枢纽”的华丽转身。目前，广西拥有湘桂铁路、南昆铁路、焦柳铁路、黔桂铁路、洛湛铁路、黎湛铁路、玉铁铁路、黎钦铁路、南防铁路、钦北铁路、田德铁路、德靖铁路等多条贯穿国内各省、区内各市的普通铁路和城际铁路。特别是广西于 2013 年迈入高铁时代，拥有了柳南城际铁路、衡柳铁路、广西沿海城际铁路、南广高铁、贵广高速铁路、南昆客运专线等多条高速铁路，时速 200 公里及以上铁路营运里程分别在 2013 年、2014 年、2015 年和 2016 年达 785 公里、1482 公里、1703 公里和 1751 公里，

极大地提升了广西的铁路发展水平。

"十二五"期间，广西铁路营运里程达5086公里，其中高速铁路里程达1703公里，复线率45.1%，电气化率57.6%。全区有10个城市、11个县开通了高铁动车，高铁里程占全国高铁的10%，客车通达27个省、直辖市、自治区，极大地提升了广西交通运输能力。广西境内有南宁站、南宁东站、柳州站、桂林站、桂林北站等多个客货运站。目前广西跨省铁路通达北京、上海、广东、河南、河北、山东、湖南、湖北、江苏、江西、安徽、浙江、贵州13个省、直辖市，辐射了全国1/3的省份，并初步形成了以南宁为中心的"123"交通圈，即形成南宁到北部湾城市（南宁、北海、钦州、防城港）的"1小时交通圈"，到区内各主要城市（桂林、柳州等）的"2小时交通圈"以及到广州、长沙、昆明、贵阳、海口等相邻省会城市的"3小时交通圈"，节省出行时间，极大地改善人民群众的出行质量，正式开启了区域同城化生活大幕。广西基本形成了以湘桂、焦柳、南昆、黔桂、南防、黎湛、洛湛7条铁路干线为骨架，连内地通港口接越南的出区、出海、出边运输网络，呈现南达、北通、西联、东进的铁路网络格局。通过广西交通版图可以明显看到一张功能完善、结构清晰、布局合理的"一轴四纵四横"现代化快速铁路运输网。由普通铁路和高速铁路交错构成的广西铁路网络加速广西与外界和广西境内各区域人流、物流、信息流、资金流等要素的流动，特别是广西旅游资源的充分利用，极大地缩短了广西与外界交通往来的时间和距离，从整体上促进了广西经济社会全面发展。铁路的迅速发展带来广西铁路运输装备技术的不断优化升级，曾是中国旅客列车的代表形象"绿皮车"退出铁路运营市场，取而代之的是拥有新型技术、更为舒适的客车车辆、铁路机车和高铁动车等。

②云南铁路建设较早，1910年就拥有中国第一条国际铁路——滇越铁路。近年来，随着国家扩内需、保增长政策的出台，以及铁道部《中长期铁路网规划》的落实发展，云南铁路建设大规模推进，铁路运输网络布局趋向合理，运力不断增强、功能不断完善，逐渐形成"八入滇四出境"的铁路运输大通道，为云南成为通江达海、连接周边的铁路枢纽中心构筑基础，其战略性地位转变为"面向东南亚、南亚，沟通太平洋和印度洋的国际大通道前沿"。"十二五"时期，云南铁路建设完成投资是"十一五"时期的2.5倍，达900

多亿元，有效促使云南路网规模和质量的不断提升。在服务国家、区域、省级等层面战略，强化东中西部地区省份间的互联互通，完善西南区域乃至西部地区路网和开辟面向南亚、东南亚的国际大通道等方面作用明显。

目前，云南以昆明为主要铁路枢纽，拥有沪昆线（贵昆线）、成昆线、南昆线3条国家Ⅰ级电气化铁路主干线和1条窄轨铁路（滇越铁路），以及沪昆、云贵2条高速铁路。其中，贵昆铁路全长639公里，起点为贵州省贵阳市，途经安顺、宣威、麒麟，直达昆明。贵昆铁路与湘黔、成渝铁路连通，是云南省与贵州省，乃至四川省、湖南省的主要联系通道，是云南与华北、华东、东北及华南地区沟通联系的主要通道，与湘黔、浙赣、沪杭三线共同组成中国南部东西交通大动脉。成昆铁路全长1100公里，由四川省成都市始发，途经攀枝花、元谋、禄丰、安宁，直达昆明，是四川省和云南省的主要连接通道，云南省通过成昆铁路与西北、华北等地区接通联系。南昆铁路全长898公里，起点为广西南宁，由东向西途经隆安、平果、田东、田阳、百色、田林、安龙、罗平、石林、呈贡等地直达昆明市，是我国西南大动脉，直接连通我国西南内陆和华南沿海地区，更是云南、贵州、四川最近的出海通道，沿线景区较多。滇越铁路为我国第一条国际铁路，是云南省最早建成的米轨铁路，该线路在中国境内跨越红河进入河口，经碧色寨到昆明，出境后直达越南首都河内，与东南亚国家相连通。除了干线铁路之外，云南省还拥有广大铁路（广通—大理）、昆玉铁路（昆明—玉溪）、大丽铁路（大理—丽江）等支线铁路，支线与干线铁路相互交错，形成云南四通八达的铁路交通网，更进一步奠定了昆明作为西南交通枢纽的地位。

除了现有的电气化干线铁路和支线铁路，云南近年来围绕“八出省五出境”铁路网规划，一方面加大省内相关支线铁路的建设，如“十二五”期间，云南先后建成开通了六盘水至沾益新增二线、玉蒙铁路、广昆铁路复线、蒙河铁路等，滇南地区终于实现了准轨铁路的零突破，这些铁路组成了中越国际铁路通道。另一方面加大高速铁路建设，积极进入电气化高速铁路时代，加快建设沪昆客专云南段、南昆客专云南段工程，已于2016年12月开通运营。高速铁路的开通运营，加快滇中城市群与全国各地的交流互通。今后将继续全面规划和加快建设中越、中老、中缅（清水河口岸、瑞丽口岸出境）、中缅印5条出境铁路通道，以及成昆、内昆、沪昆、南昆、沪昆客专、云桂、渝昆和滇藏8条出省铁路通道，将使昆明真正实现内连外通——向内连通周边省（自治区、直辖市），向外辐射越南、老挝、缅甸等东南亚、南亚国家的铁路网。云南省日益完善的铁路网将促进地区客货运量和客货周转量的增加，促进区域经济发展的平衡。

③西藏由于地形地质的特殊性，交通建设难度大，一直到2006年，作为西藏大开发标志性工程的青藏（拉尔木—拉萨段）铁路才建成及运营。青藏铁路作为西部大开发战略标志性工程，是目前唯一的进藏铁路，是世界上海拔最高、在冻土上路程最长的高原铁路，全长1956公里，其中西藏段铁路里程仅550公里。青藏铁路起于青海省西宁市，沿途分别经过格尔木市、昆仑山口、沱沱河沿、唐古拉山口等地区，进入西藏自治区后沿途分别经过安多、那曲、当雄、羊八井、拉萨等地区。青藏铁路的建成通车，大大地缩短了西藏与国内经济中心的时间距离和成本距离，提升了进出西藏物资的规模，为西藏经济嫁接铁路网络优势，开发西藏旅游资源优势发展经济，将西藏带入全国统一的大市场，初步形成以青藏铁路为轴心，辐射成都、西南、兰州、西宁等地的新经济带，发挥了重要作用。青藏铁路运营10年来，其经济、政治、社会地位越来越明显，截至2015年6月底，青藏铁路在运营的9年间累计货物运输量达40483.5万吨，年均增长10.3%，旅客运输量9107.3万人次，年均增长8.8%。

伴随着青藏铁路的建成通车，近年来西藏加紧发展铁路事业。2014年建成开通西藏区域内铁路拉日铁路，全长253公里，行程3小时，从拉萨站沿拉萨河而下，南经堆龙德庆区南部、曲水县，西向雅鲁藏布江而行，穿越近90公里峡谷区，经尼木、仁布县，抵达藏西南重镇日喀则，连通西藏两大经济发展增长极。2015年7月全面开工建设拉林铁路，由拉萨至日喀则铁路协荣站引出，新建长度402公里。与此同时，对拉日铁路的拉萨至协荣段32公里进行电气化改造。全线新建贡嘎、扎囊、泽当、桑日、加查、朗县、米林、朝阳、林芝等17个车站，预计2020年开通。“十三五”期间，西藏加快对川藏（拉萨—成都）、滇藏（拉萨—云南）铁路等出藏线、进出境或藏区内部连接线路的建设，将直接带动西藏铁路网的完善，形成以拉萨为中心枢纽，辐射周边地区和国家的铁路运输网。

（2）西南沿边地区总的铁路营运里程变化趋势分析。为更好地了解西南沿边地区铁路建设发展整体趋势，将西南沿边地区各省（自治区）数据进行加总，得到西南沿边地区总的铁路营运里程变化趋势图，如图 4-5 所示。

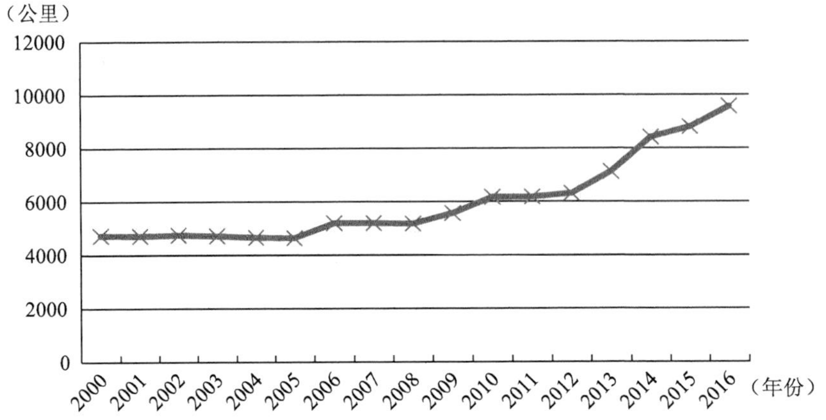

图 4-5　2000—2016 年西南沿边地区总的铁路营运里程变化趋势

由图 4-5 和表 4-30 可知，自 2000 年以来，西南沿边地区总的铁路营运里程呈持续增长的趋势，2016 年较 2000 年增长 1.021 倍，其中 2006 年、2010 年、2013 年、2014 年出现了较大的增幅，铁路营运里程显著增加。2000 年西南沿边地区铁路营运里程仅为 4740.2 公里，2006 年、2010 年、2013 年、2016 年则分别达到了 5212 公里、6179.4 公里、7132.3 公里和 9578.8 公里。铁路建设与我国实施西部大开发战略（2000 年）、通过《中国西部大开发"十一五"规划》（2006 年）、西部大开发进入深化推进阶段（2010 年）和全面建设高速铁路网（2013 年）等紧密相关，西南沿边地区铁路交通设施建设明显加快。

2. 西南沿边地区铁路密度分析

西南沿边地区各省（自治区）的铁路建设由于地理地形、气候环境、经济基础等原因建设难度极大，铁路作为服务人民出行和货物运输的主要方式，用铁路营运里程难以呈现当地铁路交通运输的真实情况。西南沿边地区具有地广人稀的特点，为更深入了解西南沿边地区各省（自治区）在服务人民出行和货物运输的便捷和舒适方面，以及服务地区经济社会发展的情况，计算出西南沿边地区各省（自治区）铁路网密度，包括每百平方公里的铁路营运里程数和每万人的铁路营运里程数，具体情况见表 4-31。

表 4-31　2000—2016 年西南沿边地区各省（自治区）铁路网密度　　单位：公里

年份	每百平方公里的铁路里程数					每万人的铁路里程数				
	广西	云南	西藏	西南沿边地区	全国	广西	云南	西藏	西南沿边地区	全国
2000	1.15	0.51	0	0.26	0.71	0.57	0.48	0	0.51	0.54
2001	1.15	0.51	0	0.26	0.73	0.57	0.47	0	0.51	0.55
2002	1.16	0.51	0	0.26	0.75	0.57	0.47	0	0.51	0.56
2003	1.16	0.50	0	0.26	0.76	0.57	0.45	0	0.50	0.56
2004	1.16	0.49	0	0.26	0.77	0.56	0.44	0	0.49	0.57
2005	1.15	0.49	0	0.25	0.78	0.55	0.43	0	0.48	0.58
2006	1.16	0.49	0.05	0.28	0.80	0.55	0.43	1.93	0.54	0.59
2007	1.16	0.49	0.05	0.28	0.81	0.55	0.43	1.90	0.53	0.59
2008	1.15	0.49	0.04	0.28	0.83	0.54	0.42	1.82	0.52	0.60
2009	1.32	0.49	0.04	0.30	0.89	0.61	0.42	1.78	0.56	0.64
2010	1.34	0.63	0.04	0.34	0.95	0.62	0.54	1.77	0.61	0.68
2011	1.34	0.63	0.04	0.34	0.97	0.61	0.54	1.75	0.61	0.69
2012	1.34	0.66	0.04	0.34	1.01	0.60	0.56	1.73	0.62	0.72
2013	1.68	0.66	0.04	0.39	1.07	0.75	0.56	1.70	0.69	0.76
2014	1.99	0.74	0.07	0.46	1.16	0.86	0.62	2.48	0.80	0.82
2015	2.15	0.74	0.07	0.48	1.26	0.92	0.62	2.43	0.83	0.88
2016	2.17	0.93	0.07	0.52	1.29	0.92	0.77	2.38	0.90	0.90

资料来源：根据 2001—2017 年全国及西南沿边地区统计年鉴的数据整理得出的公路里程与行政面积、年末总人口计算所得。

由表 4-31 可知，自 2000 年以来，西南沿边地区各省（自治区）的公路密度与全国同步呈现整体不断增长趋势，但与铁路营运总里程一样在各省（自治区）间存在明显的地区差异。为更直观地表示这一特征，制作西南沿边地区各省（自治区）每百平方公里的铁路营运里程数的变化趋势图（见图 4-6）和每万人的铁路营运里程数的变化趋势图（见图 4-7）。具体分析如下。

（1）从每百平方公里的铁路营运里程数来看。自 2000 年以来，西南沿边 3 个省（自治区）每百平方公里的铁路营运里程数整体呈逐渐上升的趋势，三省（自治区）铁路网密度值从高到低分别是广西、云南、西藏，分别由

2000 年的 1.15 公里、0.51 公里和 0，增加至 2016 年的 2.17 公里、0.93 公里、0.07 公里，仅有广西高于全国平均水平（1.29 公里）。西藏由于地理行政面积较大，2016 年每百平方公里的铁路营运里程数仅为 0.07 公里，而广西、云南、全国的每百平方公里的铁路营运里程数分别是西藏的 31 倍、13.29 倍和 18.43 倍。足以表明，西南沿边地区每百平方公里的铁路营运里程数（2016 年仅为 0.52 公里）与全国平均水平相差较大，三省（自治区）内部也存在较大差异。从每百平方公里的铁路营运里程数的增长幅度来看，广西分别在 2009 年、2013 年出现了明显增长，这与广西实施北部湾经济区战略、全面进入高铁时代紧密关联；云南分别在 2010 年、2016 年出现了明显的波动增长，这与深入实施西部大开发、高速铁路开通运营时间节点相呼应；西藏在 2006 年铁路开通运营，随后缓慢增加。

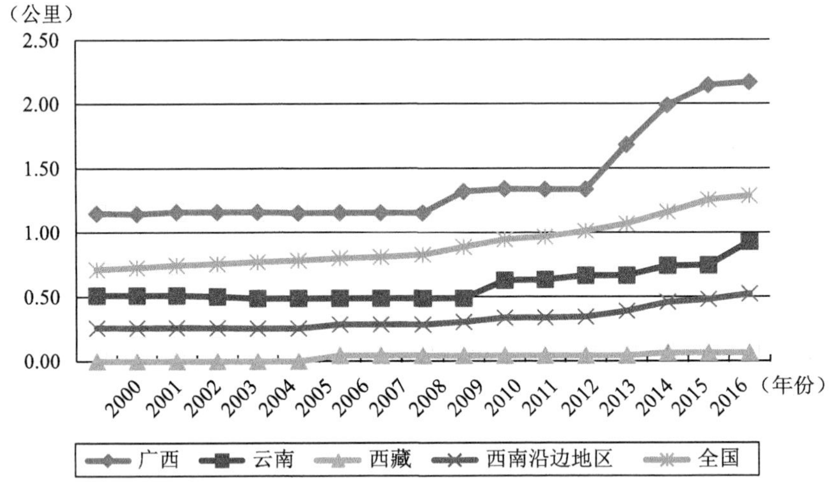

图 4-6　2000—2016 年西南沿边地区各省（自治区）每百平方公里的铁路运营里程数的变化趋势

（2）从每万人的铁路营运里程数来看。西南沿边地区各省（自治区）每万人的铁路营运里程整体呈增长趋势，三省（自治区）之间差异明显。由图 4-7 和表 4-31 可知，西南沿边地区三省（自治区）每万人的铁路营运里程数由 2000 年的 0.57 公里、0.48 公里和 0 增至 2016 年的 0.92 公里、0.77 公里和 2.38 公里。西藏每万人的铁路营运里程数在 2006 年之后远高于全国及西南沿边其他地区，这与其地域辽阔、人口稀少紧密关联；广西每万人的铁路营运里程数一直保持与全国平均水平基本持平的趋势；云南每万人的铁路营运里程数2000—2016年尽管一直缓慢上升，但始终低于全国平均水平。总而言之，西南沿边地区每万人的铁路营运里程数没有跟上全国平均水平，铁路交通运输设施建设还需加强。

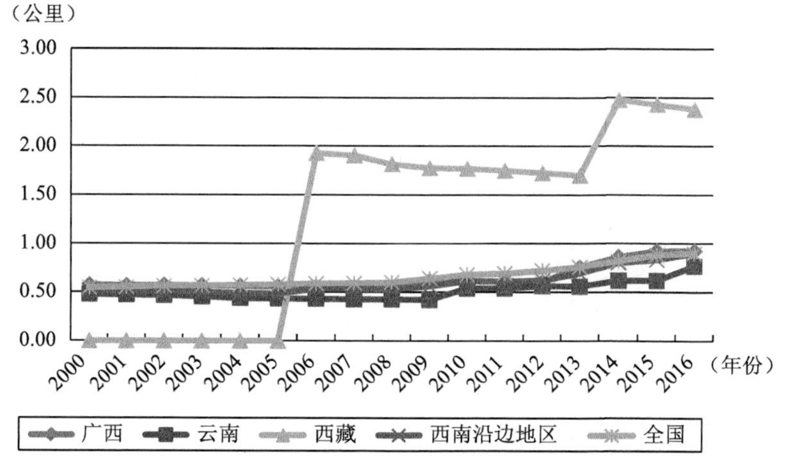

图4-7 2000—2016年西南沿边地区各省（自治区）每万人的铁路营运里程数的变化趋势

3. 西南沿边地区铁路运输量与周转量分析

铁路因其载客量多、适合大宗物品、舒适便捷、经济实惠的特点深受人们的欢迎。西部大开发以来，西南沿边地区各省（自治区）经济社会发展快速，积极承接东中部地区产业转移，大力发展旅游业，对交通运输提出了更高的需求，特别是对铁路运输提出了更高的要求。自2000年以来，西南沿边地区加大铁路运输建设，积极融入国家铁路网发展战略，铁路运输量和周转量逐渐增大。通过对2000—2016年西南沿边地区各省（自治区）交通运输和周转的总量与结构情况的数据整理，得出铁路货物、旅客运输量与周转量的数据表，具体见表4-32、表4-33、表4-34和表4-35。

表 4-32 2000—2016 年西南沿边地区各省（自治区）铁路货运量及其所占比重

年份	铁路货运量（万吨）				铁路货运量占本省（自治区）总货运量比重（%）			
	广西	云南	西藏	西南沿边地区	广西	云南	西藏	西南沿边地区
2000	5843	3500	0.00	9343.00	18.69	6.67	0.00	11.13
2001	6316	3900	0.00	10216.00	18.99	7.33	0.00	11.79
2002	6636	4300	0.00	10936.00	19.87	7.82	0.00	12.34
2003	6516	4600	0.00	11116.00	19.48	7.84	0.00	12.03
2004	7860	5100	0.00	12960.00	21.18	8.56	0.00	13.36
2005	8517	5300	0.00	13817.00	20.76	8.52	0.00	13.34
2006	9374	5500	2.10	14876.10	20.62	8.28	0.58	13.26
2007	10503	6000	12.41	16515.41	20.94	8.36	3.22	13.50
2008	9861	6100	25.60	15986.60	11.61	13.38	3.42	12.18
2009	9564	5900	22.80	15486.80	10.06	12.53	2.38	10.82
2010	7052	6300	29.90	13381.90	6.22	12.05	3.00	8.03
2011	6770	11700	48.63	18518.63	4.97	17.65	4.66	9.10
2012	6846	11800	84.63	18730.63	4.24	15.63	7.40	7.87
2013	6916	11900	519.36	19335.36	4.58	10.71	22.44	7.31
2014	6687	12100	508.71	19295.71	4.85	10.44	21.22	7.53
2015	5779	11700	494.22	17973.22	3.86	10.24	19.94	6.74
2016	5898	11800	607.14	18305.14	3.67	9.68	24.04	6.42

资料来源：根据 2001—2017 年西南沿边地区各省（自治区）统计年鉴的数据整理得出。

由表 4-32 和表 4-33 可知，不论货物还是旅客运输，铁路在西南沿边地区综合交通运输体系中没有占据明显的主导地位，且运输量在不同地区呈不同的变化趋势。从铁路货物运输总量来看，自 2000 年以来，广西呈先上升后下降趋势，其铁路货运量由 2000 年的 5843 万吨增至 2007 年的 10503 万吨，但在 2008 年逐渐下降至 2016 年的 5898 万吨，这与广西大力打造西江黄金水道和北部湾港口群等紧密相关，随着水运基础设施的不断完善，吸引了一部分货物量从铁路运输转移到水路运输。云南、西藏整体呈增长趋势，分别由 2000 年的 3500 万吨、0 增至 2016 年的 11800 万吨和 607.14 万吨，两省（自治区）分别在 2011 年、2013 年有明显的增长幅度。从铁路货物运输量占本省（自治区）总货运量的比重来看，广西所占比重逐渐下降，由 2000 年的

18.69%下降至2016年的3.67%；云南和西藏呈上升趋势，分别由2000年的6.67%、0上升至2016年的9.68%、24.04%。铁路货物运输量在西南沿边地区三省（自治区）间存在明显差异，且发展趋势不同步，这与三省（自治区）借助自身区位和资源优势，探索符合自身的交通方式的思路息息相关。

表4-33　2000—2016年西南沿边地区各省（自治区）铁路客运量及其所占比重

年份	铁路客运量（万人次）				铁路客运量占本省（自治区）总客运量比重（%）			
	广西	云南	西藏	西南沿边地区	广西	云南	西藏	西南沿边地区
2000	2508	1500	0.00	4008.00	5.84	4.45	0.00	5.21
2001	2270	1400	0.00	3670.00	5.11	3.50	0.00	4.33
2002	2148	1400	0.00	3548.00	4.68	3.60	0.00	4.17
2003	1936	1400	0.00	3336.00	4.44	3.98	0.00	4.22
2004	1938	1500	0.00	3438.00	3.97	3.86	0.00	3.90
2005	2037	1600	0.00	3637.00	3.90	3.89	0.00	3.88
2006	2347	1800	37.89	4184.89	4.14	4.11	6.26	4.14
2007	2578	2100	88.85	4766.85	4.18	4.54	13.06	4.39
2008	2937	2400	62.20	5399.20	4.54	6.90	0.90	5.07
2009	2956	2400	74.00	5430.00	4.24	6.56	0.93	4.75
2010	3163	2700	88.20	5951.20	4.11	6.68	1.06	4.74
2011	3383	3000	95.86	6478.86	4.01	6.52	2.43	4.82
2012	3310	3000	92.03	6402.03	3.61	6.05	2.27	4.41
2013	3275	3300	208.76	6783.76	6.44	6.76	11.53	6.69
2014	4770	3400	211.41	8381.41	9.55	6.79	10.93	8.22
2015	7046	3800	219.66	11065.66	13.82	7.63	10.60	10.76
2016	8388	5100	241.44	13729.44	16.52	10.45	15.52	13.58

资料来源：根据2001—2017年西南沿边地区各省（自治区）统计年鉴的数据整理得出。

由表4-33可知，从铁路客运量来看，自2000年以来，西南沿边地区各省（自治区）铁路客运量呈增加趋势，由大到小排序分别为广西、云南、西藏，且存在明显的地区差异。广西的铁路客运量呈先微弱下降再逐渐上升的趋势，2016年较2000年增长2.34倍，2014—2016年出现了大幅度增加，这是由于2013年高速铁路开通，高铁的快速、准点、便捷等优势，使大量旅客转向高铁。云南整体呈平稳上升的趋势，2016 年较 2000 年铁路客运量增长 2. 4 倍，且在 2016 年出现了较大的增长幅度，这与 2016 年云南进入高铁时代紧密关联。西藏自 2006 年开通铁路以来，铁路承载的客运量逐渐上升，由 2006 年的 37. 89 万人次增加到 2016 年的 241. 44 万人次。从铁路客运量占本省（自治区）总客运量的比重来看，西南沿边地区铁路客运量所占比重逐渐上升，特别是广西、云南两地开通高速铁路吸引了大量的乘客。广西、云南、西藏三省（自治区）的铁路客运量所占比重分别由 2000 年的 5. 84%、4. 45%、0 上升到 2016 年的 16. 52%、10. 45%、15. 52%，铁路旅客运输量逐渐增加，铁路运输成为乘客出行的第二大交通方式。

表 4-34　2000—2016 年西南沿边地区各省（自治区）铁路货物周转量及其所占比重

年份	铁路货物周转量（亿吨公里）				铁路货物周转量占本省（自治区）总货物周转量比重（%）			
	广西	云南	西藏	西南沿边地区	广西	云南	西藏	西南沿边地区
2000	485. 10	180. 76	0. 00	665. 90	62. 96	37. 70	0. 00	52. 88
2001	504. 20	196. 58	0. 00	700. 73	63. 06	38. 00	0. 00	52. 84
2002	540. 90	215. 80	0. 00	756. 72	62. 84	39. 15	0. 00	53. 24
2003	606. 40	235. 79	0. 00	842. 18	64. 34	39. 57	0. 00	54. 34
2004	713. 40	260. 01	0. 00	973. 36	65. 11	41. 38	0. 00	56. 06
2005	777. 70	270. 37	0. 00	1048. 10	64. 33	41. 18	0. 00	54. 95
2006	846. 00	277. 21	1. 68	1124. 91	63. 19	40. 05	4. 25	54. 32
2007	928. 90	314. 23	4. 11	1247. 28	61. 25	40. 76	9. 58	53. 52
2008	912. 90	336. 20	6. 70	1255. 76	41. 30	41. 45	18. 21	41. 06
2009	825. 30	340. 95	9. 93	1176. 14	34. 89	40. 41	26. 82	36. 23
2010	891. 30	358. 31	13. 71	1263. 35	30. 45	39. 16	32. 83	32. 53
2011	895. 40	369. 70	14. 98	1280. 06	25. 74	37. 11	34. 22	28. 33
2012	860. 00	379. 75	19. 95	1259. 71	20. 92	34. 77	40. 19	23. 98
2013	809. 40	390. 24	23. 12	1222. 79	20. 99	29. 45	21. 75	23. 12
2014	770. 90	390. 59	24. 42	1185. 86	19. 92	27. 75	21. 77	22. 00
2015	674. 50	371. 83	23. 54	1069. 90	16. 61	25. 38	20. 41	18. 96
2016	679. 00	379. 44	30. 14	1088. 61	15. 94	24. 18	23. 95	18. 28

资料来源：根据 2001—2017 年西南沿边地区各省（自治区）统计年鉴的数据整理得出。

货物周转量和旅客周转量同样反映地区经济发展对交通运输的需求，是地方交通设施发展水平的主要指标。因此，由表 4-34 和表 4-35 可知，自 2000 年以来，西南沿边地区各省（自治区）的铁路货物周转量和旅客周转量呈现明显地区差异。从铁路货物周转量来看，广西呈现“双驼峰”状，首先由 2000 年的 485.10 亿吨公里增至 2007 年的 928.90 亿吨公里，2009 年转而下降至 825.3 亿吨公里后再次上升至 2011 年的 895.40 亿吨公里，又下降至 2016 年的 679 亿吨公里，这与广西的铁路、公路建设及发展紧密关联。云南、西藏整体呈缓慢上升趋势，云南从 2000 年的 180.76 亿吨公里上升至 2016 年 379.44 亿吨公里，西藏则从 2006 年的 1.68 亿吨公里增至 2016 年的 30.14 亿吨公里。从铁路货运周转量占本省（自治区）总货物周转量比重来看，随着地区经济社会的不断发展和交通方式的发展，表现出较明显的地区差异。广西铁路货物周转量占总货物周转量的比重由 2000 年的 62.96%下降至 2016 年的 15.94%，铁路货物周转量的主导地位逐渐被公路代替。此外，随着广西水路基础设施的不断完善，分流了大部分货物周转量。云南铁路货物周转量占总货物周转量的比重在 2000—2016 年呈先上升再下降的趋势。2016 年所占比重仅为 24.18%，货物周转量转移到公路运输上，铁路成为货物周转的第二大交通方式。西藏自 2006 年开通铁路以来，铁路货物周转量占总货物周转量的比重整体呈上升趋势，由 2006 年的 4.25%上升至 2016 年的 23.95%，铁路是西藏货物周转第二大交通方式。

表 4-35　2000—2016 年西南沿边地区各省（自治区）铁路旅客周转量及其所占比重

年份	铁路旅客周转量（亿人公里）				铁路旅客周转量占本省（自治区）总旅客周转量比重（%）			
	广西	云南	西藏	西南沿边地区	广西	云南	西藏	西南沿边地区
2000	114.50	31.35	0.00	145.83	24.62	13.18	0.00	20.57
2001	116.20	31.79	0.00	148.02	23.68	10.45	0.00	18.47
2002	117.00	30.50	0.00	147.52	23.29	10.83	0.00	18.66
2003	105.50	30.07	0.00	135.53	22.20	11.41	0.00	18.19
2004	116.20	37.30	0.00	153.48	21.94	11.74	0.00	17.97
2005	131.70	41.04	0.00	172.77	22.99	12.38	0.00	18.63

续表

年份	铁路旅客周转量（亿人公里）				铁路旅客周转量占本省（自治区）总旅客周转量比重（%）			
	广西	云南	西藏	西南沿边地区	广西	云南	西藏	西南沿边地区
2006	150.90	47.22	3.45	201.57	24.13	13.03	12.14	19.84
2007	174.10	52.63	8.01	234.69	24.37	13.38	22.17	20.52
2008	188.10	66.61	6.24	260.95	24.97	16.17	16.26	21.68
2009	167.40	63.37	8.25	239.06	21.26	14.13	21.07	18.75
2010	182.10	80.73	9.44	272.30	20.71	15.42	21.99	18.83
2011	194.50	91.91	10.38	296.77	19.99	15.05	22.99	18.22
2012	187.70	91.99	10.25	289.96	17.91	13.73	21.68	16.42
2013	193.70	99.34	11.40	304.41	31.68	18.05	19.73	24.96
2014	237.00	103.22	12.34	352.52	35.36	17.99	19.68	26.98
2015	318.20	111.38	14.09	443.69	43.49	18.58	20.55	31.70
2016	351.10	110.92	16.04	478.04	47.20	18.94	26.42	34.39

资料来源：根据2001—2017年西南沿边地区各省（自治区）统计年鉴的数据整理得出。

由表4-35可知，从铁路旅客周转量来看，西南沿边地区各省（自治区）铁路旅客周转量呈缓慢上升的趋势，广西、云南、西藏由2000年的114.5亿人公里、31.35亿人公里、0增至2016年的351.10亿人公里、110.92亿人公里、16.04亿人公里。广西、云南、西藏旅客周转量占本省（自治区）总旅客周转量比重逐渐上升，分别由2000年的24.62%、13.18%和0上升至2016年的47.20%、18.94%和26.42%。铁路作为旅客周转交通方式的地位逐渐上升，特别是广西，铁路已经成为旅客周转的第二大交通方式，2016年仅次于公路的52.44%。这反映出旅客更容易受交通运输方式的便捷性、准点性、舒适性等因素影响，进而在周转时选择更为舒适的现代交通运输方式——高速铁路。

（三）西南沿边地区水路营运里程及运输量分析

1. 西南沿边地区水路营运里程分析

水运适合数量大、距离长的运输，成本较低、安全性高。一般来说，是在干线运输中起主力作用的运输形式。水运包括内河、沿海、近海、远洋等运输形式。西南沿边地区有丰富的水运资源，通过数据的收集整理，得出西南沿边地区各省（自治区）内河航道里程。由于西藏所处的地理位置、地形地貌、气候以及内河流速的特点，虽然西藏拥有众多的河流，但具备通航条件的极少。且由于藏北高原河流多以高山冰雪为源，水源少；藏东地区河流坡陡湍急，航运价值难以开发。目前，仅有拉萨河、雅鲁藏布江中游段及年楚河部分河段具有通航条件，但尚未进行航运开发，仅存少量木船、牛皮筏等传统运输方式。因此，考虑到西藏内河航道整体不发达，本小节就现有数据对广西、云南进行分析，如图 4-8 所示。

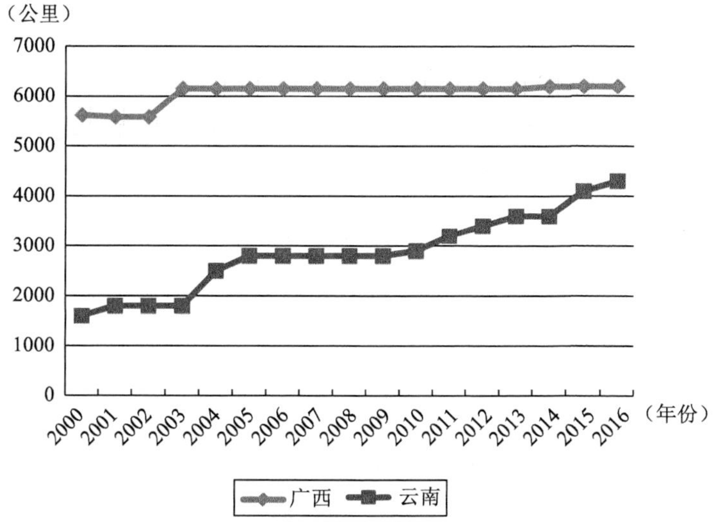

图 4-8　2000—2016 年西南沿边地区各省（自治区）内河航道里程

由图 4-8 可知，广西、云南的内河航道里程基本呈增长趋势，分别由 2000 年的 5618 公里、1600 公里上升至 2016 年的 6200 公里和 4300 公里。西南沿边地区各省（自治区）水路交通发展特点如下。

①广西地处我国西南方沿海，拥有良好的水路资源，既有内河航运资源，又有沿海岸线的海运资源，是我国西南地区江海联运、水陆换装的交通枢纽，拥有多个将各类物资通达江海，直至东南亚国家的外贸口岸。在内河航运方面，境内河流众多，雨水丰沛，水资源丰富，拥有西江、红水河、柳江等大小河流总长度约 4.45 万公里。其中，集雨面积在 50 平方公里以上的河流共有 937 条，集雨面积在 1000 平方公里以上的河流有 69 条。河流密度为每百平

方公里 18.8 公里，年平均河川径流量为 1880 亿立方米，是中国河流密度较高的自治区。目前广西有通航河流 53 条，航道里程 5637.5 公里，80%属于西江水系。形成以西江为主流（贯穿广西境内 7 个地级市），相应中、支流呈叶脉状分布在两侧的水网布局，河流分布均匀。境内航运集中在“一干三线”以及地区性重要航道 2300 多公里的航道上，素有“黄金水道”之称。“一干”即指西江航运干线，也是《全国内河航道与港口布局规划》中“两横一纵两网十八线”中的“一横”，连接云南、贵州等西南省份，是我国西南水运出海的南、北、中线通道。“十二五”时期，在国家的大力支持下，广西以《广西西江黄金水道建设规划》为指导，大力建设西江黄金水道，开发建设规模化、专业化航道和港区，全面提升主要通航河流的航道等级和通过能力。2015 年底，西江黄金水道高等级航道里程达 1515 公里，2000 吨级船舶可从南宁直航粤港澳；千吨级以上泊位 143 个，内河港口综合吞吐能力达到 1 亿吨，形成了以西江水运干线和右江、红水河、柳江、黔江水运通道为主骨架，干支畅通、江海直达，设施较为完善的内河航道网；现代化的内河港口建设逐渐完善，形成以贵港、梧州、南宁主要港口为核心，百色、来宾、柳州、崇左等地区性港口为重要补充，布局合理、层次分明、功能明确、设施完善的内河港口体系。内河水运成为广西综合交通运输体系的重要组成部分。

在海洋航运方面，广西因其丰富的海岸线形成了以广西北部湾港为代表的大型深水天然良港。广西北部湾港包括“一港、三域、八区、多港点”，即广西北部湾港，防城港域、钦州港域和北海港域；“八区”指广西北部湾港规划期内重点发展的渔沥港区、企沙西港区、龙门港区、金谷港区、大榄坪港区、石步岭港区、铁山港西港区、铁山港东港区 8 个枢纽港区；“多港点”指主要为当地生产生活及旅游客运服务的规模较小的港点。经过“十二五”时期的建设，北部湾港基本形成功能完善、布局合理的煤炭、原油、铁矿石和集装箱等专业化运输系统，生产泊位达到 256 个，其中万吨级以上泊位 79 个，综合通过能力达到 2.3 亿吨，集装箱通过能力 423 万标准箱，沿海港口辐射带动能力进一步扩大。目前，广西北部湾港集装箱航线拥有外贸班轮 22 班/周，实现了到东盟主要港口的全覆盖。三大港口合理分工，统一调度，港口生产管理水平不断提升，较好地满足了经济社会发展的需要。

②尽管云南属于我国西南边陲的高原区、山地区，但河流纵横，拥有由

天然的河道形成的航道，既有内河航道，又有跨境的国际航道。在内河航道上，云南主要有金沙江、澜沧江、红河、南盘江、怒江等 5 条干流及其 63 条支流，长 14200 公里。其中，可开发利用的航道 9000 多公里，分属于长江、澜沧江、珠江、红河、怒江、独龙江等六大水系。有高原湖泊 30 多个和各类水库 5500 座，水路航运覆盖了云南省 16 个州市、123 个县、300 多个乡镇，其水资源全国排名第三。特别是云南拥有连接长江、珠江两条出省水运通道和通往太平洋、印度洋的澜沧江—湄公河、红河、伊洛瓦底江等三条出境水运通道，航道走向符合当前国家加强区域经济合作和对外开放政策，符合云南省建设“国际大通道”和“面向西南开放重要桥头堡”的发展战略，区位优势独特，战略地位突出。近年来，云南走区域合力、多国联合整治和开发路径，加快了“北进长江，东入珠江，连接长三角、珠三角；南下湄公河、红河，西进独龙江，沟通太平洋、印度洋”的水路交通运输体系，同时全面推进水陆交通运输的科学发展。

2016 年，云南省内河航道运输线路里程达 4300 公里，主要航道有金沙江、澜沧江、滇池、洱海、抚仙湖等，拥有澜沧江景洪港、思茅港，金沙江水富港、绥江港和昆明港、大理港等港口。“十二五”时期，新增航道 1090 公里，通航里程达 4200 公里，其中四级以上航道增加 969 公里，达到 1334 公里。现已经开通水富到上海的直达货运航线和澜沧江—湄公河国际航运线，以及两条出省的水路，即金沙江—长江黄金水道和右江—珠江水运通道也将贯通。云南省航运发展优势明显，金沙江—长江、右江—珠江在国内长途水运方面极具开发价值，澜沧江—湄公河、红河、独龙江则具有国际长途水运和陆水联运的独特优势，以大理洱海、糯扎渡等为代表的库湖区航运则是云南水运的亮点。为更好地发展云南水运，2014 年云南省出台了《云南水路交通发展规划（2014—2030 年）》，提出将“打造通畅的三出境、两出省水路运输通道，融入国家共建‘一带一路’倡议和依托长江建设中国经济新支撑带战略，形成北进长江、南下珠江，沟通太平洋、印度洋，连接东亚、东南亚、南亚的水路交通运输体系，为云南经济社会发展提供更加安全、便捷、高效的水运保障服务”，并布置实施一系列水运建设项目。尽管云南省拥有良好的水运资源，但建设任务重，且涉及区域间、国际间的合作与分工，促进水运高效服务于经济社会发展建设尚任重道远。

2. 西南沿边地区水路运输量及周转量分析

水运具有成本低、运量大、距离长的优点，但对水位、港口码头泊位、季节、气候等要求极高。西部大开发以来，西南沿边地区充分利用资源与区位优势，积极开发水资源，加大内河航道建设和沿海码头泊位等基础设施建设，发展内河运输和沿海运输，使水路运输量及周转量不断增加。通过对2000—2016年西南沿边地区各省（自治区）水运交通运输和周转的总量与结构情况的数据进行整理，得出水路货物与旅客运输量及周转量数据表，具体见表4-36、表4-37、表4-38和表4-39。

表4-36 2000—2016年西南沿边地区各省（自治区）水路货物运输量及其所占比重

年份	水路货运量（万吨）				水路货运量占本省（自治区）总货运量比重（%）			
	广西	云南	西藏	西南沿边地区	广西	云南	西藏	西南沿边地区
2000	1910	134	0	2044	6.11	0.26	0	2.43
2001	2024	142	0	2166	6.08	0.27	0	2.50
2002	2423	146	0	2569	7.26	0.27	0	2.90
2003	2774	160	0	2934	8.29	0.27	0	3.17
2004	3432	221	0	3653	9.25	0.37	0	3.77
2005	4642	236	0	4878	11.32	0.38	0	4.71
2006	5549	247	0	5796	12.21	0.37	0	5.17
2007	6722	262	0	6984	13.40	0.36	0	5.71
2008	10198	339	0	10537	12.00	0.74	0	8.03
2009	9738	345	0	10083	10.24	0.73	0	7.04
2010	12832	402	0	13234	11.31	0.77	0	7.94
2011	15813	439	0	16252	11.61	0.66	0	7.99
2012	19398	465	0	19863	12.02	0.62	0	8.35
2013	19549	508	0	20057	12.93	0.46	0	7.58
2014	22824	560	0	23384	16.56	0.48	0	9.13
2015	24741	602	0	25343	16.52	0.53	0	9.51
2016	26615	646	0	27261	16.55	0.53	0	9.56

资料来源：根据2001—2017年西南沿边地区各省（自治区）统计年鉴的数据整理得出。

表 4-37　2000—2016 年西南沿边地区各省（自治区）水路旅客运输量及其所占比重

年份	水路客运量（万人次）				水路客运量占本省（自治区）总客运量比重（%）			
	广西	云南	西藏	西南沿边地区	广西	云南	西藏	西南沿边地区
2000	766	200	0	966	1. 78	0. 59	0	1. 26
2001	755	300	0	1055	1. 70	0. 75	0	1. 24
2002	850	400	0	1250	1. 85	1. 03	0	1. 47
2003	785	400	0	1185	1. 80	1. 14	0	1. 50
2004	861	400	0	1261	1. 76	1. 03	0	1. 43
2005	883	500	0	1383	1. 69	1. 22	0	1. 47
2006	1023	500	0	1523	1. 81	1. 14	0	1. 51
2007	1119	600	0	1719	1. 81	1. 30	0	1. 58
2008	340	600	0	940	0. 53	1. 72	0	0. 88
2009	302	700	0	1002	0. 43	1. 91	0	0. 88
2010	395	700	0	1095	0. 51	1. 73	0	0. 87
2011	417	800	0	1217	0. 49	1. 74	0	0. 91
2012	470	900	0	1370	0. 51	1. 81	0	0. 94
2013	394	1000	0	1394	0. 77	2. 05	0	1. 37
2014	512	1100	0	1612	1. 03	2. 20	0	1. 58
2015	533	1200	0	1733	1. 05	2. 41	0	1. 68
2016	561	1300	0	1861	1. 11	2. 66	0	1. 84

资料来源：根据 2001—2017 年西南沿边地区各省（自治区）统计年鉴的数据整理得出。

由表 4-36 和表 4-38 可知，西南沿边地区水路货物运输量和周转量整体呈上升趋势，广西与云南存在较大差距。从水路货物运输量来看，广西、云南的水路货物运输量分别由 2000 年的 1910 万吨、134 万吨上升至 2016 年的 26615 万吨、646 万吨，2016 年较 2000 年分别增长 12. 93 倍和 3. 82 倍，广西的水路运输量增加速度快。从水路货物运输量占本省（自治区）总货运量比重来看，广西、云南所占比重分别由 2000 年的 6. 11%、0. 26%增至 2016 年的 16. 55%和 0. 53%，水路逐渐成为广西货物运输的第二大运输方式，这与西部大开发以来，广西充分利用国家各项政策优势，大力发展西江黄金水路基础设施建设，改善泊位和码头环境息息相关，极大地提升了水路在货物运输中的地位。从水路货物周转量来看，西南沿边地区水路货物周转量呈上升趋势，广西、云南水路货物周转量分别从 2000 年的 76.03 亿吨公里、0.98 亿吨公里增加至 2016 年的 1332.92 亿吨公里和 15.20 亿吨公里，2016 年较 2000 年分别增长 16.532 倍和 14.51 倍。此外，水路货物周转量占本省（自治区）总货运量的比重也发生了变化，广西、云南水路货物周转量占本省（自治区）总货运量的比重分别由 2000 年的 9.87%、0.20% 上升至 2016 年的 31.29% 和 0.97%，水路成为广西货物周转的第二大交通方式。

表 4-38　2000—2016 年西南沿边地区各省（自治区）水路货物周转量及其所占比重

年份	水路货物周转量（亿吨公里）				水路货物周转量占本省（自治区）总货物周转量比重（%）			
	广西	云南	西藏	西南沿边地区	广西	云南	西藏	西南沿边地区
2000	76.03	0.98	0	77.01	9.87	0.20	0	6.12
2001	83.16	0.99	0	84.15	10.40	0.19	0	6.35
2002	101.31	1.20	0	102.51	11.77	0.22	0	7.21
2003	119.06	1.54	0	120.60	12.63	0.26	0	7.78
2004	146.69	2.12	0	148.81	13.39	0.34	0	8.57
2005	172.75	2.93	0	175.68	14.29	0.45	0	9.21
2006	206.08	4.22	0	210.30	15.39	0.61	0	10.16
2007	285.34	4.59	0	289.93	18.82	0.60	0	12.44
2008	497.41	5.16	0	502.57	22.50	0.64	0	16.43
2009	605.67	5.42	0	611.09	25.60	0.64	0	18.82
2010	861.99	6.91	0	868.90	29.45	0.76	0	22.37
2011	1088.81	8.19	0	1097.00	31.30	0.82	0	24.28
2012	1372.34	8.71	0	1381.05	33.39	0.80	0	26.29
2013	1189.76	11.65	0	1201.41	30.85	0.88	0	22.72
2014	1196.36	13.09	0	1209.45	30.91	0.93	0	22.44
2015	1264.69	14.08	0	1278.77	31.14	0.96	0	22.66
2016	1332.92	15.20	0	1348.12	31.29	0.97	0	22.64

资料来源：根据 2001—2017 年西南沿边地区各省（自治区）统计年鉴的数据整理得出。

由表 4-37 和表 4-39 可知，西南沿边地区水路旅客运输量和周转量变化波动较大，地区差异明显。广西的水路旅客运输量和周转量大致呈先上升后下降的趋势，在 2007 年达到峰值，具体表现为 2000 年广西水路旅客运输量和周转量分别是 766 万人次和 2. 54 亿人公里，2007 年分别增加至 1119 万人次和 3. 29 亿人公里，2016 年分别逐渐下降为 561 万人次和 2. 7 亿人公里。云南的旅客运输量和周转量大致呈现缓慢增长趋势，分别由 2000 年的 200 万人次和 0. 78 亿人公里增加至 2016 年的 1300 万人次和 2. 70 亿人公里，增长缓慢。从水路旅客运输量和周转量占本省（自治区）旅客运输量和周转量的比重来看，云南整体呈上升趋势，分别由 2000 年的 0. 59%和 0. 33%上升至 2016 年的 2. 66%和 0. 46%。广西水路旅客运输量所占比重大致呈先上升后下降再上升的变化趋势，2016 年所占比重仅为 1. 11%，广西水路旅客周转量所占比重逐渐下降，由 2000 年的 0. 55%下降至 2016 年的 0. 36%。

表 4-39　2000—2016 年西南沿边地区各省（自治区）水路旅客周转量及其所占比重

年份	水路旅客周转量（亿人公里）				水路旅客周转量占本省（自治区）总旅客周转量比重（%）			
	广西	云南	西藏	西南沿边地区	广西	云南	西藏	西南沿边地区
2000	2. 54	0. 78	0	3. 32	0. 55	0. 33	0	0. 47
2001	2. 63	0. 82	0	3. 45	0. 54	0. 27	0	0. 43
2002	2. 70	0. 90	0	3. 60	0. 54	0. 32	0	0. 46
2003	2. 27	0. 88	0	3. 15	0. 48	0. 33	0	0. 42
2004	2. 61	0. 91	0	3. 52	0. 49	0. 29	0	0. 41
2005	2. 58	1. 05	0	3. 63	0. 45	0. 32	0	0. 39
2006	3. 01	1. 17	0	4. 18	0. 48	0. 32	0	0. 41
2007	3. 29	1. 21	0	4. 50	0. 46	0. 31	0	0. 39
2008	1. 65	1. 54	0	3. 19	0. 22	0. 37	0	0. 27
2009	1. 70	1. 55	0	3. 25	0. 22	0. 35	0	0. 25
2010	1. 78	1. 78	0	3. 56	0. 20	0. 34	0	0. 25
2011	2. 01	1. 96	0	3. 97	0. 21	0. 32	0	0. 24
2012	2. 28	2. 02	0	4. 30	0. 22	0. 30	0	0. 24
2013	1. 92	2. 23	0	4. 15	0. 31	0. 41	0	0. 34
2014	2. 48	2. 37	0	4. 85	0. 37	0. 41	0	0. 37
2015	2. 71	2. 50	0	5. 21	0. 37	0. 42	0	0. 37
2016	2. 70	2. 70	0	5. 40	0. 36	0. 46	0	0. 39

资料来源：根据 2001—2017 年西南沿边地区各省（自治区）统计年鉴的数据整理得出。

（四）西南沿边地区民航发展及运输量分析

1. 西南沿边地区民航发展分析

民航具有快速方便、轻松舒适、安全可靠、不受地形限制等优点，促进了远距离的国内和国际贸易、旅游和各种交往的发展。西南沿边地区由于地形地貌、地理区位、地广人稀等特征，对民航运输有着极大的需求。自2000年以来，西南沿边地区大力发展航空事业，提升机场层次和运输能力，民航业发展迅速，形成了以昆明长水为国际航空枢纽，以南宁吴圩机场、桂林双江国际机场为区域性航空枢纽；重要省会干线机场为主，拉萨贡嘎机场、柳州白莲机场等地级市为辅的航空运输体系，具体特点表现如下。

①“十二五”时期，广西不断改扩建南宁、桂林等国际机场，还新建了河池机场。目前广西开通运行的民用机场7个，包括南宁吴圩国际机场、桂林双江国际机场、柳州白莲机场、北海福成机场、梧州长洲岛机场、百色机场和河池机场。“十二五”时期，旅客吞吐能力突破2800万人次，2014年通航航线达235条，增长近3倍，可通航国内74个城市以及14个国家和地区的22个城市，初步形成以南宁和桂林机场为中心，北海、柳州和梧州等支线机场协调发展的运输格局。实现全国省会通、东盟通（含临时包机），以东盟航线、国内繁忙机场航线为核心，广覆盖、大密度的航线网络。

南宁吴圩国际机场是广西最大的机场，是重要的省会干线机场和面向东盟的门户枢纽机场，现主要使用T2航站楼，建筑面积18.9万平方米，共有三层，设有32个登机廊桥，机场跑道达3200米，基础设施设备齐全，可保障高峰期6000多人同时办理值机手续，可满足2020年旅客吞吐量1600万人次、货邮吞吐量16.4万吨、飞机起降量13.76万架次的需求。2014年，南宁机场旅客吞吐能力达940万人次，2015年旅客吞吐量突破千万人次，从2010年的1100万人次增加至2015年的2850万人次，增长了159%，年均增长21%，迈入大型繁忙机场行列。桂林两江国际机场是我国重要的旅游枢纽机场，拥有一条长3200米、宽75米的4F级南北向跑道，1条平行滑行道，15万平方米的机坪，超过20个机位，货运库面积6200多平方米。2014年底，桂林机场旅客吞吐量达到689.7万人次，保障航班运输起降5.9万架次，完成货邮吞吐量3.5万吨。2015年，广西民航基地公司驻场机队规模达35架，为广西民航事业发展提供了扎实的装备技术。

②云南地形地质特殊、旅游资源丰富且分布比较广泛，使航空成为来往云南旅游的旅客主要的交通运输方式，是全国机场最多的省份之一。截至2015年底，云南运营民用运输机场共有13个，包括昆明长水国际机场、丽江（三义机场）、西双版纳（嘎洒机场）、腾冲（驼峰机场）、大理、保山、芒市、香格里拉（中甸机场）、临沧、普洱（思茅机场）、昭通、文山（普者黑机场）和泸沽湖机场，其中昆明长水国际机场属于中国西南门户国际区域性枢纽机场，是我国五大门户机场之一，全国十大机场之一，其他12个机场均为支线机场。目前还在建的二级机场有红河蒙自机场、怒江机场、沧源机场和澜沧机场。云南省已成为国内拥有机场数量较多、机场等级较高、机场布局较为合理、对外通达程度较好的省份之一。

云南省机场密度达每万平方公里0.3个，民用机场布局初具规模，机场等级、利用率等方面均在全国前列。云南开通航线367条，其中国内航线307条，国际航线50条，地区航线10条；通航城市137个，其中国内城市98个，国际城市34个，地区城市5个。进入云南航空市场的国内外航空公司达46家，其中国内28家，国际14家，地区4家。2014年，云南航空运输起降38.4万架次，旅客吞吐量4433.7万人次，货邮吞吐量34万吨。云南省形成了以昆明为中心，覆盖省内与国内城市、辐射东南亚、南亚重要城市的航线网络，成为名副其实的航空大省。昆明长水国际机场共有两条跑道，东跑道长4500米，西跑道长4000米；机位数量（含组合机位）161个，可保障旅客吞吐量3800万人次、货邮吞吐量95万吨、飞机起降30.3万架次的运行需要。截至2015年11月，长水国际机场共开通航线276条，其中国内航线222条，国际航线48条，地区航线6条；通航城市达143个，国内通航城市104个，国际通航城市37个，地区通航城市3个。开通前往曼谷、新加坡、吉隆坡、河内、内比都、万象、暹粒、首尔、大阪、迪拜、巴黎、温哥华等地的国际航线，以及通往国内外各大中城市的100余条航线。航线众多，形成以昆明为中心的亚洲5小时航空圈，从昆明出发2小时的航程可以到达曼谷、万象、琅勃拉邦、曼德勒、清迈、河内、金边等东南亚地区，5小时的航程基本可以覆盖整个南亚、东南亚、西亚地区。2015年，共保障航班起降30.04万架次，完成旅客吞吐量3752.30万人次，完成货邮吞吐量35.54万吨。根据相关统计数据，昆明长水国际机场放行正常率居国内旅客吞吐量千万人次以上机场首位，年旅客吞吐量位列世界机场第 46 位，成为面向南亚、东南亚和连接欧亚非的中国西南门户国际枢纽机场。随着昆明各大机场基础设施的完善和航线的不断增加，云南省形成“以干带支、以支促干、干支结合”的机场航线网络。近年来，云南融入和主动服务国家“一带一路”倡议，以建设面向南亚、东南亚辐射中心为统领，充分发挥民航作为转方式、调结构的重要抓手和对外交流重要平台的作用，全方位深化改革，推动民航强省建设。此外，加强航空与公路、城市轨道、铁路等交通方式的衔接，使昆明航空运输系统更加便捷，加强了云南与周边国家的互联互通。

③西藏的交通发展不仅局限于陆地上的公路、铁路等交通运输方式，还积极发展跨越青藏高原的空中通道。西藏目前拥有拉萨贡嘎机场、昌都邦达机场、林芝米林机场、阿里昆莎机场、日喀则和平机场 5 个机场，这些机场大多处于较发达的拉萨市、昌都市和日喀则市。拉萨贡嘎机场位于西藏自治区山南市贡嘎县甲竹林镇，1966 年 11 月 23 日建成运营，是西藏到首都的空中桥梁，更是世界上海拔最高的民用机场之一。昌都邦达机场于 1995 年开通民航业务，位于西藏东昌都市邦达大草原、玉曲河西岸狭长的山谷中，被称为“世界上离市区最远”“世界上气候最恶劣”的民用机场。林芝米林机场是西藏第三座民航机场，2005 年 9 月正式通航，其开通运营改变了原以拉萨为中心的放射线状航空线路，形成了以拉萨—林芝—昌都为半环状的航空路线。阿里昆莎机场于 2010 年 7 月正式开通民航业务，改变了阿里地区的闭塞状态，开通了阿里飞拉萨、成都、新疆等国内航线，促进了阿里地区的经济社会发展。日喀则和平机场于 2011 年投入运营，是西藏区域内第五个民用机场，其建成通航进一步提升了西藏自治区内航空运输保障能力，完善了区内航空运输网络布局和综合交通体系。

有统计数据显示，西藏五大民用机场拥有通往北京、上海等 38 个城市的 58 条航线，拥有运营的 8 家航空公司，形成了以拉萨贡嘎机场为中心，以昌都邦达、林芝米林、阿里昆莎和日喀则机场为支线的 5 个民用机场网络格局。此外，为更好地经营西藏的航空事业，2011 年西藏成立世界上首家以高原为基地运行的航空公司——西藏航空有限公司，结束了西藏没有本土航空公司的历史。2011 年，随着阿里昆莎机场、日喀则和平机场的开通运营，西藏的民航事业进入跨越式发展，旅客吞吐量平均增长率超过 20%，高于全国机场平均水平。2014 年，民航旅客吞吐量达 315.1 万人次，民航运输旅客数量连续 3 年超过铁路运输量，货邮吞吐量 2.51 万吨，连续实现了第 49 个安全生产年。未来，西藏将进一步优化对外航线布局，开展辖区内现有航站改扩建工程，以及那曲机场新建工程、航油配送中心建设，不断拓展西藏区域内至国内外主要城市的航线，促进航空事业优化发展。

2. 西南沿边地区民航运输量及周转量分析

随着经济社会的不断发展，民航运输更加普及和平民化。由于西南沿边地区的地理位置、地形地貌、丰富的旅游资源等因素，航空是人们从国内外直达西南沿边地区的最佳交通方式。民航业的发展有着非常明显的经济、社会和生态效益。西南沿边地区在国家、区域层面政策的支持下，大力发展民航业，对带动地区经济增长、产业结构调整、增加就业、资源环境保护等方面有着显著的促进作用。通过对 2000 年西部大开发以来西南沿边地区各省（自治区）民航运输和周转总量与结构情况的数据进行整理，得出民航货物与旅客运输量及周转量数据表，具体见表 4-40、表 4-41、表 4-42 和表 4-43。

表 4-40 2000—2016 年西南沿边地区各省（自治区）民航货物运输量及其所占比重

年份	民航货运量（万吨）				民航货运量占本省（自治区）总货运量比重（%）			
	广西	云南	西藏	西南沿边地区	广西	云南	西藏	西南沿边地区
2000	3.38	7.82	1.30	12.50	0.01	0.01	0.62	0.01
2001	3.76	8.63	1.30	13.69	0.01	0.02	0.61	0.02
2002	7.64	6.70	1.50	15.84	0.02	0.01	0.68	0.02
2003	3.80	6.10	1.44	11.34	0.01	0.01	0.52	0.01
2004	4.20	7.50	1.54	13.24	0.01	0.01	0.54	0.01
2005	4.80	7.93	1.61	14.34	0.01	0.01	0.44	0.01
2006	5.60	8.56	1.08	15.24	0.01	0.01	0.30	0.01
2007	6.90	8.74	1.18	16.82	0.01	0.01	0.31	0.01
2008	6.80	7.56	1.03	15.39	0.01	0.02	0.14	0.01
2009	8.03	7.74	1.36	17.13	0.01	0.02	0.14	0.01
2010	9.49	8.74	1.47	19.70	0.01	0.02	0.15	0.01

续表

年份	民航货运量（万吨）				民航货运量占本省（自治区）总货运量比重（%）			
	广西	云南	西藏	西南沿边地区	广西	云南	西藏	西南沿边地区
2011	11.00	6.79	1.21	19.00	0.01	0.01	0.12	0.01
2012	12.20	6.96	1.65	20.81	0.01	0.01	0.14	0.01
2013	12.90	8.80	2.24	23.94	0.01	0.01	0.10	0.01
2014	13.30	9.35	2.46	25.11	0.01	0.01	0.10	0.01
2015	13.40	9.17	2.86	25.43	0.01	0.01	0.12	0.01
2016	14.11	9.03	3.06	26.20	0.01	0.01	0.12	0.01

资料来源：根据2001—2017年西南沿边地区各省（自治区）统计年鉴的数据整理得出。

由表4-40和表4-42可知，西南沿边地区民航货物运输量和周转量在2000—2016年总量较小，整体呈波动上升趋势，广西、云南、西藏三省（自治区）差异较大。从民航货物运输量来看，广西、云南、西藏的民航货物运输量分别由2000年的3.38万吨、7.82万吨和1.30万吨增加至2016年的14.11万吨、9.03万吨和3.06万吨，2016年较2000年分别增长3.17倍、0.15倍和1.35倍。从民航货物运输量占本省（自治区）总货运量比重来看，广西、云南、西藏所占比重较小，广西、云南所占比重在0.01%~0.02%，西藏所占比重由2000年的0.62%下降至2016年的0.12%，这与西藏自西部大开发以来加快公路、铁路、管道等路网基础设施建设紧密关联，货物运输量转移到成本相对较低的公路和铁路运输上。由此可知，民航不是西南沿边地区货物运输的主要交通方式。

从民航货物周转量来看，西南沿边地区民航货物周转量总量小，各省（自治区）存在差异。2000—2016年，云南民航货物周转量波动上升，上升幅度较小；西藏呈增长趋势，由2000年的0.031亿吨公里增加至2016年的0.323亿吨公里。从民航货物周转量占本省（自治区）总货物周转量比重来看，西南沿边地区所占比重不高，且云南、西藏所占比重逐渐减少，这与西南沿边地区公路、铁路、水路交通运输基础设施逐渐完善紧密关联。货物运输会优先考虑成本、数量等问题，因此尽管民航货物运输量和周转量总量都在增长，所占比重却逐渐下降或保持不变，说明经济社会在快速发展过程中，不同的交通运输基础设施对产业发展、经济增长、社会进步等的促进程度存在差异，同时不同地区处于经济社会发展的不同阶段，对不同的交通基础设施的需求也存在差异。

表 4-41　2000—2016 年西南沿边地区各省（自治区）民航旅客运输量及其所占比重

年份	民航客运量（万人次）				民航客运量占本省（自治区）总客运量比重（%）			
	广西	云南	西藏	西南沿边地区	广西	云南	西藏	西南沿边地区
2000	357	345.0	53.08	755.08	0.83	1.02	17.12	0.98
2001	373	380.0	60.32	813.32	0.84	0.95	18.89	0.96
2002	410	393.0	70.65	873.65	0.89	1.01	21.30	1.03
2003	350	377.0	69.96	796.96	0.80	1.07	21.51	1.01
2004	439	464.0	82.74	985.74	0.90	1.19	24.43	1.12
2005	536	495.0	94.47	1125.47	1.03	1.20	19.70	1.20
2006	656	599.1	122.90	1378.01	1.16	1.37	20.30	1.36
2007	806	672.3	131.30	1609.55	1.31	1.45	19.30	1.48
2008	823	599.4	81.90	1504.30	1.27	1.72	1.18	1.41
2009	1077	721.4	131.80	1930.20	1.54	1.97	1.65	1.69
2010	1201	753.8	154.00	2108.84	1.56	1.87	1.85	1.68
2011	1331	758.5	183.10	2272.64	1.58	1.65	4.65	1.69
2012	1427	848.7	221.70	2497.40	1.56	1.71	5.47	1.72
2013	1571	1000.0	275.90	2846.89	3.09	2.05	15.24	2.81
2014	1803	1104.0	315.10	3222.24	3.61	2.20	16.29	3.16
2015	1885	1210.0	363.10	3458.36	3.70	2.43	17.52	3.36
2016	2066	1183.0	423.90	3673.00	4.07	2.42	27.25	3.63

资料来源：根据 2001—2017 年西南沿边地区各省（自治区）统计年鉴的数据整理得出。

由表 4-41 和表 4-43 可知，西南沿边地区各省（自治区）民航旅客运输量和周转量大致呈上升趋势，但存在地区差异。从民航旅客运输量来看，广西、云南、西藏民航旅客运输量分别从 2000 年的 357 万人次、345 万人次、53.08 万人次增加至 2016 年的 2066 万人次、1183 万人次和 423.9 万人次，2016 年较 2000 年分别增长 4.79 倍、2.43 倍和 6.99 倍。说明随着经济社会的不断发展，选择以民航作为交通方式的乘客越来越多，也反映民航业所涉及的机场、抵达机场的交通方式、智能化交通等得到了极大提升。从民航客运量占本地区总客运量的比重来看，广西、云南所占比重逐渐上升，分别由2000年的0.83%、1.02%上升至2016年的4.07%、2.42%，但民航依然只是广西、云南的客运交通运输方式的补充。西藏所占比重先上升再下降，并在2008年达到了最低值，仅为1.18%。在2008—2012年均保持较低的比重，在2016年达到了27.25%，民航成为西藏客运的第二大交通运输方式，这与西藏长期发展旅游业紧密关联。同样可以看出，地区的安全稳定对贸易、旅游往来非常重要，进一步影响地区的经济社会发展。

表4-42 2000—2016年西南沿边地区各省（自治区）民航货物周转量及其所占比重

年份	民航货物周转量（亿吨公里）				民航货物周转量占本省（自治区）总货物周转量比重（%）			
	广西	云南	西藏	西南沿边地区	广西	云南	西藏	西南沿边地区
2000	0	1.13	0.031	1.161	0	0.24	0.34	0.09
2001	0	1.25	0.031	1.281	0	0.24	0.33	0.10
2002	0	1.00	0.039	1.039	0	0.18	0.41	0.07
2003	0	0.90	0.046	0.946	0	0.15	0.40	0.06
2004	0	1.18	0.055	1.234	0	0.19	0.45	0.07
2005	0	1.23	0.063	1.293	0	0.19	0.15	0.07
2006	0	1.32	0.130	1.450	0	0.19	0.33	0.07
2007	0	1.31	0.156	1.465	0	0.17	0.36	0.06
2008	0	1.16	0.139	1.298	0	0.14	0.38	0.04
2009	0	1.16	0.157	1.317	0	0.14	0.43	0.04
2010	0	1.29	0.170	1.460	0	0.14	0.41	0.04
2011	0	1.04	0.186	1.226	0	0.10	0.43	0.03
2012	0	1.12	0.204	1.324	0	0.10	0.41	0.03
2013	0	1.43	0.222	1.651	0	0.11	0.21	0.03
2014	0	1.60	0.244	1.843	0	0.11	0.22	0.03
2015	0	1.51	0.283	1.793	0	0.10	0.25	0.03
2016	0	1.50	0.323	1.822	0	0.10	0.26	0.03

资料来源：根据2001—2017年西南沿边地区各省（自治区）统计年鉴的数据整理得出。

表4-43中，从民航旅客周转量来看，西南沿边地区民航旅客周转量呈上升趋势，云南、西藏两省（自治区）民航旅客周转量分别由2000年的34.57

亿人公里、2.989 亿人公里上升至 2016 年的 151.9 亿人公里、21.96 亿人公里，2016 年民航旅客周转量分别较 2000 年增长 3.39 倍、6.35 倍，增长速度较快。从民航旅客周转量占本省（自治区）总旅客周转量比重来看，云南、西藏的民航旅客周转量不断增加，但地区间存在差异：云南所占比重从 2000 年的 14.53%增长至 2016 年的 25.95%，旅客经民航周转超过铁路，成为第二大旅客周转交通方式。西藏旅客周转所占比重呈先上升再下降再上升的趋势，由 2000 年的 48.20%经上升再下降再上升，在 2016 年达到了 36.18%，成为仅次于公路的第二大旅客周转交通方式。说明由于西藏民航业的不断发展，以及西藏交通方式的局限、地广人稀等特点，尽管交通运输方式多元化，但民航作为旅客周转主要交通方式的地位不会改变。

表 4-43　2000—2016 年西南沿边地区各省（自治区）民航旅客周转量及其所占比重

年份	民航旅客周转量（亿人公里）				民航旅客周转量占本省（自治区）总旅客周转量比重（%）			
	广西	云南	西藏	西南沿边地区	广西	云南	西藏	西南沿边地区
2000	0	34.57	2.989	37.5591	0	14.53	48.20	5.30
2001	0	38.83	3.082	41.9122	0	12.76	48.04	5.23
2002	0	40.10	3.175	43.2753	0	14.24	47.36	5.47
2003	0	39.60	3.225	42.8253	0	15.03	49.72	5.75
2004	0	52.34	3.816	56.1555	0	16.47	53.84	6.57
2005	0	56.39	4.406	60.7957	0	17.01	19.30	6.55
2006	0	66.30	7.989	74.2891	0	18.29	28.15	7.31
2007	0	73.76	9.170	82.9295	0	18.75	25.38	7.25
2008	0	70.76	7.989	78.7491	0	17.18	20.82	6.54
2009	0	81.31	9.180	90.4895	0	18.13	23.44	7.10
2010	0	89.03	10.730	99.7608	0	17.00	24.99	6.90
2011	0	92.34	12.280	104.6221	0	15.12	27.19	6.42
2012	0	106.00	13.830	119.8434	0	15.82	29.25	6.79
2013	0	125.40	15.380	140.7847	0	22.78	26.62	11.54
2014	0	147.00	17.570	164.5534	0	25.62	28.03	12.60
2015	0	155.40	19.760	175.1621	0	25.92	28.83	12.51
2016	0	151.90	21.960	173.8880	0	25.95	36.18	12.51

资料来源：根据 2001—2017 年西南沿边地区各省（自治区）统计年鉴的数据整理得出。

（五）西南沿边地区综合运输枢纽与城市交通现状分析

交通枢纽与城市交通是综合交通运输体系的重要组成部分，发挥着运输生产、中转集散、换乘换装、过境、运行调度等重要作用。交通枢纽和城市交通的发展与完善对于提高运输效率、增强运输能力和提升服务水平至关重要。交通枢纽有宏观层面枢纽（城市）和单体枢纽之分，单体交通枢纽是指进行运输组织、客货换乘/换装、中转衔接以及货物仓储等活动的建筑场所，具体包括铁路、公路、港口、机场和货运站等，但不包括城市内客运出行形成的中转换乘枢纽，如轨道交通换乘枢纽、地面公交换乘枢纽等。宏观层面枢纽（城市）是从交通运输的角度定位城市在综合交通网中的地位和作用，一般是指具有良好的地理交通区位条件，有广大的吸引和辐射范围，主要承担城市交通与对外交通的衔接、外部交通运输在城市内中转换乘，以及城市内部不同交通方式的衔接换乘等功能，对区域内交通运输的衔接顺畅和高效运行具有全局性和重要影响的城市，是综合交通运输网中的重要节点，与运输通道（常规运输方式）相呼应，相互依存、相互促进。

综合交通枢纽是整合铁路、公路、航空、内河航运、海港和运输管道为一体的海陆空协同枢纽体系，包括综合交通枢纽节点（枢纽城市）及线路（公路、铁路、航线等）组成的交通网络，旨在为实现最佳运输目标（如最低成本、最短距离、最少时间、最低损耗、最短始发到达时间等）而开展的联程联运，即包括联动运输一体化、中转换装服务一体化、信息处理一体化、金融结算一体化和枢纽设施一体化等。综合交通枢纽是综合交通运输体系的重要组成部分，是衔接多种运输方式、辐射一定区域的客货转运中心，其建设与布局直接影响客货运的“零距离换乘”和“无缝化衔接”目标的实现。综合交通枢纽又分为国际性综合交通枢纽、全国性综合交通枢纽、区域性综合交通枢纽三类，构建多层次的综合交通枢纽符合地区经济发展水平、城市定位，既满足交通运输要求，又避免不必要的交通资源浪费。西南沿边地区在全国全面推进综合交通枢纽（城市）建设的背景下，大力建设完善综合交通枢纽和核心城市交通。2017 年，在《国务院关于印发“十三五”现代综合交通运输体系发展规划的通知》中指出优化综合交通枢纽布局，西南沿边地区部分城市进入各层级的枢纽规划，具体情况见表 4-44。

表 4-44 2017 年西南沿边地区进入各层级综合交通运输规划具体情况

枢纽层次	城市名称
国际性综合交通枢纽	云南（昆明）
全国性综合交通枢纽	云南（大理、曲靖）；广西（南宁、桂林、柳州）；西藏（拉萨）
区域性综合交通枢纽及沿边重要口岸枢纽	云南（瑞丽、磨憨、河口）；广西（凭祥、东兴、龙邦）；西藏（樟木、亚东）

资料来源：根据《国务院关于印发“十三五”现代综合交通运输体系发展规划的通知》整理得出。

近年来，西南沿边地区的公路、铁路、水路、民航等交通方式各成体系，尽管各交通子系统的发展带来了客货运输在线路上的时间大幅度缩短，但由于综合交通运输枢纽规划建设滞后，导致不同运输方式难以进行合理的分工协作和有效的衔接配套，客货运输在枢纽中心转换乘、换装时间耗时太长，特别是由于城市交通、单体枢纽和综合交通枢纽的布局和规模不合理，导致进行中转时间大于线路运输时间。随着综合交通运输体系的不断建设与完善，西南沿边地区逐渐认清“一体化”交通建设的重要性，在保证各种交通子系统合理独立发展的同时，开始统一规划建设综合交通运输枢纽，注重城市交通体系的一体化建设。目前，从交通总量和城市交通发展来看，西南沿边地区正努力建设以昆明、南宁、拉萨为核心的综合交通枢纽，以桂林、柳州、大理、曲靖等城市为次核心的综合交通枢纽，以其他地市及口岸等多点支撑的区域综合交通枢纽，以多层级民航、铁路、水运等单体交通枢纽组成的综合交通枢纽格局。具体表现为：通过推进铁路、公路、民航、水路等常规交通网建设与布局，优化城市内外交通，完善城市交通路网结构，在核心城市形成城市快速路、主次干路和支路相互配合的道路网络。在昆明、南宁建设城市轨道交通，在南宁、柳州等地推进公交快速通道、公共停车场、城市慢行交通基础设施等建设。西南沿边地区各省（自治区）综合交通枢纽和城市交通发展具体如下。

①近年来，云南在各项规划政策的推动下，大力进行运输通道与枢纽建设，促进综合交通一体化发展，为建设成功能完善、换乘便捷、换装高效的现代化综合交通运输体系奠定基础。云南大力推进昆明国际性综合交通枢纽，大理、曲靖两个全国性综合交通枢纽的建设。昆明目前形成了由 3 个火车站（昆明站、昆明西站、昆明南站）、5 个汽车客运站（东部、西部、南部、西

北部、北部）、1 个机场（长水国际机场）组成的综合客运交通枢纽，形成由绕城高速内环线系统闭合成圈、向外发射的外环线组成的“环线+射线”的主干道交通网络布局，从而实现客货交通分离，减少了过境交通对城市交通的干扰。此外，昆明城市交通持续发展，形成了以轨道交通为骨干、常规公交为主体、出租车为补充、慢行交通为延伸的一体化都市公交体系。截至 2017 年底，昆明城市轨道交通十字骨干路网已形成，地铁 6 号线一期、首期工程 1 号线、2 号线、1 号线支线、3 号线等线路投入试运营，通车里程达 88.76 公里，日均最大客运量 37.96 万人次，成为连接主城与机场、高铁站，与东、南、西、北四大汽车客运站换乘的轨道交通大动脉。与此同时，昆明不断完善汽车客运体系，中心城区的城市公交日均运送量达 240 万人次，公交分担率达 56.1%。

此外，大理、曲靖作为全国性的综合交通枢纽，拥有良好的地理区位。例如，大理是昆明至瑞丽、昆明至清水河、昆明至猴桥的 3 条中缅（印）国际铁路中转地，目前重点开发成云南省第二大铁路交通枢纽，是滇西地区的核心城市。近年来，大理通过优化城市内部交通、迁建大理机场、扩能改造广大和大丽铁路、新建大瑞和大临铁路、改扩建楚大高速等措施来满足人们对大理交通的需求。曲靖通过加快公路的改扩建及新建、高速铁路线路及站点建设、城市主干道路建设与改造等措施，促使形成滇中地区区域综合交通枢纽，乃至全国性综合交通运输枢纽，扩大交通辐射范围，为周边地区带来更大便捷。此外，“十三五”期间，云南推进红河州滇南中心城市群现代有轨电车项目建设。该项目是国家发展和改革委员会“PPP”项目库中唯一的有轨电车项目。该项目的实施拉开了云南省城市现代有轨电车建设的序幕，促进由“个开蒙建弥”组成的滇南中心城市群发展，搭建城市多模式、多层次公共交通系统。

②近年来，广西大力建设与完善功能明确、专业分工、无缝衔接的不同层次的综合交通运输枢纽，强调各种运输通道、城市交通之间的衔接，促进综合交通运输一体化。推进桂林、柳州等全国性综合枢纽建设，优化中转设施和集疏运网络，促进各种运输方式协调高效，扩大辐射范围，以及加快推动龙邦、凭祥、东兴等沿边重要口岸枢纽建设，建设发展运输通道和高层次综合枢纽。

“十二五”时期，广西大力推进铁路的改扩建、公路（特别是高速公路）的扩建与开工，扩建、新建、迁建核心机场，优化民航网络等常规交通基础设施，完善综合交通运输体系，还大力建设地铁、BRT等城市交通方式，以及建设核心客货运枢纽。截至2017年12月，南宁市轨道交通运行线路包括1号线和2号线，里程总长为53.1公里，共设车站43座。与此同时，南宁市3号线南延、4号线北延、5号线南延和北延、机场线、武鸣线已经获批示，部分线路先后施工。采用PPP模式规划在建22条BRT线路，其中NBRT-1号线于2017年1月开通，2018年11月底开通NBRT2号线。重点加快南宁五象、凤岭片区综合客运枢纽建设，建设完善开发区、物流园区等货运枢纽，重点加快沙井等片区铁路、公路货运枢纽，六景、牛湾等港口作业区集装箱、大宗散货专业化泊位建设，在南宁市初步形成以城市轨道交通、市域铁路、地面公共交通等设施紧密衔接的综合交通客运体系，公路、铁路、码头等相互衔接的货物中转协同物流系统。柳州加快城市快速通道、立交桥、高架桥、BRT等城市交通建设，目前正在推进柳州轨道交通建设规划，为柳州建设全国性综合交通运输枢纽奠定基础。桂林作为国际旅游城市，近年来重点推进综合线网、枢纽场站的衔接工程和慢行绿道服务工程，完善集散、换乘枢纽、码头等，打造桂林北、临桂新区、桂林西站等客货运铁路、公路枢纽中心，全方位覆盖多样性交通方式。

③经过多年的发展，西藏交通基本形成以拉萨为中心，辐射日喀则、山南、林芝、那曲等地级市（州），衔接国内外主要城市的交通网络布局。近年来，西藏主动参与孟中印缅经济走廊建设、发展口岸和出境道路建设，在核心城市全面推进城市交通枢纽和城市公共交通建设。2007年，拉萨被国务院认定为全国性综合交通枢纽节点规划城市，其交通一直处于优先发展地位。目前，基本形成以高等级公路为骨架、国省干线为主体、农村公路为基础、覆盖城乡的大路网。城市交通主要有大型公交车、中巴车、出租车、人力三轮车等公共交通方式，但由于地理区位、地形地貌、城市规模等原因，拉萨的城市交通发展相对落后，离全国性综合交通运输枢纽功能的定位存在差距。拉萨市在“十三五”时期继续实施城市公交优先发展策略，规划建设现代有轨电车，将有轨电车纳入拉萨地面公共交通系统的重要组成部分。

西南沿边地区各省（自治区）除了拥有公路、铁路、水路、民航等传统交通方式以外，云南、西藏还拥有管道运输方式。管道运输具有运输量大、节约成本、安全可靠、能耗小、连续运输、环保无污染等优点，适合运送石油、天然气等物资。目前，西南沿边地区拥有中缅油气管道项目和格尔木—拉萨输油管线。其中，中缅油气管道项目是继中亚油气管道、中俄原油管道、海上通道之后的第四大能源进口通道，实现海上进口原油和缅甸天然气资源可绕过马六甲海峡从西南地区输送到中国，对我国能源保障安全极为重要。中缅油气管道经缅甸若开邦、马圭省、曼德勒省和掸邦，从云南瑞丽进入中国，并在贵州安顺实现油气管道分离，缅甸境内全长7771公里，中国境内全长1631公里，直达重庆。天然气管道国内全长1727公里南下到达广西，于2018年陆续投产运输。西藏拥有世界上海拔最高的输送成品油固定管线：格尔木—拉萨输油管线。该管道于1977年10月建成投产，全长1080公里，始发点是青海省格尔木市，终点是西藏自治区拉萨市，管径159毫米，年输送能力25万吨，是国内首次采用顺序输送工艺的成品油管道，顺序输送汽油、柴油、航空煤油和灯用煤油4个品种5种型号的油品，也是国内海拔最高的输油管线，所经地区90%处于海拔4000米以上，最高处海拔为5200多米。建设与运营油气管道，不仅有助于西南沿边地区综合交通运输体系的完善，还有利于边防战备，稳定成品油市场。

综上所述，西南沿边地区已初步形成以南宁、昆明、拉萨为核心，以公路、铁路、民航、水运和管道为主要交通运输方式的综合交通运输体系，同时综合交通运输枢纽和城市交通也在逐渐建设与完善。

二、西南沿边地区综合交通运输体系的特征

西部大开发战略实施以来，西南沿边地区依托亚欧大陆桥、长江水道、西南出海通道等交通干线，服务地区经济发展和区域协调发展，全面推进功能型、网络型、枢纽型交通基础设施体系建设，不断改善交通管理水平，初步形成了内畅外通、便捷高效的交通运输体系，具有以下特征。

（一）以公路、铁路、水路、民航为主要交通运输方式的全方位交通干线网络持续完善

实施西部大开发战略以来，特别经过“十二五”时期，西南沿边地区以

铁路、公路、水路、民航为主要交通运输方式的全方位交通干线网络持续完善。截至2016年底，西南沿边地区公路营运里程440696公里，等级公路里程381245公里，等级公路里程占比达86.51%；铁路营运里程9578.8公里，广西、云南在“十二五”时期率先进入高速铁路时代；水路内河航道里程10500公里，内河航运与沿海航运快速发展。交通运输能力大幅度提升，2016年西南沿边地区全社会客、货运输量分别达到101120.3万人次、285199.7万吨，客、货周转量分别达到1390.077亿人次、5955.448亿吨公里。西南沿边地区各种交通干线基础设施的不断完善，使广西基本建成以南宁国际区域性综合交通枢纽为中心的“一纵两横”综合交通运输网络，包括以“一轴四纵四横”铁路网、“三纵三横”高速公路网、“西江航运干线”内河航线、“北部湾港”沿海港口为骨架，以7个机场和众多的等级公路为基础，贯穿北部湾经济区、桂西资源富集区、西江经济带三大区域，连接省际、东盟国家的综合交通运输体系，交通干线基础设施的持续完善进一步推动了广西经济持续发展。云南省基本实现骨架网络高速化，基本形成“七出省”“五出境”通道，129个县有72个通高速公路，初步实现州市通高速路；国省干线高等级化，全省高等级公路（二级以上公路）里程占总里程的6.78%；农村交通百分百通畅化，实现县乡通油路、70%建制村通硬化路，乡镇通班车率达100%；水路发展较快，重点航道通航率达90%以上；客货运输站场建设持续加强。西藏自治区在“十二五”期间实现公路营运总里程达77898公里，等级以上公路57563公里，建成通车拉林高等级公路、林芝米林机场快速通道等，实现高等级公路零突破；农村公路建设服务能力直线上升，690个乡镇、5408个建制村、11759个自然村和1730座寺庙通公路，通达率分别为99.7%、99.2%、59.24%和97.74%；立体化交通体系互联互通水平和综合保障能力大幅提升，拉日铁路建成运营，拉林铁路全面开工建设；拉萨贡嘎、林芝米林、昌都邦达机场改扩建工程进展顺利，国内外航线和通航城市逐渐增加。

（二）交通支撑对外开放新格局作用逐渐显露

西南沿边地区围绕共建“一带一路”倡议实施、“西南国际大通道”以及“西部陆海新通道”建设等，重视对外开放的交通发展。如广西在“十二五”时期，持续开展“兴边富民”行动，实施“陆路东盟”“水路东盟”等战略。一方面，加强边境地区交通基础设施建设，截至2015年底，已实现广西边境地区所有8个县（市、区）驻地通二级以上公路、乡乡通沥青（水泥）路、村村通公路，具备条件的建制村基本实现通畅。极大地改善了边境地区农村公路路况水平，使群众出行更加便捷。另一方面，加强基础设施互联互通建设。目前已建成防城至东兴高速公路等一批连通东盟的高等级公路，北仑河二桥及水口河二桥等中越边界桥项目顺利推进。与越南间跨境运输由转运换装升级为直达运输，国际道路运输线路增至20条，比“十一五”末增加10条。北部湾港与7个东盟国家的47个港口建立海上运输往来，定期集装箱班轮航线达35条，与80多个国家和地区的221个港口通航。开通昆明至北部湾港海铁联运快速班列，加强与广东、重庆、湖北等省（直辖市）在甩挂运输、物流通道、国际物流方面的合作。此外，随着南向通道动线项目（由北部湾海港和南宁向北经贵阳、重庆，连通兰州和西安等地）的建成运营，对外交通辐射作用进一步增强。云南省作为“一带一路”、长江经济带等重大规划的连接交会点，较早地开通了与外地联系的交通要道，如昆明经磨憨至泰国曼谷公路通道，昆明经河口至越南河内公路通道，昆明经瑞丽至缅甸皎漂公路通道，昆明经腾冲至印度雷多公路通道，昆明经清水河至缅甸皎漂公路通道。基本建成“五出境”公路交通网络，打通“中越、中老、中缅、中缅印”四大出境铁路通道。除了出境陆路建设，云南机场还积极进行航空事业管理，将昆明打造成5小时航空圈中心，拓展对内、对外开放和发展的新空间。西藏根据面向南亚开放重要通道的战略定位，不断建设完善西藏与内地、与邻省藏区、西藏内部各地区之间，以及与境外区域的交通运输体系建设，通过境内公路、铁路和航空等交通基础设施网络的建设，加强了西藏与境内外的沟通联系。

（三）综合交通运输枢纽与城市交通建设不断改善

各种交通运输方式的衔接一体化与城市交通的不断建设与完善，对促进综合运输效应的发挥极为重要。西南沿边地区近年来积极加快综合交通运输枢纽和城市交通建设，探索公铁、空铁等客运联程运输，公铁、水铁、水公等货物多式联运，加紧建设地铁、有轨电车等城市轨道交通和城市快速公交、公交线路、出租车、共享单车等，提升了多部门、跨行业的交通运输协调、信息共享能力，使西南沿边地区交通运行效率显著提高。如积极融入中新

(重庆)战略性互联互通示范项目，规划运营南向铁海联运通道，并将该通道设定为常态化运行班列。广西南宁地铁 1、2、3 号线已经开通运营，4、5 号线已经开工建设，南宁、柳州等城市迈入“快速公交（BRT）时代”，极大地改善了这些核心城市的城市交通发展水平。云南昆明已经建成通车 3 条地铁线，呈现十字交叉布局，地铁营运里程在全国、西部城市排名靠前。此外，扩建长水国际机场，增加航线等，使昆明作为国际综合运输枢纽的地位逐渐凸显。规划建设红河滇南中心城市群轨道交通项目，覆盖红河、蒙自、个旧、弥勒、开远、建水等滇南城市圈，使城市交通发展不断完善。西藏积极探索缓解城市交通拥堵、建设联运便捷的城市交通，将现代有轨电车建设纳入拉萨地面公共交通系统的重要组成部分。

（四）综合交通管理质量不断提升

我国在国家层面上实行交通运输大部门制，自交通规划布局在全国范围内实施大交通发展战略以来，大部分省份逐渐建立集中统一、运转顺畅的综合交通运输体制机制，西南沿边地区也不例外。西南沿边地区各省（自治区）形成了由上到下的交通运输管理行政体系，在交通规划建设方面，统筹区域联运交通、地区各种交通运输方式的建设与发展。在各级交通管理部门的推动下，西南沿边地区建设“智慧交通”，多举措促使交通信息化、智能化发展。在公共交通基础设施方面，不断加强市级交通综合信息平台建设，ETC（电子不停车收费系统）、一卡通、公交集群调度等得到大力推广与应用。在铁路运输方面，改善火车候车环境，增加普通铁路、动车、高速铁路开行的密度，缩短运行时间和转换乘时间。在公路运输方面，广西、云南全面启动高速公路 ETC 联网工作，通过各项优惠促使市民办理 ETC 业务；增加公路服务区数量，改善服务区环境，提升服务体验。此外，云南省加强绿色公路建设，丽（江）香（格里拉）高速公路、麻（柳湾）至昭（通）高速公路两条高速公路被交通运输部列为绿色公路建设试点项目，成为全国唯一同时拥有两条绿色公路试点的省份。在水路运输方面，利用物流联网系统，如广西巧妙地对货物在防城港口、北海港口、钦州港口进行合理分工，实现高效航运。对西江黄金水道，加强保障系统建设，加强航道综合服务、水上交通安全监管等，特别是在各级航道管理机构安装管理船舶的 GPS 定位系统、航道信息系统、自动水位站等，并综合实际情况建立航标遥控遥测系统。建设广西西江 AIS 实验基站网络系统，融合 AIS、通航要素等多种信息，实现 GIS 系统的应用。

第三节　西南沿边地区综合交通运输体系问题诊断

实施西部大开发战略以来，西南沿边地区综合交通运输体系建设取得显著成效，但依然存在一些困难和问题，与西南沿边地区各省（自治区）的战略要求和经济社会发展要求存在差距，如广西目前综合交通运输体系与实现“两个建成”的总体目标，即奋力实现与全国同步全面建成小康社会，基本建成面向东盟的国际大通道、西南中南地区开放发展新的战略支点、21 世纪“海上丝绸之路”与“丝绸之路”经济带有机衔接的重要门户的战略要求还存在差距。云南目前综合交通运输体系与其转变经济发展方式，实施“两强一堡”战略，推进“一带一路”建设、长江经济带建设等重大规划，将云南建成面向南亚、东南亚的辐射中心，推进与周边国家的国际运输通道建设，打造大湄公河次区域经济合作新高地等战略定位存在差距。西藏综合交通运输体系与其纳入“一带一路”建设总体布局，发挥连接祖国内地与南亚的区位优势和纽带作用，建设面向南亚开放的重要通道等目标存在差距。总体来看，西南沿边地区综合交通体系主要存在以下问题。

一、各类交通子系统供给规模和结构不尽合理

自西部大开发战略实施以来，西南沿边地区加大对交通基础设施的建设，铁路、公路、水路、民航、城市交通等交通基础设施不断完善，但依然存在供给规模不适应经济社会发展、结构不合理等问题，交通网覆盖面和通达度相比发达地区差距较大，难以最大化地发挥综合交通运输效应。

（一）公路等级结构不高

公路作为最能接近某一区域的交通运输方式，是人们使用最为频繁的交通方式，更是西南沿边地区连接区内外的最佳运输方式。西部大开发以来，

西南沿边地区注重公路规模、层级、结构、网络布局的建设，出境、出省公路通道不断增加，区内公路网络布局逐渐合理，但依然存在规模不够、等级结构不高等问题。2016 年，西南沿边地区公路营运里程达 440696 公里，从大到小分别是云南（238052 公里）、广西（120547 公里）、西藏（82097 公里）；等级公路里程 381245 公里，二级以上等级公路里程 36331 公里，分别占全国等级公路里程、公路里程的 9.53%和 8.24%；高速公路里程 8775 公里，仅占全国公路里程的 1.2%，低于全国平均水平。西南沿边地区公路布局在各省（自治区）分布不均，公路密度差别较大，高等级公路发展极度滞后，跟不上西南沿边地区运输需求的增长。

公路营运里程不仅在西南沿边地区各省（自治区）存在明显差异，还在各地级市、自治州存在明显差异，通过数据收集整理得到 2016 年西南沿边地区以地级市为单位的公路里程数据。为更好地了解西南沿边地区公路的分布情况，笔者利用公路里程与面积之比得到每平方公里公路里程数这一指标，反映单位面积内的公路密度，利用 ArcGIS 进行可视化得到西南沿边地区各州市公路密度的分布图，采取自然断点进行分级。

从每平方公里公路里程数来看，西南沿边地区在省级层面、地级市层面存在明显差异，在空间格局上整体呈现中东部密度大、西南部密度小的格局。公路密度大小在省际由大到小的排序分别为：云南、广西、西藏。从公路密度在省际层面来看，云南呈现以玉溪、昆明、曲靖为高密度值区向周边逐渐递减的分布格局，广西呈现以东南沿海北部湾城镇群为高值区向周边逐渐递减的分布格局，西藏呈现以拉萨、昌都、山南为高值区沿西北逐渐递减的分布格局。从公路密度在地级市层面来看，其中高值区排名前十位的城市分别是：玉溪、昆明、北海、曲靖、玉林、昭通、德宏、红河、保山、大理，其中 8 个城市属于云南；每平方公里公路里程数低于 0.1 的城市由大到小分别是：林芝、那曲、日喀则、阿里地区，都属于西藏地区。公路在地区间的分布不均衡极大地制约了地区的协调发展。

西南沿边地区除了公路里程、公路密度的分布不均衡以外，在等级公路上也存在极大不均衡发展，高等级公路总量不高。目前，西藏由于地理环境、地形地貌等原因，仅有少数高速公路和高等级公路，云南、广西的高速公路 2016 年分别为 4603 公里和 4134 公里，而同一时期同处西南片区的贵州高速公路的里程达到了5475.4公里，差距较大。同时，西南沿边地区出境、出省公路存在道路小、路面不平整、公路等级低等问题，不利于社会经济对外开放发展。

总体来说，西南沿边地区公路网体系相对其经济可持续发展的需求来说，存在公路规模总量不大、等级不高；公路线路不长、密集度不够；农村公路通达深度不够，通行抗灾能力差等问题。

（二）铁路网络规模、等级、结构在三大省区及各省内区域间布局不均

西南沿边地区初步形成适应地区经济社会发展的铁路交通网络。2016年，铁路营运里程达9578.8公里，高速铁路营运里程达2458公里，占铁路总营运里程的25.66%，每百万平方公里的铁路里程数仅为0.52公里，低于全国平均水平（1.29公里），每万人铁路里程数长期低于全国平均水平，到2016年仅为0.9公里，基本与全国持平。西南沿边地区铁路交通运输方式在各省（自治区）间各具特色。从铁路营运线路里程来看，2016年广西的铁路营运里程是云南的1.41倍，是西藏的6.54倍，这与西南沿边地区三省（自治区）经济社会发展基础、自然条件等因素息息相关。从铁路运营等级来看，广西在“十二五”时期进入高速铁路时代，形成了以南宁为中心的“123”铁路交通网和“一轴四纵四横”的现代化快速铁路运输网。云南在2016年随着云桂铁路、沪昆高铁云南段等项目的开通进入高速铁路时代，极大地提升了昆明至上海、杭州、长沙、广州等核心城市的空间可达性。西藏由于自然环境、地形地质、经济社会基础、自然气候等原因导致铁路线路单一，目前仅有青藏铁路、拉日铁路两条普通铁路开通。

西南沿边地区除了省级层面的布局和层级等不均衡之外，同时在各省（自治区）内部的分布也表现不平衡。广西目前已基本形成布局合理、结构清晰、功能完善、衔接顺畅的“一轴四纵四横”现代化快速铁路运输网络，铁路营运里程在2016年达5141公里，其中高速铁路营运里程达1751公里，高速铁路营运里程占全国的1/10，占广西营运里程比重为34.06%，铁路网密度为2.17公里/百平方公里，高于全国平均水平。铁路发展较适应当前的经济社会发展需要，但在北部湾经济区、桂西资源富集区和西江经济带三大区域内分布不均。从广西铁路网分布情况来看，北部湾经济区铁路网布局密度最

高，其次是西江经济带，最后才是桂西资源富集区，这与区域的经济发展情况紧密相连。云南省自西部大开发以来不断加快铁路建设，铁路营运里程在2016年达到3651公里，高速公路营运里程为708公里，初步形成“八入滇四出境”的铁路运输大通道，有效提升了云南的路网规模和质量，但受高原地区地形特征的制约，以及人口、经济等影响，云南省内东部与西部地区的铁路网在布局、规模、等级和结构等方面发展不均衡，呈现东中部密集、西部稀少的分布格局，且普通铁路较多，铁路等级较低。西藏自治区的铁路发展则更加单一，目前依然以青藏铁路为主轴线、拉日铁路为支线，铁路网密集度低，且交通网络主要围绕拉萨、昌都等较为发达的城市分布，藏南、藏西北地区交通极为落后，铁路营运里程为零。

（三）水路建设结构性矛盾依然存在

西南沿边地区水运资源丰富，拥有天然的内河航道和跨境的国际航道，但其建设结构性矛盾依然突出，如广西水运结构性矛盾明显。一方面，对西江黄金水道建设来说，受水利水电枢纽过船设施建设等的影响，部分建设项目如上游右江通道和北盘江—红水河水运建设受阻。同时，内河水运公益性公共基础建设项目的融资受到制约，规模化港区和专业化码头建设难以满足广西水上客运旅游和大型货物运输的需求，专业化、大型化运输船舶明显不足。另一方面，对于沿海北部湾港口，北海港、钦州港和防城港三大港口腹地叠加，在建设运行时出现恶性竞争，造成重复性建设。由于整个北部湾港口货源不足，出现了船舶运力过剩，造成价格竞争，带来航运货运需求不足、各项成本和费用不断提高，本土船运企业和来自广东、福建等地船运企业之间的矛盾。而云南近年来全面推进水路交通运输体系发展，但存在水运投入少、航道等级低、港航基础设施建设滞后，建设资金紧缺、投资渠道单一、不适应经济社会发展需求等问题。同时，目前西南沿边地区水运的建设和发展仍然处于计划经济模式，欠缺融资平台，建设运营的结构性矛盾突出。

（四）民航运输发展不平衡

西部大开发以来，西南沿边地区航空运输业发展快速，航空运输能力呈稳步增长态势，机场、航线、通航城市、客货运输量极大地增加，航空运输干线不断完善，以昆明长水国际机场为国际枢纽空港，以南宁吴圩机场、桂林双江机场为区域性枢纽空港，以拉萨、柳州、北海等地级市机场为辅，连通了重要国外城市、东盟国家主要城市、沿海发达城市以及重要省会城市。尽管西南沿边地区民航运输业发展初具规模，但依然存在区域发展不平衡、支线航线较多、航空运输干支线网络衔接不充分、航空服务能力有待提升等问题。西南沿边地区机场数量由多到少的排序为云南、广西、西藏。目前，昆明长水国际机场是中国西南门户国际航空枢纽，2016 年长水国际机场吞吐量在全球排名第 38 名，仅次于德国慕尼黑机场，略高于中国深圳宝安国际机场，在全国排名第五，是我国五大门户机场之一，紧跟上海、北京、广州、成都等大城市机场，是西南沿边地区最大的航空机场。南宁吴圩机场、桂林双江机场的运营相对稳定，这两个机场年旅客吞吐量占广西总吞吐量的 90%以上。拉萨贡嘎国际机场是西藏的核心机场。不同等级的机场运输能力和吞吐量差距较大，且部分支线航线建设存在布局不合理、航线设置不能满足顾客需求等问题。

（五）综合交通运输枢纽与城市交通发展仍需加强

综合交通运输枢纽与城市交通的发展完善能引导实现城市集约化、差别化高效能发展，能合理引导城市中心区和外围区的发展，带动高新区、开发区等新区的开放开发，特别是轨道交通与快速公交在区域的发展直接影响沿线地区的房产、教育、商业等的发展。目前，西南沿边地区城市交通体系中依然是以地面常规的公共汽车主导，承担城市公共交通 80%的客运量。地面常规的公共汽车往往是公司化运营线路，交通线路规划没有跟上城市整体发展的需要，出现路线绕、公交站停留间隔密、距离较短、缺乏信息化建设等弊端，对顾客的吸引力较弱。城市轨道交通发展以地铁为主，在昆明、南宁两地发展迅速，核心城市地铁的开通运营分散了乘客，缩短了乘客在不同交通方式间的换乘时间，但存在城市交通重规划、城市道路容量不足、交通运行方式结构不合理、城市网络结构不合理、道路建设缓慢等问题。尽管西南沿边地区核心城市大力发展城市立体交通，研究建设轨道快线、BRT 快速线路等，且都逐步运营通车，但大部分城市尚未形成以大、中运量的轨道交通和 BRT 为主的城市交通。由于快速公交和轨道交通处于建设初期阶段，城市道路建设导致城市交通拥堵更加明显，且随着城市的新建与扩展，新老城区公共交通规划线路长，运行时间久，现有的地面公共交通使新老城区衔接不到位，难以满足居民的出行需要，导致城市在时间和空间上出现持续无序的蔓延态势。同时，随着经济社会不断发展，由于城市人口和机动车辆快速增加，带来日益突出的城市道路拥堵和环境污染问题。

随着城市化、工业化的不断推进，未来西南沿边地区的人口流动进一步增加，城际间客运需求将快速增加，迫切需要运量大、速度快的城际铁路来支撑城市交通与综合交通运输枢纽的构建。在我国全面快速推进城际铁路建设的背景下，西南沿边地区的城际铁路网尚处于规划建设起步阶段，与构建“轨道线路、BRT 快速线路、主干线路、支线路”四级线网结构，实现各种交通方式“无缝换乘”，打造协调高效的城际立体交通综合体系存在明显差距。因此，需要综合考虑现有铁路网，根据城镇群规划合理规划城际铁路网，将城际铁路网纳入综合交通体系的一部分，以满足城市间的客流需求，通过城市交通与综合交通运输体系的不断完善，将西南沿边地区各省（自治区）及西南地区的铁路、公路连接成一片，延长交通网络，构筑服务西南、中南地区乃至全国的交通网络。

二、各类交通子系统的有效衔接有待加强

不同交通运输方式之间是否衔接畅通，是构建综合交通运输体系的重要方面。目前，西南沿边地区尽管在推动各交通子系统的有效衔接中不断进步，但依然存在各类交通枢纽单体的铁路、公路、水路、航运等枢纽之间，以及普通铁路与高铁之间缺乏有效衔接，各种运输方式的项目布局建设和运营管理缺乏有效的协调机制，各交通子系统间融合不够等问题。究其原因，包括：综合交通枢纽规划和建设滞后，在物理空间上不同交通运输方式衔接不够；由于不同交通运输方式的市场化程度不同，一体化交通运输发展面临着体制障碍。例如，建设资金来源不同，公路、水路具有较高的市场化程度，但铁路一直属于国家出资，市场化程度不高，因此，不同运输方式在体制上难以形成一体化。此外，一体化运输服务还受到技术、管理等因素的制约，使各类交通运输方式难以形成标准化，在操作过程中则难以实现一体化。例如，由于火车站和机场等枢纽与中心城区的时间和空间距离，导致高铁和航空往往争夺同一始发站和终点站的客流量；由于高铁站和普通车站之间的时间和空间距离，导致乘客在选择换乘方式时存在问题，出现高速铁路与普通火车

之间的竞争，给人们出行造成不便。由于公交车辆停靠站点设置的不合理，导致城市公路与铁路、铁路与高速公路等运输方式难以有效衔接，难以实现“零距离换乘”的综合客运一体化建设。

目前，西南沿边地区多式联运水平较低，高效便捷的集疏运体系仍未能建立，交通运输方式的结构失衡问题比较严重。究其原因包括以下四个方面：第一，区域综合交通运输体系中各类交通运输方式在规模、结构、等级和布局等方面存在短板，交通运输枢纽城市的各类交通方式不尽完善，导致各类交通运输方式衔接性不够。第二，国家、区域、省级、区内层面各类区域发展政策往往存在叠加区域和无覆盖区域，导致区域综合交通运输体系不能完全同步。例如，广西面临国家深入推进西部大开发、服务“一带一路”倡议共建、升级版“中国—东盟自贸区”建设以及北部湾经济区、珠江—西江经济带、左右江革命老区等多重区域发展政策，不同的区域发展政策对规划建设范围的综合交通运输要求不尽一致，直接导致不同交通系统之间的结构失衡。第三，由于行政区经济的存在，地方利益对区域交通规划影响较大，各行政区的各交通子系统在规划时间、标准、目标等方面不统一，影响交通体系的衔接效率，导致运输方式的不平衡，多式联运难以在市场环境下可持续运营。第四，智能化的交通信息分享平台尚未建立，没有通过“互联网+物流（港口）”等方式缩短航空与海上、陆地运输工具之间，港口与陆地运输工具之间，铁路与公路客运或城市公交之间的距离，实现空港与动车及公交车之间、动车与公交车站之间零距离换乘等。

三、与东盟国家、周边省份的互联互通亟须加强

西南沿边地区的区位特点决定广西、云南和西藏三省（自治区）应更加积极主动地开放开发，打造东盟海陆联通枢纽，与东盟国家、周边省份互联互通。但目前仍存在不足，具体体现在以下三个方面。

（一）与东盟国家互联互通的境外连接通道严重滞后

近年来，西南沿边地区不断加快建设境内通往边境的通道，由于东盟国家的经济政治形势，导致西南沿边地区与东盟国家互联互通存在以下问题：第一，连接点境外相应的通道建设缓慢，通往东盟国家的通道能力弱，道路

安全性存在隐患，合作通道建设项目资金投入问题尚未达到共识。例如，与西南沿边地区边境口岸连接的越南方面的公路等级较低、路况差，通行能力不足，严重影响互联互通效率；广西尚未贯通越南河内至新加坡的高速公路。第二，陆路通道结构单一，目前以公路为主，而运量大、成本较低的铁路通道较少，导致无法以低成本、多样化联运方式进行运输。如西藏在与国内外互联互通过程中，仅有中尼公路连接中国拉萨和尼泊尔的加德满都，是西藏目前唯一与周边国家联通的陆路。第三，道路等级偏低，且不同国家道路技术标准不统一，通关政策不对等。目前，西南沿边地区多数口岸与内陆只有二级及以下公路相连，道路等级偏低，路况一般，导致通过公路与境外衔接的效率较低。此外，我国铁路基本是标准轨距，但东南亚国家多为米轨，导致利用铁路进行跨境运输还得进行换装、换乘等环节，降低了整体运输效率。

（二）西南沿边地区—东盟各国海上运输通道、“海上丝绸之路”建设亟待提升

西南沿边地区除了开展陆路互联互通之外，还巧妙利用水路进行互联互通，开展海上运输通道建设，规划建设铁海联运、公海联运通道等。目前，广西与越南跨境运输由转运换装升级为直达运输，开通昆明至北部湾港海铁联运快速班列，与东盟国家港口建立定期海上运输往来，特别是 2017 年，中新互联互通项目南向铁海联运通道常态化运营，极大地提升了西南沿边地区快速联通国际市场的能力。但依然存在诸多亟待解决的不足，包括跨国跨省交通基础设施薄弱，海铁联运、公铁联运、公海联运、跨境运输的互联互通体系不完善，口岸综合配套设施不健全，多式联运国际国内标准不一致等。例如，目前广西通往东盟各国的海上航线特别是远洋航线偏少，港口集疏运体系发展不完善，北部湾港口与内河港口合作协同发展机制不够健全。云南打造“三出境”水路建设，目前澜沧江—湄公河已开通国际航运，中越红河水运通道和中缅水运通道还在建设中，由于涉及关于互联互通道路建设跨国界的沟通，国际道路运输合作推进速度尚待提高。

（三）通往周边省份的综合运输通道能力有待进一步强化

西南沿边地区同样注重与周边省份之间互联互通能力的提升，如广西近年来加强与周边省份连接的交通运输通道的建设，扩能改造湘桂铁路延长线，

开通南宁至北京、南宁至上海等北上高铁，使通往周边省份的综合运输通道能力进一步提升，但广西与周边省份连接的高速公路网有待进一步完善，尤其是规划通往滇中城市群、黔中城市群、长江中游城市群、珠三角城市群的高速公路通道需要尽快打通，以充分发挥广西的区位优势，以实现面向东盟的国际大通道的功能。“十二五”时期，云南重点推进“八出省四出境”铁路网、“七出省四出境”公路网、“两出省三出境”水运通道建设，推进民航大省向民航强省转变。目前开通运营成都至昆明、内江至昆明、上海至昆明、南宁至昆明等铁路，基本形成出省公路、铁路、水路综合运输网络。但在工程建设中存在前期工作效率低、跨省协调处理等问题，导致与周边省份的综合运输通道能力不够完善。西藏出省陆路较少，目前仅拥有青藏铁路和川藏、青藏、新藏及滇藏等干线公路，出藏线路和藏区内部衔接线路亟待建设。

四、交通网络布局、运输服务能力与区域经济发展的协调性有待加强

深入实施西部大开发战略以来，西南沿边地区加快建设完善公路、铁路、民航、水路、油气管道和城市轨道等交通基础设施，促进了区内外人流、物流、信息流、资金流等日益畅通、快捷，但依然存在交通资源配置与区域经济发展协调不足问题。目前，西南沿边地区的交通网路布局存在以下两方面的不适应。

第一，西南沿边地区三省（自治区）综合交通运输体系布局不平衡，在总量规模上呈现广西、云南量大，西藏量小的格局，且不同交通运输方式在三省（自治区）发展不一。如云南航空业发展态势良好，但高速铁路建设落后于广西；广西步入高铁时代，但高速公路网络存在养护问题，衔接性不够。第二，综合交通运输方式在广西、云南、西藏区域内分布不均衡，不利于区域经济的发展。如目前广西的交通网络布局呈现以南宁市、柳州市、桂林市、防城港市 4 个城市辖区为中心向外围辐射扩散的网状分布，并在中部沿湘桂铁路线和中南沿海地区集聚，形成团状或带状分布的交通网络密集区，但以湘桂铁路为界向西北和东北方向的交通网络密集度不高，这与广西的经济发展布局存在耦合性。但广西交通网络的密集区域往往在空间上相对集中，不利于广西三大区域的协调发展，交通系统对多中心组团的城镇群空间结构的

支撑作用不足，交通网络布局与区域经济发展的协调性有待加强。应该合理布局交通网络，以县域为单位，促进经济与交通协调发展。如云南省交通运输网络布局以昆明、曲靖、昭通为中心，形成“米”字形，对公路、铁路、航运和水路等进行综合规划，以实现交通运输高效率、高质量，但区域发展上的不平衡导致云南省内部“中心—外围”经济发展格局更加明显。

综合交通体系的构建不仅包括交通网络的构建，还关系到由交通网络延伸的交通运输服务能力水平的高低。综合交通运输服务是一个国家综合交通运输体系向社会和消费者提供的最终产品，它是基于铁路、公路、水路、航空、管道、城市公共交通等多种运输服务形成的一种集成服务能力，反映了一个国家跨地区、跨行业、跨企业优化配置运输资源，以系统效率最高的方式来满足运输需求的总体能力。综合交通运输体系服务的主体包括各类运输市场服务主体，如客货运输企业、运输中介机构等，各级运输行政管理部门和机构、行业协会等，且不是各种主体服务的加总，而是各类单一运输服务的功能通过结构优化、方式衔接等方式最大限度降低运输系统产生的外部成本，形成大于各类单一运输服务加总的能力，依赖于综合交通运输体系的制度、管理、政策等多方面的因素。目前，西南沿边地区交通运输服务能力较弱，专业化、多元化的客运和物流运输体系有待完善，特别是以北部湾港口、西江经济带为中心的物流运输体系与铁路、公路等交通衔接性不够，导致物流成本较高，时间成本高，便捷性不够。城际城乡大众化、便捷高效的公共交通供给能力较弱，交通均等化服务覆盖广度不足，如新老城区的公共交通运输体系建设滞后，候车时间长，停靠站设置不合理，导致顾客体验满意度低。同时，交通系统智能化、信息化水平偏低，没有能统筹铁路、公路、水路、民航等多种交通运输方式的物联网，未能充分发挥智能化交通服务。此外，城乡交通服务差距依然较大，出现城乡交通基础设施脱节现象。

五、综合交通运输体系建设政策体制机制有待完善

交通建设发展中的政策体制机制问题，是大部分区域在进行综合交通运输体系建设中都会遇到的问题。西南沿边地区在交通建设发展中的政策体制机制问题主要表现在以下几个方面。

（一）与交通运输体系相关的政策缺乏全面统筹，体制机制有待深化改革

长期以来，各区域的产业发展、城镇用地、交通建设等规划职能分属不同部门，往往考虑本区域、本部门的利益，存在明显的“条块”分割，出现各自为政的局面，导致与国家、自治区层面综合性规划与专项规划的衔接上存在分歧，极大地阻碍了各区域基础设施建设的执行力，进而由于目标不集中导致重复建设，造成土地、资金等的浪费。此外，受各种主客观因素的影响，西南沿边地区在省级区域层面和省内不同地市间经济水平、社会发展状况差异大，导致西南沿边地区综合交通发展水平地域差异显著，空间布局不合理，地区内交通发展不平衡，交通运输体系建设不尽合理。

（二）交通投融资模式较单一，投资多元化和社会资本参与程度低

交通投融资模式较单一，投资多元化和社会资本参与程度低，且交通运输体系建设受土地、海岸线、动植物资源等的限制，环境保护要求高。目前，西南沿边地区交通投融资模式主要依靠国家、地方财政拨款，部分采用银行贷款和项目化融资模式引入社会资金，投资渠道单一，融资较为困难。如广西高速公路项目建设，主要由广西交通投资集团与社会企业共同出资，共同组建公司管理项目进行项目建设，但该种合作模式存在权利分配、风险分担等问题，进而导致投资多元化和社会资本参与程度低。加之，由于交通要素的“集约、绿色”要求导致交通运输维持长期平稳地较快发展态势难度加大。西南沿边地区由于地域辽阔，人口分布极度不均衡，交通基础设施需求量较大，加上受自然地理、气候条件等因素的限制，基础设施建设的资金成本、时间成本和人力成本相对较高，建设资金严重短缺，如西藏的公路建设就难以吸纳社会资金参与。

（三）西南沿边地区各城市交通管理标准不一致

西南沿边地区由于受地区经济发展状况、人口分布、产业格局等因素的影响，各城市交通管理标准不一致，直接影响客货运输等要素的高效流动，如高速公路收费口过多，车辆收费标准不同；各地内河航道等级、船型标准、过闸收费系统不一致；货运供需信息交流不畅，缺乏大型公共信息平台等问题比较严重。此外，西南沿边地区在交通基础设施建设方面重建设、轻管养，

重发展、轻环境，重增量、轻存量的问题依然存在，发展的体制机制仍需进一步深化改革。除此之外，西南沿边地区的交通基础设施建设还受到地理环境、地形地貌等自然条件的影响，如西藏受到自然环境、气候条件的影响，导致交通运输基础设施的运营维护艰难，抗灾防灾能力薄弱，严重制约交通基础设施的高效运行。

第五章　综合交通运输体系对西南沿边地区经济增长的影响

通过第四章对西南沿边地区各种交通运输方式现状与区域经济社会发展水平特征分析，初步发现西南沿边地区综合交通运输体系与地区经济增长、制造业集聚等方面在空间上具有一致性。为进一步了解综合交通运输体系对西南沿边地区经济增长、产业集聚等方面的促进作用，本书分别基于经济增长和制造业集聚来研究分析综合交通运输体系对西南沿边地区的影响。

第一节　综合交通运输体系与经济增长研究述评

西部地区一直是我国欠发达地区，进行交通基础设施投资建设是推动西部地区经济增长，缩小东西差距的必要条件。国内不少学者在研究基础设施对经济增长空间的溢出效应。胡鞍钢和刘生龙（2009）利用空间计量法，研究交通运输对经济增长的外部性。他们利用1985—2006年数据研究发现，交通运输投资每平均增加一个百分点将会拉动GDP增长0.28个百分点。此外，刘秉镰和刘玉海（2011）从交通基础设施对产业集聚视角进行研究，利用我国2004—2008年大中型制造业企业的省级面板数据，实证研究交通基础设施对促进经济增长的微观作用机制。结果发现，不同的交通基础设施对企业的影响不一致，公路基础设施尤其是高等级公路设施显著降低制造业企业的库存成本，而铁路、内河航运以及三级公路等对中西部地区制造业企业的库存成本的降低具有显著影响。因此，进行交通基础设施投资需要有针对性。

还有部分学者重点关注交通基础设施对西部地区经济发展的影响。陈栋生（2009）研究发现，交通基础设施在推进西部大开发、中部崛起和东北振兴等战略实施中发挥着巨大的作用。刘学华和张学良等（2009）研究发现，西部大开发以来，交通基础设施投资对推动西部地区经济增长有显著的促进作用，投资规模和分布的变化对经济效率具有重要影响。其中，货运量对西部地区的 GDP 有着正向的作用，但是客运量和货运周转量存在负向影响。并指出，西部地区交通基础设施滞后造成其增长趋势与发展潜力不匹配的现状，加大西部地区交通基础设施投资力度和投资效率，有利于西部地区经济增长。刘生龙和胡鞍钢（2010）利用省级数据实证研究发现，交通基础设施对经济增长有显著的正向促进作用，缩小了中国区域间的经济差距，指出西部大开发所推进的交通基础设施投资极大地促进了西部地区的经济发展向中东部地区趋同。唐红祥（2017，2018）利用我国西部地区面板数据，研究交通基础设施对西部地区制造业集聚的影响，发现西部地区交通基础设施与制造业集聚存在空间分布的一致性，公路基础设施尤其是一级公路对西部地区制造业集聚的促进作用大于铁路基础设施。此外，唐红祥、王旦（2018）研究发现，西南沿边地区依然存在交通子系统结构不尽合理，有效衔接不够，与东盟国家和周边省份的互联互通亟须加强，政策体制和机制不够科学，交通网络布局、运输服务能力与区域经济发展协调性有待加强等问题，并提出相应对策建议。

第二节　理论分析与研究假设

交通基础设施与经济增长一直是地理学家、经济学家、经济地理学者、发展经济学者等关注的重点。国外学者亚当·斯密、马歇尔、熊彼特、刘易斯等从不同角度在其著作中论述了交通基础设施对经济增长的影响。韦伯（1997）更是在《工业区位论》中从交通设施改善运输成本角度对其影响进行探究，并将交通运输当作影响工业布局的首要区位因子，劳动力和集聚因素都在其之后。发展经济学家罗丹、纳克斯和罗斯托等对包括交通在内的基础设施与经济增长进行了很多有见地的思考，并广泛用于指导发展中国家的实践（张学良，2012）。交通基础设施对国家经济增长的重要性出现在罗森坦斯·罗丹的“大推论”思想、沃尔特·罗斯托的经济成长阶段等理论中，并且指出对于发展中国家来说，交通基础设施是经济社会发展的先行资本和“经济起飞”的先决条件。基于国内外已有文献，本书提出以下假设。

H1：西南沿边地区交通基础设施与经济增长存在空间分布的一致性。

H2：西南沿边地区不同类型、不同等级的交通基础设施对经济增长的作用存在差异。

H3：西南沿边地区交通基础设施对市场化程度越高的地区经济增长的促进作用越显著。

第三节 实证分析

一、变量选择和定义

1. 被解释变量

被解释变量为经济增长。用西南沿边地区各省（自治区）的人均 GDP 来表示，取对数后的变量为 ln*pergdp*。

2. 核心解释变量：交通基础设施

核心解释变量为综合交通运输体系，同样用交通基础设施来度量，分别采用公路密度和铁路密度作为交通基础设施的代理变量。考虑到被解释变量为取对数的人均 GDP，本章依然采用取对数的公路密度（ln*glmd*）、取对数的铁路密度（ln*tlmd*）作为核心解释变量。其中，将公路密度细分为高速公路密度、一级公路密度、二级公路密度和其他等级公路密度，取对数后，分别用 ln*sglmd*、ln*oglmd*、ln*tglmd*、ln*qtglmd* 来表示。

3. 调节变量

一般来说，市场化程度高的地方由于市场化可以纠正不公平竞争，极大地促进经济增长，市场化程度与经济增长具有长期稳定关系。因此，选择市场化程度作为调节变量来考察其对综合交通运输体系促进经济增长效应的调节作用。采用市场化程度的反向指标，即国有控股工业企业销售总产值占工业企业销售产值的比重来作为市场化程度的代理变量，用 *gyjj* 表示。

4. 控制变量

从影响经济增长的因素角度，如果单纯考虑交通基础设施对经济增长的影响，就会遗漏关键变量对经济增长的作用。基于已有文献，本章选取投资率、人力资本、城市化水平、对外开放等相关变量作为控制变量来分析综合交通运输体系对西南沿边地区经济增长的影响。

（1）投资率。物质资本是影响经济增长的重要来源，而一个地区物质资本积累的重要来源是投资，已有文献常用投资率来反映物质资本，并将其作为影响经济增长的重要因素。具体来说，投资率用西南沿边地区各省（自治区）资本形成总额占 GDP 的比重表示，记为 *inv*。

（2）人力资本。内生增长理论表明，人力资本是影响一个地区创新和经济增长的重要源泉。因此，在模型中也控制了人力资本这一变量。具体来说，人力资本使用西南沿边地区各省（自治区）人口的平均受教育年限来反映，用 *edu* 表示。

（3）城市化水平。城市化水平是一个地区环境的重要体现，对提高资源配置效率、促进创新进而对地区经济增长具有重要影响。具体来说，人力资本使用西南沿边地区各省（自治区）人口的市镇人口数占人口总数的比重来反映，用 *city* 表示。

（4）对外开放。对外开放是影响经济增长的重要制度环境，模型中同样控制了这一变量。具体来说，人力资本使用西南沿边地区各省（自治区）进出口总额占 GDP 的比重来反映，用 *trade* 表示。

二、数据来源与描述性统计

本章研究区域范围为省级行政区域层面的西南沿边地区，特指广西、云南、西藏 3 个省（自治区）。自 2000 年西部大开发战略实施以来，政府加大交通基础设施投入建设，西南沿边地区交通基础设施发展迅速，其公路营运总里程、等级公路里程和高速公路里程（仅计算广西与云南）分别由 2000 年的 185049 公里、158656 公里、1329 公里增至 2016 年的 440696 公里、381245 公里和 8737 公里。铁路营运里程由 2000 年的 4740.2 公里增至 2016 年的 124000 公里。本书鉴于交通基础设施对经济增长的影响程度、滞后性和数据的可获得性，选取时间跨度为 2000—2016 年，交通基础设施与经济增长的指标数据根据原始数据计算得来，相关原始数据来自相关年份的《中国统计年鉴》《中国人口和就业统计年鉴》和《中国交通统计年鉴》。

使用 stata 软件对西南沿边地区 2000—2016 年各变量进行描述性统计，各变量描述性统计结果见表 5-1。

表 5-1　西南沿边地区 2000—2016 年各变量描述性统计

变量	平均值	标准差	最小值	最大值
ln*pergdp*	9. 484	0. 666	8. 428	10. 546
ln*glmd*	2. 977	1. 144	0. 604	4. 116
ln*gsglmd*	-1. 122	2. 068	-9. 079	0. 714
ln*oglmd*	-1. 877	1. 205	-5. 778	-0. 741
ln*tglmd*	-0. 445	1. 696	-3. 074	1. 592
ln*qtglmd*	2. 915	1. 116	0. 582	4. 043
ln*tlmd*	-0. 816	1. 353	-3. 201	0. 838
gyjj	0. 543	0. 147	0. 264	0. 807
trade	0. 114	0. 0461	0. 0451	0. 307
edu	6. 919	1. 838	1. 486	9. 180
city	0. 332	0. 125	0. 195	0. 786
inv	67. 590	23. 620	32. 500	114. 300

三、计量模型

本章采用如下两个计量模型来分析综合交通运输体系对西南沿边地区经济增长的影响。

1. 基本面板模型

$$Y_{it} = \beta_0 + \beta_1 X_{1it} + \beta_2 X_{2it} + \mu_i + \varepsilon_{it} \tag{1}$$

该模型中，下标 i、t 分别表示西南沿边地区各省（自治区）代码和年份，ε_{it}为随机误差项，β_0为常数项，β_1、β_2为相应变量的系数。Y_{it}为反映经济增长的因变量。X_1为反映综合交通运输体系的解释变量，X_2为影响经济增长的一系列控制变量。

2. 考虑调节效应的面板模型

以市场化程度作为调节变量，分别以公路密度对数和铁路密度对数等交通基础设施作为西南沿边地区综合交通运输体系的代理变量，构建考虑调节效应的面板回归模型。模型中用综合交通运输体系与市场程度的交互项来考虑市场化程度对西南沿边地区综合交通运输体系促进经济增长的调节效应，模型如下：

$$\ln Y_{it} = \beta_0 + \beta_1 X_{1it} + \beta_2 X_{2it} + \beta_3 X_{3it} + \beta_4 X_{1it} \times X_{3it} + \mu_i + \varepsilon_{it} \quad (2)$$

该模型中，下标 i、t 分别表示西南沿边地区各省（自治区）代码和年份，ε_{it}为随机误差项，β_0为常数项，$\beta_1 \sim \beta_4$为相应变量的系数。Y_{it}为反映经济增长的因变量。X_1为反映综合交通运输体系的解释变量，X_2为影响经济增长的一系列控制变量，X_3为作为调节变量的市场化程度，$X_{1it} \times X_{3it}$是指综合交通运输体系与市场程度的交互项，本模型用取对数后的公路密度、铁路密度与市场化程度交互项来反映。

四、假设检验

运用上述构建的基本面板模型、考虑调节效应的面板模型，实证分析综合交通运输体系对西南沿边地区经济增长的影响。根据 Hausman 检验结果采用固定效应，基本面板模型和考虑调节效应的面板模型具体回归结果见表 5-2。

1. 综合交通运输体系与西南沿边地区经济发展水平的空间分布关系分析

表 5-2 中模型（1）和模型（2）的回归结果显示：公路密度和铁路密度前的系数分别显著为 0.820 和 0.794，说明了公路和铁路都对西南沿边地区经济增长具有显著为正的影响，这反映出西南沿边地区公路设施与经济发展水平存在空间分布的一致性，交通基础设施促进了西南沿边地区经济增长。上文已经验证了综合交通运输体系对制造业集聚具有显著的促进作用，这里则进一步反映出对于经济增长而言，综合交通运输体系同样起着积极的作用。

表 5-2　西南沿边地区综合交通运输体系对经济增长影响的回归结果

	模型（1） 固定效应	模型（2） 固定效应	模型（3） 固定效应	模型（4） 固定效应	模型（5） 固定效应
ln*glmd*	0.820***			1.300***	
	(0.226)			(0.180)	
ln*tlmd*		0.794***			1.110***
		(0.188)			(0.185)

续表

	模型（1） 固定效应	模型（2） 固定效应	模型（3） 固定效应	模型（4） 固定效应	模型（5） 固定效应
ln*glmd*×*gyjj*				-0.848***	
				(0.135)	
ln*tlmd*×*gyjj*					-0.794***
					(0.220)
gyjj	-1.701***	-2.293***	-2.251***	-0.465	-2.704***
	(0.465)	(0.439)	(0.436)	(0.481)	(0.397)
ln*gsglmd*			0.130		
			(0.142)		
ln*oglmd*			0.181*		
			(0.0939)		
ln*tglmd*			-0.0430		
			(0.113)		
ln*qtglmd*			0.413***		
			(0.0996)		
inv	0.012***	0.016***	0.002	0.011***	0.016***
	(0.003)	(0.003)	(0.001)	(0.002)	(0.002)
city	0.464	0.067	4.082***	0.335	0.053
	(0.310)	(0.282)	(0.910)	(0.225)	(0.247)
trade	1.604*	2.182***	0.251	0.448	1.003
	(0.884)	(0.798)	(0.610)	(0.664)	(0.764)
edu	0.036	0.020	0.124**	0.001	0.019
	(0.023)	(0.023)	(0.046)	(0.022)	(0.025)
Constant	-2.109**	1.034***	-2.292***	-3.385***	1.223***
	(0.809)	(0.355)	(0.516)	(0.618)	(0.312)
Observations	51	45	28	51	45
R-squared	0.935	0.944	0.997	0.967	0.959

注：括号内数值为标准差；***、**和*分别表示1%、5%和10%的显著性水平。

2. 不同类型的交通基础设施对西南沿边地区经济增长的影响分析

表5-2中模型（1）和模型（2）的回归结果显示，公路密度前的系数显著大于铁路，说明公路设施在促进西南沿边地区经济增长的作用要显著大于

铁路设施。在促进制造业集聚方面，公路基础设施的作用要显著大于铁路基础设施，这里进一步反映出在促进西南沿边地区经济增长方面，公路基础设施的作用同样更大。

3. 不同等级的交通基础设施对西南沿边地区经济增长影响分析

为进一步考察不同等级的交通基础设施对西南沿边地区经济增长的影响差异，我们在表 5-2 中模型（3）里将公路密度分解为不同等级公路的公路密度（取对数）。模型（3）的回归结果显示：一级公路密度前的系数分别显著为正，说明一级公路对西南沿边地区经济增长具有显著的正向促进作用；高速公路密度的系数为正但并不显著，说明高速公路对经济增长的促进作用还不太明显。一个可能原因是，西南沿边地区高速公路在一个较长时间段内较为落后，而且高速公路收费高、运输成本高，以致其作用没有得到有效发挥；二级公路密度前的系数为负，但并不显著。其他低等级公路密度前的系数显著为正，反映出目前西南沿边地区低等级公路对经济增长产生了显著为正的影响，由于低等级公路的运输效率较低、运输成本较高，这也从侧面反映出目前西南沿边地区经济发展过程中，高等级公路的作用急需加强，以减少对低等级公路的依赖。

4. 考虑调节效应的交通基础设施对西南沿边地区经济增长影响分析

综合交通运输体系对西南沿边地区制造业集聚的影响与地区的市场化程度有关，为进一步考察市场化程度在交通基础设施经济增长效应中是否也具有调节效应，表 5-2 模型（4）和模型（5）中分别加入了市场化程度与公路密度以及铁路密度的交互项，回归结果显示：公路密度与市场化程度的交互项、铁路密度与市场化程度的交互项前的系数分别显著为-0.848 和-0.794。由于市场化程度是用反向指标来表示，其值越小代表市场化程度越高。这反映出西南沿边地区交通基础设施对经济增长的促进作用受地区市场化程度的制约，地区市场化程度越高，交通基础设施对经济增长的促进作用越大。

5. 控制变量对西南沿边地区经济增长影响分析

从控制变量的回归结果而言，不同模型中，控制变量前系数的符号一致，但显著性存在差异。因此，此处以模型（1）中的控制变量为例进行分析。具体来看，模型（1）的回归结果显示：固定资产投资、对外开放对经济增长具有显著为正的影响，城市化、人力资本对经济增长的影响为正，但并不显著。

五、稳健性检验

由于综合交通运输体系与地区经济发展水平之间可能存在双向因果关系，为此，我们对综合交通运输体系进行滞后一期处理，使交通基础设施在某一期的经济发展水平之前确定。以公路设施和铁路设施为综合交通运输体系的代理变量，根据 Hausman 检验结果采用固定效应，滞后一期处理后，进一步对前文得到的研究结论进行稳健性检验，稳健性检验回归结果见表 5-3。

表 5-3　西南沿边地区综合交通运输体系对经济增长影响的稳健性检验回归结果

	模型（6） 固定效应	模型（7） 固定效应	模型（8） 固定效应	模型（9） 固定效应	模型（10） 固定效应
L. ln*glmd*	0.855***			1.313***	
	(0.242)			(0.187)	
L. ln*tlmd*		0.929***			1.188***
		(0.209)			(0.181)
L. ln*glmd*×*gyjj*				−0.927***	
				(0.148)	
L. ln*tlmd*×*gyjj*					−0.995***
					(0.235)
gyjj	−2.010***	−2.407***	−2.080***	−0.245	−3.112***
	(0.457)	(0.452)	(0.494)	(0.484)	(0.404)
L. ln*gsglmd*			0.070		
			(0.121)		
L. ln*oglmd*			0.129		
			(0.096)		
L. ln*tglmd*			−0.039		
			(0.106)		
L. ln*qtglmd*			0.286***		
			(0.096)		
inv	0.009***	0.015***	0.003**	0.008***	0.016***

续表

	模型（6） 固定效应	模型（7） 固定效应	模型（8） 固定效应	模型（9） 固定效应	模型（10） 固定效应
	(0.003)	(0.003)	(0.001)	(0.002)	(0.002)
city	0.391	0.127	3.003***	0.361	0.159
	(0.332)	(0.299)	(0.810)	(0.236)	(0.252)
trade	0.884	1.885**	0.653	0.131	0.571
	(0.973)	(0.786)	(0.622)	(0.701)	(0.711)
edu	0.007	0.002	0.146**	0.017	0.011
	(0.032)	(0.030)	(0.054)	(0.023)	(0.024)
Constant	-1.962**	1.153***	-1.796***	-3.096***	1.399***
	(0.795)	(0.354)	(0.473)	(0.592)	(0.294)
Observations	48	42	26	48	42
R-squared	0.925	0.942	0.997	0.963	0.963

注：括号内数值为标准差；***、**和*分别表示1%、5%和10%的显著性水平。

上述稳健性检验结果均充分说明上文得到的回归结果是稳健和可靠的。

如表5-3中模型（6）和模型（7）所示，其中模型（6）为以公路密度的对数作为核心解释变量的回归结果，模型（7）为以铁路密度的对数作为核心解释变量的回归结果。估计结果表明：即使分别对公路密度对数和铁路密度对数都取滞后一期进行回归再检验，公路密度对数和铁路密度对数都仍对西南沿边地区经济增长具有显著为正的影响。同时，将公路密度分解为不同等级公路密度后，不同等级公路密度前的系数与前文保持一致，高速公路密度和一级公路密度前的系数为正，二级公路密度前的系数为负，但一级公路密度不再显著，而其他低等级公路密度前的系数依然显著为正，显示出西南沿边地区对低等级公路的依赖依然较为严重，未来有必要加大力度发挥高速公路、一级公路等对经济发展的重要作用。此外，对公路密度和铁路密度取滞后一期后，表5-3中模型（9）和模型（10）的回归结果显示：公路密度、铁路密度和市场化程度的交互项仍然显著为负，显示出市场化程度确实对综合交通运输体系的经济增长效应发挥着调节作用，西南沿边地区综合交通运输体系对经济增长的影响与地区市场化程度紧密相关。由于市场化程度是用反向指标来度量，市场化程度越高，西南沿边地区综合交通运输体系对经济增长的影响就越大。

第四节　结论与政策启示

本章研究发现如下结论。

（1）西南沿边地区综合交通运输体系促进了区域经济增长，综合交通运输体系在地理空间分布上与经济发展水平具有一致性。

（2）不同类型的交通基础设施对西南沿边地区经济增长的促进程度存在显著差异。公路设施的作用要显著大于铁路设施，说明目前西南沿边地区经济增长对公路设施的依赖性较大。

（3）不同等级的交通基础设施对西南沿边地区经济增长的影响存在差异：一级公路对西南沿边地区经济增长的促进作用最大，高速公路的促进作用较小，这与西南沿边地区高速公路长期发展较为缓慢、收费较高等原因造成的运输成本高的问题紧密关联。二级公路对经济增长的影响不显著，其他低等级公路对西南沿边地区经济增长有显著的促进作用，这与西南沿边地区低等级公路覆盖面广、总量较大、成本较低等特征相关，西南沿边地区经济增长对低等级公路的依赖性较强。

（4）综合交通运输体系对西南沿边地区经济增长的影响过程中，市场化程度起着显著的调节作用。地区的市场化程度越高，交通基础设施对经济增长的促进作用越大。反之，交通基础设施在市场化程度较低的地区，对经济增长的促进作用较小。相对铁路设施，市场化程度对公路设施的调节效应更加明显。

（5）投资率、人力资本、城市化水平和对外开放等因素对西南沿边地区经济增长具有正向促进作用，但不同因素对经济增长的促进作用存在差异，其中投资率、对外开放对经济增长具有显著的正向促进作用，城市化水平、人力资本等对经济增长有正向促进作用，但并不显著。

基于上述研究结论，得到如下实践启示。

（1）西南沿边地区要充分发展以铁路和高等级公路为主的综合交通运输

体系，通过加大对铁路、高速公路、一级公路等的建设和完善，拉近城市之间、区域之间的时空距离，提升城镇的可达性，加大城镇间与区域间资本、劳动力和技术等各项要素的流动，促进产业集聚与发展、新型城镇化和改善民生，为西南沿边地区保持经济的可持续发展奠定良好的基础。

（2）由于西南沿边地区现阶段公路基础设施相对铁路来说，具有覆盖面广、可达性较高等特性，因此公路设施对经济增长的促进作用大于铁路设施。但以往研究者发现从全国层面和东部地区出发，铁路由于具有运输成本低、运量大、安全可靠等优势，其促进作用大于公路设施。当前西南沿边地区肩负着构建面向东南亚、南亚的国际大通道、区域交通枢纽，维护边疆安全、民族稳定，全面建成小康社会等战略使命，应加快建设铁路骨干网络，以期更好地服务于承接国际货物贸易、产业转移与转型升级、产业集聚等。

（3）从不同等级交通设施的角度来看，西南沿边地区高速公路长期发展滞后，并由于收费造成运输成本高等原因，导致其对经济增长正向促进作用较小。公路运输本身具有门到门直达运输的灵活性，因此，未来在西南沿边地区应该加快完善高等级、广覆盖的公路网络，在有条件的省区（广西、云南）实现县县通高速、乡乡通油路的局面。加快高速公路建设，建设和改造二级以上公路，提升高等级公路占比，提升主干公路网络的等级。此外，为提高西南沿边地区民生和生活水平，要加大农村道路建设，发展覆盖面广、保障能力强的基础公共网络。

（4）研究调节变量市场化程度对综合交通运输体系在促进西南沿边地区经济增长的作用，得出市场化程度越高的地区，综合交通运输体系对经济增长的促进作用越大，反之则促进作用越小。因此，鼓励多元化社会资本投资，积极采用 PPP 模式建设各类交通运输方式，有助于提高西南沿边地区的市场化程度，激发综合交通运输体系对西南沿边地区经济增长更大的促进作用。

（5）结论显示控制变量投资率、人力资本、城市化水平和对外开放等指标对西南沿边地区经济增长具有正向促进作用。因此，加大投资力度、扩大对外开放、提升城市化水平和发挥人力资本作用等，有助于促进西南沿边地区经济可持续化增长。

总而言之，交通运输作为人类赖以生存和发展的基础，对区域经济增长有着举足轻重的作用。西南沿边地区地处我国西南边陲，肩负着建设面向南亚、东亚国际大通道的重任，是对接国家西部大开发、“一带一路”倡议、长江经济带、陆海新通道等国家规划的关键节点。本章通过对西南沿边地区交通基础设施建设与经济增长影响的实证研究，发现不同类型的交通运输方式、不同等级的交通基础设施对经济增长的影响存在显著差异。因此，西南沿边地区应基于地区经济社会发展的需要，发展联通国内外、通达主要及相邻省份、覆盖城乡的综合交通运输体系，以促进区域各项要素的自由流动，有效加深区域内部、区域间的联系程度和合作程度，促进交通基础设施与区域经济社会协同发展，最终实现整个地区经济的可持续发展、社会稳定，以及民族团结和国家安全。

第六章　综合交通运输体系对西南沿边地区制造业集聚的影响

有关新经济地理学的文献表明，产业集聚对经济增长具有极为重要的影响。因此，从中观产业来说，综合交通运输体系对西南沿边地区的产业集聚，特别是对制造业产业集聚可能也具有十分重要的影响。基于此，本章将进一步从制造业集聚视角探讨综合交通运输体系对西南沿边地区的影响。

第一节　综合交通运输体系与产业集聚研究评述

目前，关于产业集聚和交通基础设施研究的文献很多，但是把两者放在同一理论框架进行研究的文献并不多，国外的现有研究主要立足于区位理论、外部性理论和新经济地理理论，从运输成本、交通设施投资、交通设施的里程、交通设施的密度、区位选择、空间分布以及要素流动等角度分析交通基础设施对产业集聚的影响，得出交通基础设施在不同程度上影响了产业集聚的结论。以 Thünen（1826）、Weber（1909）和 Lösch（1940）等为代表的区位理论学者认为，交通运输费用影响产业的区位选择。以 Krugman（1991）为代表的新经济地理学学者认为，产业集聚源于交通成本和规模经济的相互作用。Tabuchi 和 Thisse（2006）认为交通运输成本和贸易成本是影响产业集聚的重要因素。Holl（2004）发现新建的高速公路影响企业的区位选择。Albarran、Carrasco 和 Holl（2013）研究发现，西班牙交通基础设施正向影响着中小企业的出口。Tsekeris 和 Vogiatzoglou（2014）认为提高公路、机场的投资可以促进制造业集聚。Mitra、Sharma 和 Véganzonès-Varoudakis（2014）发现交通基础设施是促进印度制造业发展的关键因素。但 Patricia、Daniel 和 Robert（2008）通过研究发现，葡萄牙的交通基础设施对制造业企业区位选择的作用不显著。

国内的研究主要从实证角度得出交通基础设施在不同程度上影响着中国产业集聚的结论，如张学良、孙海鸣（2008）发现中国交通基础设施通过影响产业空间集聚进而促进经济增长。任晓红、张宗益（2010）研究表明，交通基础设施存量促进了中国制造业的集聚。凌晨和刘军等（2013）实证发现，新经济地理理论所揭示的运输成本是中国产业集聚影响因子。尹希果和刘培森（2014）研究表明，中国交通基础设施对制造业集聚存在显著的空间效应。魏巍和李强等（2014）发现，中国交通基础设施密度的增加有利于促进产业在区域内聚集。刘荷和王健（2014）研究发现，交通基础设施能够对中国制造业产业集聚产生外溢作用，铁路对制造业产业集聚的正向外溢作用明显大于公路。吉亚辉和文静（2016）研究发现，中国交通基础设施对制造业集聚的影响为正相关影响，且影响程度在降低。

综合来看，现有研究主要着眼于全国层面和东部沿海发达地区，分析全国平均意义上的或者东部发达地区的综合交通运输体系对制造业集聚的影响，缺少对地区差异的考虑。同时，缺乏对2000年在中国西部大开发战略逐步推进过程中，交通基础设施对制造业集聚影响的分析。此外，现有研究至少还存在如下不足：一是已有研究对交通基础设施变量的选择，主要考虑公路或者铁路，而较少对公路与铁路等不同类型交通基础设施对制造业集聚的影响进行比较。二是现有研究缺乏对不同等级交通基础设施对制造业集聚影响的比较分析。三是现有研究没有充分讨论交通基础设施对制造业集聚的影响受哪种因素制约，即没有从调节变量角度研究交通基础设施对制造业集聚的影响。本章在现有研究的基础上，充分考虑西部大开发战略不断推进，西南沿边地区综合交通运输体系逐渐形成这一现实，从以下几个方面在理论与实证视角下创新：一是充分分析了2000年后在西部大开发逐步推进过程中，交通基础设施对制造业集聚的影响；二是进一步比较了公路、铁路等不同类型基础设施对制造业集聚影响的差异；三是分析了高速公路、一级公路、二级公路和其他低等级公路等不同类型基础设施对制造业集聚影响的异同；四是分析了交通基础设施对制造业集聚影响过程中市场化程度变量的作用。

第二节　理论分析与研究假设

（一）交通基础设施与制造业集聚空间分布关系

区位理论和新经济地理理论都认为，运输成本是形成产业集聚的重要因素。Thünen（1826）认为交通运输费用是影响农业企业选址的重要因素。Weber（1909）认为工业企业在选址时首先考虑的是交通运输费用和劳动费用。Krugman、Venables（1995）发现在空间分布上，交通成本与产业集聚具有很强的一致性。中国的学者在研究交通基础设施对产业集聚的影响过程中，也得到相似的研究结论，如，任晓红、张宗益（2010）研究发现，交通基础设施存量的多少直接影响中国制造业的集聚与发展。刘荷、王健（2014）发现，中国的铁路设施和公路设施的空间分布与制造业的空间分布具有很强的相似性。吉亚辉、文静（2016）等其他学者从全国和东部发达地区层面实证得出交通基础设施不同程度上促进了产业集聚的结论。为此，笔者提出以下可验证假设。

H1：西南沿边地区综合交通运输体系与制造业集聚存在空间分布的一致性。

（二）不同类型、不同等级的交通基础设施对制造业集聚的促进程度

交通运输方式主要有铁路运输、公路运输、水路运输、航空运输和管道运输。五种运输方式在技术、时间、载重量、路线、速度、经济成本等方面各有长短，不同的交通运输方式在对制造业集聚的促进作用上必然会有差异。刘秉镰和武鹏等（2010）发现，公路对企业全要素生产率增长的贡献大于铁路，高速公路和二级公路的贡献率最大。刘勇（2010）发现，公路对区域经济增长的空间溢出作用大于水路。蒋冠宏和蒋殿春（2012）发现，交通基础设施在促进产业增长方面，铁路的效果大于公路的效果。叶昌友和王遐见（2013）发现，相比公路，铁路对经济增长的促进作用更大，并进一步发现公路等级越低，对经济增长的促进作用就越弱。刘荷和王健（2014）发现，铁路设施对产业集聚的促进作用大于公路设施。为此，笔者提出以下可验证

假设。

H2：西南沿边地区不同类型的交通基础设施对制造业集聚的促进程度存在显著差异。

H3：西南沿边地区不同等级的交通基础设施对制造业集聚的促进程度存在显著差异。

（三）市场化程度在交通基础设施对制造业集聚影响中的调节作用

西南沿边地区为欠发达地区，受计划经济的影响比较多，市场化程度普遍偏低，非公有制经济成分的企业发展缺乏高度市场化的营商环境，不利于该类型企业生产要素的集聚。武建奇、安晓云（2001）认为，市场调节在整个经济中的比重提高不仅保证了经济的持续增长，而且在一定程度上促进了产业的集聚。Depner、Bathelt（2005），贺正楚等（2018）实证发现，政府的非市场行为对上海汽车产业集群的演化产生较大的负面影响。王业斌（2012）研究认为，市场化程度在政府投入对技术创新的过程中起到显著的调节作用。刘荷和王健（2014）发现，政府保护国有企业的非市场行为阻碍了制造业集聚的形成。夏纪军和王磊（2015）发现，降低国有经济比重能显著提高行业生产率，促进行业的集聚。可见，一个地区如果市场化程度越高，就越有利于促进该地区的产业集聚，在产业集聚的形成过程中，市场化程度起到了调节作用。因此，在研究交通基础设施对产业集聚促进过程中，可以把市场化程度作为调节变量。为此，笔者提出如下可验证假设。

H4：西南沿边地区交通基础设施对市场化程度越高的地区制造业集聚的促进作用越显著。

根据后文梳理的相关学者研究的产业集聚影响因素的结论发现，规模经济、研究与实验发展经费、劳动力成本、对外贸易、消费者需求、人力资本、经济发展水平都在一定程度上影响产业集聚。因此，有必要将这些影响产业集聚的因素进行控制。根据上述理论分析、研究假设和后文的变量选择，构建出理论模型框架图，见图 6-1。

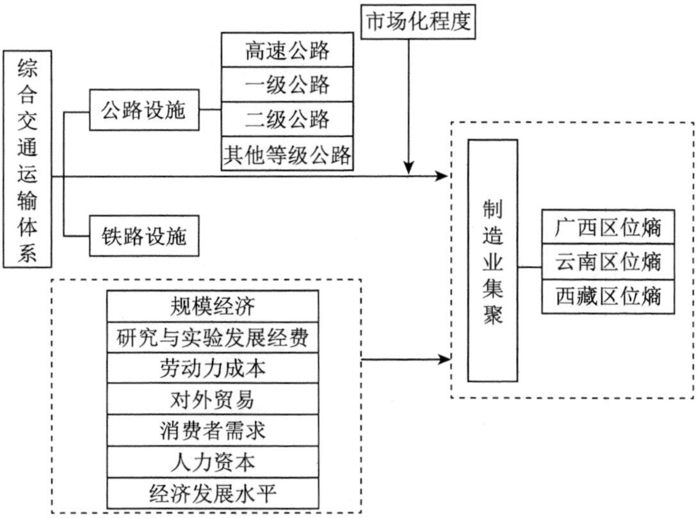

图 6-1　综合交通运输体系与制造业集聚理论模型框架

第三节　实证分析

一、变量选择和定义

1. 因变量

区位熵：产业集中度和区位熵都是从地区维度测度产业集聚程度的主要指标，但区位熵考虑了小规模产值企业的数据信息，弥补了产业集中度数据不全的不足。因此，参照刘荷和王健（2014）、唐红祥（2017）等大多数学者的做法，采用区位熵测度西南沿边地区制造业集聚的程度，区位熵计算如下：

$$qws_{ij} = (q_{ij}/q_j)/(q_i/q)$$

式中，qws_{ij}表示一个给定区域 j 地区内的 i 产业在全国的区位熵，即 j 地区内 i 产业的相关指标（如产值、企业数和就业人数）占有的份额与该产业的相关指标占全国份额的比值。q_j 指 j 地区所有产业的相关指标，q_{ij} 指 j 地区的 i 产业的相关指标，q 为全国所有产业的相关指标，q_i 指在全国范围内 i 产业的相关指标。考虑从要素集聚角度研究产业集聚，选择就业人数作为计算区位熵的基础性指标。因为区位熵的值小于 1，用区位熵的对数作因变量，用 ln*qws* 来表示。同时，选择以产值计算的区位熵进行稳健性检验，用 ln*czqws* 来表示。

2. 自变量

自变量为综合交通运输体系，用交通基础设施来度量。交通基础设施包括铁路设施、公路设施、水路设施、航空设施和管道设施。经典的区位理论和新经济地理理论都是从交通运输成本角度考虑交通基础设施对产业集聚的影响，航空设施由于运输成本太高，对制造业集聚的影响十分有限，不具有典型特征和显著性，在此不考虑将其作为交通基础设施的代理变量进行实证分析。管道设施由于不是制造业产品的主要运输方式，不具有代表性，在此也不将其作为交通基础设施的代理变量进行实证分析。由于难以获取相关省份的水路设施数据，因此，本章的分析也没有考虑水路设施，只选择铁路和公路作为交通基础设施的代理变量。

在交通基础设施代理变量的选择方面，现有研究主要从两个层面进行选择：一是遵照新古典的资本概念，以货币形式的统一口径来表示。早期的研究大多采用该研究方式，代表性人物有 Weber（1909），Eberts（1986），Krugman（1991），Haughwout（1999），刘勇（2010）等。二是对新古典的“技术关系”予以还原，以实物形态来表示。采用该方式的研究文献从 20 世纪 90 年代末期开始逐渐丰富，如 Sanchz Robles（1998），Fernald（1999），Canning&Pedroni（1999），王任飞、王进杰（2007），刘秉镰、武鹏、刘玉海（2010），蒋冠宏、蒋殿春（2012），刘荷、王健（2014）等。本书认为，首先，以原始的实物形态替代货币形态对于交通基础设施的实证研究是十分必要的。因为交通基础设施作为一种公共品，其投资决策并不完全遵循经济利益最大化原则，尤其就中国而言，启动投资的决策多由政府主导，而政府的效用集不仅包括经济收益，还包括社会收益、政治收益等内容。因此，交通基础设施的存量水平依然无法纳入瓦尔拉斯一般均衡分析框架，进而也就无法由单一货币所示的比例关系予以逻辑一致地衡量。其次，即使避开新古典资本概念的逻辑矛盾不谈，实际操作中也无法获得相应的交通基础设施投资价格指数，以准确地计算其存量水平。最后，交通基础设施投资受自然条件等因素的影响，与其所能提供的服务水平之间并不存在对应的比例关系，如青藏铁路、南昆铁路的单位里程投资额，显然要比其他平原地区的同等级铁路高得多。基于上述原因，本书倾向用实物形态的变量作为交通基础设施的代理变量。

以实物形态来表示交通基础设施又分为两种情况：一种是用交通基础设施的营运里程来表示，以铁路营运里程、公路营运里程、内河航道营运里程等作为交通基础设施代理变量，如刘钜强、赵永亮（2010）等。另一种是用交通基础设施网络密度来表示，以铁路密度、公路密度等作为交通基础设施代理变量，大部分学者采用这种表示方式，如刘秉镰、武鹏、刘玉海（2010），刘荷、王健（2014），吉亚辉、文静（2016）等。本书的研究对象是西南沿边地区，由于各省（自治区）的面积不一样，采用交通基础设施网络密度更能代表地区的交通基础设施状况。因此，根据研究的需要，借鉴上述学者的成熟做法，参照蒋冠宏、蒋殿春（2012），吉亚辉和文静（2016）的做法，本章系统性地选择综合交通运输密度：公路密度、铁路密度等作为交通基础设施的代理变量，其具体含义与符号表示如下。

（1）公路密度。指特定地区每百平方公里的公路里程数，即特定地区的公路里程除以该地区的国土面积，在此指西南沿边地区各省（自治区）每百平方公里的公路里程数。考虑到用区位熵的对数作为因变量，把取对数后的公路密度作为自变量，用 ln*glmd* 来表示。为了验证不同等级公路设施对制造业集聚的影响差异，将公路密度细分为高速公路密度、一级公路密度、二级公路密度和其他等级公路密度（三级公路和四级公路等低等级公路），取对数后，分别用 ln*gsglmd*、ln*oglmd*、ln*tglmd* 和 ln*qtglmd* 表示。

（2）铁路密度。指特定地区每百平方公里的铁路里程数，即特定地区的铁路里程除以该地区的国土面积，在此指西南沿边地区各省（自治区）每百平方公里的铁路里程数，考虑到用区位熵的对数作为因变量，把取对数后的铁路密度作为自变量，用 ln*tlmd* 表示。①

3. 调节变量

市场化程度是反映一个地区制度环境的重要因素，是影响产业集聚的一

① 按技术标准，中国铁路划分为Ⅰ、Ⅱ、Ⅲ三个等级，但由于缺少西南沿边地区各省（自治区）铁路细分等级数据，本书不考虑细分等级的铁路。

个关键因素。但现有研究并没有把市场化程度作为调节变量来研究交通基础设施对产业集聚的影响。就西南沿边地区而言，考虑到交通的可达性和低成本性，市场化程度越高的省（自治区），越容易导致劳动、资本和技术等生产要素在该地区集聚。因此，在此尝试把市场化程度作为调节变量进行分析。由于西南沿边地区市场化程度低，国有经济所占比重大，加之非国有经济相关数据的可获得性难度大，采用市场化程度的反向指标，即国有控股工业企业销售总产值占工业企业销售总产值的比重来作为市场化程度的代理变量，用 *gyjj* 表示。

4. 控制变量

研究综合交通运输体系对制造业集聚的影响时，如果只考虑交通基础设施本身变量，则会遗漏关键变量，导致实证结果不可靠。因此，有必要对影响产业集聚的其他因素进行控制。基于已有研究，选取规模经济、研究与实验发展经费、劳动力成本、对外贸易、消费者需求、人力资本、经济发展水平等相关变量作为控制变量。

（1）规模经济。拥有规模较大行业的区域具有吸引企业进入的能力，企业的大量集聚会带来更多的劳动、资本和技术等生产要素，从而引起关联产业的集聚。Marshall（1920）在阐述外部性理论时，指出产业集聚形成的重要因素是外部规模经济。Krugman、Venables（1995）则研究内部规模经济对产业集聚形成的影响。刘荷和王健（2014）实证得出地区规模（地区工业企业总资产/企业数）对制造业集聚具有促进作用。因此，在此选择地区规模作为规模经济的代理变量，用 *gmjj* 表示。

（2）研究与实验发展经费。政府的研究与实验发展经费投入强度越大，该地区就越会吸引和聚集大量专业型人才，从而吸引更多企业进入并形成集聚。刘斯敖和柴春来（2011）实证发现，研究与实验活动与产业集聚显著相关。凌晨和刘军等（2013）发现，研发人员比重促进了制造业的集聚。刘荷和王健（2014）发现，研究与实验发展经费投入强度（投入的研究与实验发展经费与生产总值之比）与制造业集聚显著正相关。在此采用研究与实验发展经费投入强度作为其代理变量，用 *rd* 表示。

（3）劳动力成本。Weber（1909）认为工业区位选择的两个重要因素是劳动力成本和交通运输成本。Lösch（1940）进一步从利润最大化角度指出劳动力成本对工业区位选择的重要性。西南沿边地区具有劳动力成本低的比较优势，有利于产业集聚的形成。在此选择中国西南沿边地区各省（自治区）在岗职工平均年度工资作为劳动力成本的代理变量，用 *ldl* 表示。

（4）对外贸易。贸易自由化的结果是促进了产业集聚，邵昱晔（2012）实证得出对外贸易加剧了中国制造业集聚。在此选择西南沿边地区各省（自治区）进出口总额占 GDP 比重作为对外贸易的代理变量，用 *trade* 表示。

（5）消费者需求。生产者愿意在需求量大而且原料运输方便的地方建立工厂。一个地区消费者的购买力越强，企业就越容易被吸引进入这一市场，从而促进该地区的产业集聚。Krugman（1995）认为，企业会在有大量需求的地方选址。金煜和陈钊（2006）等指出，地区的人口数量是反映地区消费者需求的重要因素。在此用西南沿边地区各省（自治区）的常住人口数作为消费者需求代理变量，用 *pop* 表示。

（6）人力资本。一个地区人力资本水平越高，越容易吸引对人力资本水平要求较高的相关企业进入。郭树华等（2016）研究发现，人力资本显著促进了交通运输设备制造业集聚。在此使用西南沿边地区各省（自治区）的人口平均受教育年限来反映一个地区的人力资本水平，用 *edu* 表示。

（7）经济发展水平。地区经济发展水平可能也是制造业集聚的重要因素。在此用西南沿边地区各省（自治区）的人均 GDP 来反映地区经济发展水平，用 *pergdp* 表示。

二、数据来源与描述性统计

为突出地域集中性，本书的研究区域范围为省级行政区域层面的西南沿边地区，它特指广西、云南、西藏三个省（自治区）。考虑到进入 2000 年后，中国西部大开发开始加速，政府加大了对交通基础建设的投入，交通基础设施对制造业集聚的影响程度开始加大，鉴于交通基础设施对制造业集聚的影响程度、滞后性和数据的可获得性，因此，时间跨度选择在 2000—2016 年。西南沿边地区各省（自治区）的交通基础设施与制造业发展的相关原始数据来自相关年份的《中国工业统计年鉴》《中国经济与社会发展统计数据库》《中国统计年鉴》《中国人口和就业统计年鉴》和《中国交通统计年鉴》。计量模型中的自变量、因变量、调节变量和控制变量的数据是笔者通过原始数据计算获得。

使用 stata 软件对西南沿边地区 2000—2016 年各变量进行描述性统计，统计结果见表 6-1。

表 6-1　西南沿边地区 2000—2016 年各变量描述性统计

变量	平均值	标准差	最小值	最大值
ln*qws*	-0. 879	0. 751	-2. 364	-0. 066
ln*czqws*	-0. 641	0. 723	-1. 779	0. 110
ln*glmd*	2. 977	1. 144	0. 604	4. 116
ln*gsglmd*	-1. 122	2. 068	-9. 079	0. 714
ln*oglmd*	-1. 877	1. 205	-5. 778	-0. 741
ln*tglmd*	-0. 445	1. 696	-3. 074	1. 592
ln*qtglmd*	2. 915	1. 116	0. 582	4. 043
ln*tlmd*	-0. 816	1. 353	-3. 201	0. 838
gyjj	0. 543	0. 147	0. 264	0. 807
gmjj	2. 077	2. 594	0. 105	11. 83
rd	1. 063	0. 250	0. 520	1. 459
ldl	3. 603	2. 647	0. 765	15. 39
trade	0. 114	0. 046	0. 045	0. 307
pop	0. 320	0. 208	0. 025	0. 489
edu	6. 919	1. 838	1. 486	9. 180
pergdp	1. 620	1. 016	0. 457	3. 803

三、计量模型

分别构建基本面板模型、考虑调节效应的面板模型和时间滞后效应面板模型来分析西南沿边地区交通基础设施对制造业集聚的影响。

1. 基本面板模型

$$\ln qws_{it}=\beta_0+\beta_1 X_{1it}+\beta_2 X_{2it}+\mu_i+\varepsilon_{it} \qquad (1)$$

该模型中，下标 i、t 分别表示西南沿边地区各省（自治区）代码和年份，

μ_i为不可观测的个体效应，ε_{it}为随机误差项，β_0为常数项，β_1、β_2为相应变量的系数；$\ln qws_{it}$为反映西南沿边地区各年度各省（自治区）的制造业集聚水平的因变量，本模型 $\ln qws_{it}$特指西南沿边地区 i 省（自治区）第 t 年度的制造业集聚水平区位熵的对数；X_1为反映西南沿边地区各年度各省（自治区）交通基础设施的自变量，本模型 X_{1it}特指 $\ln glmd_{it}$、$\ln tlmd_{it}$、$\ln gsglmd_{it}$、$\ln oglmd_{it}$、$\ln tglmd_{it}$和 $\ln qtglmd_{it}$，其中，$\ln glmd_{it}$为西南沿边地区 i 省（自治区）第 t 年度的公路密度的对数，$\ln tlmd_{it}$为西南沿边地区 i 省（自治区）第 t 年度的铁路密度的对数，$\ln gsglmd_{it}$为西南沿边地区 i 省（自治区）第 t 年度的高速公路密度的对数，$\ln oglmd_{it}$为西南沿边地区 i 省（自治区）第 t 年度的一级公路密度的对数，$\ln tglmd_{it}$为西南沿边地区 i 省（自治区）第 t 年度的二级公路密度的对数，$\ln qtglmd_{it}$为西南沿边地区 i 省（自治区）第 t 年度的其他级公路密度的对数；X_2为影响西南沿边地区各年度各省（自治区）制造业集聚的一系列控制变量。本模型 X_{2it}特指 $gmjj_{it}$、rd_{it}、ldl_{it}、$trade_{it}$、pop_{it}、$pergdp_{it}$、edu_{it}和 $gyjj_{it}$，其中，$gmjj_{it}$为西南沿边地区 i 省（自治区）第 t 年度的规模经济，rd_{it}为西南沿边地区 i 省（自治区）第 t 年度的研究与实验发展经费，ldl_{it}为西南沿边地区 i 省（自治区）第 t 年度的劳动力成本，$trade_{it}$为西南沿边地区 i 省（自治区）第 t 年度的对外贸易，pop_{it}为西南沿边地区 i 省（自治区）第 t 年度的消费者需求，$pergdp_{it}$为西南沿边地区 i 省（自治区）第 t 年度的经济发展水平，edu_{it}为西南沿边地区 i 省（自治区）第 t 年度的人力资本，$gyjj_{it}$为西南沿边地区 i 省（自治区）第 t 年度的市场化程度。

2. 考虑调节效应的面板模型

以市场化程度作为调节变量，分别以公路密度对数和铁路密度对数作为西南沿边地区交通基础设施的代理变量，构建考虑调节效应的面板回归模型。模型中用交通基础设施与市场化程度的交互项来考虑市场化程度对西南沿边地区交通基础设施促进制造业集聚的调节效应，具体模型如下。

$$\ln qws_{it}=\beta_0+\beta_1 X_{1it}+\beta_2 X_{2it}+\beta_3 X_{3it}+\beta_4 X_{1it}\times X_{3it}+\mu_i+\varepsilon_{it} \quad (2)$$

该模型中，下标 i、t，μ_i、ε_{it}、$\beta_0\sim\beta_4$和 $\ln qws_{it}$的含义与模型（1）相同；X_1为反映西南沿边地区各年度各省（自治区）交通基础设施的自变量，本模型 X_{1it}特指 $\ln glmd_{it}$、$\ln tlmd_{it}$，其含义与模型（1）相同；X_2为影响西南沿边地区各年度各省（自治区）制造业集聚的一系列控制变量。本模型 X_{2it}特指

$gmjj_{it}$、rd_{it}、ldl_{it}、$trade_{it}$、pop_{it}、$pergdp_{it}$、edu_{it}和 $gyjj_{it}$，其含义与模型（1）相同；X_3为影响西南沿边地区各年度各省（自治区）制造业集聚的调节变量，本模型 X_{3it}特指 $gyjj_{it}$，$gyjj_{it}$为西南沿边地区 i 省（自治区）第 t 年度的市场化程度。$X_{1it} \times X_{3it}$是指交通基础设施与市场程度的交互项，本模型用 $\ln glmd_{it} \times gyjj_{it}$和 $\ln tlmd_{it} \times gyjj_{it}$来考虑市场化程度对西南沿边地区交通基础设施促进制造业集聚的调节效应，$\ln glmd_{it} \times gyjj_{it}$为西南沿边地区 i 省（自治区）第 t 年度公路密度的对数和市场化程度的交互项，$\ln tlmd_{it} \times gyjj_{it}$为西南沿边地区 i 省（自治区）第 t 年度铁路密度的对数和市场化程度的交互项。

3. *考虑时间滞后效应的面板模型*

在“为增长而竞争”的驱动下，地方政府很可能将交通基础设施建设在制造业较为集聚的地方。而且由于一个地区的制造业集聚水平越高，国民经济收入越高，进而可能导致其交通基础设施也越完善。因此，制造业集聚有可能引致交通基础设施的增长，所以模型（1）和模型（2）的回归分析可能导致双向因果偏误。为此，本章将交通基础设施滞后一期（1 年），使交通基础设施在制造业集聚之前确定，进而减少模型可能存在的内生性问题。因此，在基本面板回归模型的基础上，构建起滞后一期（1 年）的考虑时间滞后效应的面板回归模型，进而对上述研究结论进行稳健性检验，具体模型如下：

$$\ln qws_{it} = \beta_0 + \beta_1 X_{1i(t-1)} + \beta_2 X_{2it} + \mu_i + \varepsilon_{it} \tag{3}$$

式中，下标 i、t，μ_i、ε_{it}、$\beta_0 \sim \beta_2$和 $\ln qws_{it}$的含义与模型（1）相同；X_1为反映西南沿边地区各年度各省（自治区）交通基础设施的自变量，本模型 $X_{1i(t-1)}$特指 $\ln glmd_{i(t-1)}$、$\ln tlmd_{i(t-1)}$，其中，$\ln glmd_{i(t-1)}$为西南沿边地区 i 省（自治区）第 $t-1$ 年度的公路密度的对数，$\ln tlmd_{i(t-1)}$为西南沿边地区 i 省（自治区）第 $t-1$ 年度的铁路密度的对数；X_2为影响西南沿边地区各年度各省（自治区）制造业集聚的一系列控制变量。本模型 X_{2it}特指 $gmjj_{it}$、rd_{it}、ldl_{it}、$trade_{it}$、pop_{it}、$pergdp_{it}$、edu_{it}和 $gyjj_{it}$，其含义与模型（1）相同。

四、假设检验

运用上述构建的基本面板模型、考虑调节效应的面板模型，使用 Eviews7. 2 软件进行回归分析，根据 Hausman 检验结果采用固定效应，基本面板模型和考虑调节效应的面板模型具体回归结果见表 6-2。

表 6-2　西南沿边地区综合交通运输体系对制造业集聚影响的回归结果

	模型（1） 固定效应	模型（2） 固定效应	模型（3） 固定效应	模型（4） 固定效应	模型（5） 固定效应
ln*glmd*	0.146***			0.066**	
	(0.031)			(0.031)	
ln*tlmd*		0.129***			0.128***
		(0.025)			(0.035)
ln*glmd*×*gyjj*				−0.216**	
				(0.104)	
ln*tlmd*×*gyjj*					−0.370***
					(0.112)
gyjj	−0.571**	−0.285**	−0.408***	−0.932**	−0.720***
	(0.234)	(0.121)	(0.105)	(0.346)	(0.235)
ln*gsglmd*			0.041		
			(0.134)		
ln*oglmd*			0.003***		
			(0.001)		
ln*tglmd*			−0.058		
			(0.138)		
ln*qtglmd*			−0.116		
			(0.086)		
gmjj	0.014*	0.010	0.010	0.012	0.012**
	(0.007)	(0.006)	(0.006)	(0.007)	(0.005)
rd	0.168	0.091	0.052	0.177	0.119
	(0.113)	(0.093)	(0.096)	(0.112)	(0.082)
ldl	−0.044***	−0.025	−0.061	−0.021	−0.042***
	(0.015)	(0.015)	(0.038)	(0.022)	(0.014)
trade	0.968**	0.786**	0.0187	1.019**	0.454
	(0.423)	(0.355)	(0.417)	(0.419)	(0.328)
pop	0.331	1.076	1.335	1.190	1.788

续表

	模型（1） 固定效应	模型（2） 固定效应	模型（3） 固定效应	模型（4） 固定效应	模型（5） 固定效应
	（1.560）	（1.293）	（1.168）	（1.657）	（1.155）
edu	0.049***	0.036**	0.051	0.033*	0.047***
	（0.014）	（0.014）	（0.034）	（0.018）	（0.012）
pergdp	0.126***	0.019	0.075	0.056	0.101*
	（0.039）	（0.054）	（0.057）	（0.063）	（0.054）
Constant	-0.097	0.056	-1.222*	0.030	0.023
	（0.749）	（0.521）	（0.589）	（0.745）	（0.457）
Observations	51	45	28	51	45
R-squared	0.818	0.712	0.871	0.827	0.785

注：括号内数值为标准差；***、**和*分别表示1%、5%和10%的显著性水平。

1. 综合交通运输体系与西南沿边地区制造业集聚的空间分布关系分析

表6-2中模型（1）和模型（2）的回归结果显示：公路密度和铁路密度前的系数分别显著为0.146和0.129，说明了公路和铁路都对西南沿边地区制造业集聚水平具有显著为正的影响，这反映出西南沿边地区公路设施与制造业集聚存在空间分布的一致性，交通基础设施促进了西南沿边地区的制造业集聚，验证了H1。但是这与尹希果和刘培森（2013）得到的中国东部地区交通基础设施与制造业集聚呈倒“U”型关系的结论具有很大差异，说明了西南沿边地区典型的特殊性和差异性。可能的原因是中国东部地区经济发达，交通基础设施网络完善和通达，交通基础设施存量高，增加交通基础设施投入对提高交通运输效率的边际影响已经不是很大，当交通基础设施存量超过一定阈值后，由于交通运输成本的下降，交通基础设施对制造业的集聚程度反而呈现负的显著影响。但西南沿边地区由于经济发展水平相对低，交通基础设施存量不足，增加交通基础设施存量对提高交通基础设施的交通运输水平有明显的效果，交通运输成本也在下降，从而促进了制造业的集聚。

2. 不同类型的交通基础设施对西南沿边地区制造业集聚影响分析

表6-2中模型（1）和模型（2）的回归结果显示：公路密度前的系数显著大于铁路，说明公路设施在促进西南沿边地区制造业集聚的程度上显著大

于铁路设施，验证了 H2，但这与刘荷、王健（2014）研究得到的全国层面和东部地区的铁路设施对交通基础设施的促进作用明显大于公路设施的结论刚好相反，这也恰好体现西南沿边地区制造业集聚的特殊性，充分说明了西南沿边地区制造业集聚的差异性。可能的原因是，基于《中国交通统计年鉴》的公路设施和铁路设施的统计数据，发现 2000—2016 年我国政府在西南沿边地区的公路设施建设方面增长很快，但在铁路设施建设方面增长缓慢，铁路设施建设严重滞后影响西南沿边地区社会经济发展，从而导致铁路设施对西南沿边地区制造业集聚的促进作用十分有限。

3. 不同等级的交通基础设施对西南沿边地区制造业集聚影响分析

表 6-2 中模型（3）的回归结果显示：一级公路密度前的系数分别显著为正，说明一级公路对西南沿边地区制造业集聚具有显著的正向促进作用；高速公路密度的系数为正但并不显著，说明高速公路对制造业集聚的促进作用还不太明显。一个可能原因是，西南沿边地区高速公路在一个较长时间段内较为落后，而且高速公路的收费高，高速公路的运输成本高，以致其作用没有得到有效发挥；二级公路密度前的系数为负，但并不显著；其他低等级公路密度前的系数也为负，但并不显著。验证了 H3。

4. 考虑调节效应的交通基础设施对西南沿边地区制造业集聚影响分析

表 6-2 中模型（4）和模型（5）的回归结果显示：公路密度与市场化程度的交互项、铁路密度与市场化程度的交互项前的系数分别显著为-0.216 和-0.370。由于市场化程度是用反向指标来表示，其值越小，代表市场化程度越高。这反映出西南沿边地区交通基础设施对制造业集聚的促进作用受地区市场化程度的制约，地区市场化程度越高，交通基础设施对制造业集聚的促进作用越大。这是首次发现在西南沿边地区交通基础设施对制造业集聚影响的过程中，市场化程度起着显著的调节作用，交通基础设施在市场化程度越高的地区，对西南沿边地区制造业的集聚促进作用越显著。而且，相比公路设施，市场化程度对铁路设施的调节效应更加明显。验证了 H4。

5. 控制变量对西南沿边地区制造业集聚影响分析

从控制变量的回归结果而言，不同模型中控制变量前系数的符号一致，但显著性存在差异。因此，此处以模型（1）中的控制变量为例进行分析。具体来看，模型（1）的回归结果显示：规模经济的系数显著为正，显示出规模经济对西南沿边地区制造业集聚具有显著的正向影响；研究与实验发展经费前的系数为正，但并不显著，对外贸易、人力资本、地区经济发展水平均对西南沿边地区制造业集聚具有显著的正向影响；劳动力成本前的系数显著为负，反映出加快对外开放、提高人力资本水平、降低劳动力成本以及提升经济发展水平均有利于提升制造业集聚水平；消费者需求前的系数为正，但并不显著。

五、稳健性检验

首先，选择上文构建的考虑时间滞后效应的面板模型，以公路设施和铁路设施为交通基础设施的代理变量，根据 Hausman 检验结果采用固定效应，并进一步对本章得到的研究结论进行稳健性检验。稳健性检验回归结果如表 6-3 中模型（6）和模型（7）所示，其中模型（6）为以公路密度对数作为交通基础设施代理变量的回归结果，模型（7）为以铁路密度对数作为交通基础设施代理变量的回归结果。估计结果表明：即使分别对公路密度对数和铁路密度对数都取滞后一期进行回归再检验，公路密度对数和铁路密度对数都仍对西南沿边地区制造业集聚具有显著为正的影响。

表 6-3　交通基础设施对西南沿边地区制造业集聚影响的稳健性检验回归结果

	模型（6）（固定效应）	模型（7）（固定效应）	模型（8）（固定效应）	模型（9）（固定效应）
L. ln*glmd*	0.216*			
	(0.121)			
L. ln*tlmd*		0.040**		
		(0.019)		
ln*glmd*			0.203***	
			(0.087)	
ln*tlmd*				0.101*
				(0.061)
gyjj	−0.482**	−0.0162	−0.0836	−0.295*

续表

	模型（6）（固定效应）	模型（7）（固定效应）	模型（8）（固定效应）	模型（9）（固定效应）
	(0.218)	(0.223)	(0.154)	(0.145)
gmjj	0.0150**	0.00780	0.0105**	0.00826**
	(0.00710)	(0.00565)	(0.00475)	(0.00388)
rd	0.160	0.0712	0.113	0.141**
	(0.111)	(0.0872)	(0.0746)	(0.0612)
ldl	-0.0418***	-0.00801	-0.0120	-0.00608
	(0.0145)	(0.0156)	(0.00985)	(0.00994)
trade	0.817*	0.745**	0.578**	0.495**
	(0.426)	(0.309)	(0.279)	(0.233)
pop	0.177	0.922	5.412***	5.475***
	(1.637)	(1.351)	(1.029)	(0.850)
edu	0.0513***	0.0228	0.0211**	0.00628
	(0.0136)	(0.0147)	(0.00917)	(0.00898)
pergdp	0.132***	0.0184	0.118***	0.0796**
	(0.0415)	(0.0507)	(0.0257)	(0.0356)
Constant	0.0688	-0.0309	1.233**	1.493***
	(0.704)	(0.541)	(0.494)	(0.342)
Observations	48	42	51	45
R-squared	0.804	0.659	0.783	0.874

注：括号内数值为标准差；***、**和*分别表示1%、5%和10%的显著性水平。

其次，选择基于制造业产值计算的区位熵进行稳健性检验，回归结果如表6-3中模型（8）和模型（9）所示，此时的估计结果仍表明取对数后的公路密度和铁路密度对西南沿边地区制造业集聚具有显著为正的影响。同时，公路密度的系数依旧大于铁路密度的系数，显示出相对于铁路设施而言，公路设施在促进西南沿边地区制造业集聚方面确实发挥了更大的作用。

上述稳健性检验结果均充分说明，上文得到的回归结果是稳健的和可靠的。

第四节 结论与政策启示

本章研究得出如下结论。

（1）西南沿边地区综合交通运输体系与制造业集聚存在空间分布的一致性，交通基础设施促进了西南沿边地区制造业的集聚。

（2）不同类型的交通基础设施对西南沿边地区制造业的促进程度存在显著差异，公路的促进作用大于铁路，这与以往研究者从全国层面和东部地区得到的铁路的促进作用大于公路设施的结论刚好相反，充分说明了西南沿边地区制造业集聚的特殊性。

（3）不同等级交通基础设施对西南沿边地区制造业集聚的促进程度具有显著差异。一级公路对西南沿边地区制造业集聚的促进作用最大，其他低等级公路由于时速低、运输时间成本较高等原因，建设得越多，反而越不利于制造业集聚。高速公路对制造业集聚的促进作用还不太明显，主要由于西南沿边地区较长时间内高速公路建设发展落后，而且收费高造成的运输成本高等原因，促进作用并不显著；同样，二级公路对制造业集聚的影响也不显著。

（4）在西南沿边地区，交通基础设施对制造业集聚的影响过程中，市场化程度起着显著的调节作用，交通基础设施在市场化程度越高的地区，对制造业集聚的促进作用越显著，相比公路设施，市场化程度对铁路设施的调节效应更加明显。

（5）规模经济、研究与实验发展经费、消费者需求、对外贸易、人力资本、地区经济发展水平对西南沿边地区制造业集聚具有正向促进作用，但显著性在不同指标间存在差异。其中，规模经济、对外贸易、人力资本、地区经济发展水平的系数显著为正，研究与实验发展经费、消费者需求系数并不显著。劳动力成本低的优势加剧了西南沿边地区制造业集聚，但是由于西南沿边地区制造业集聚可能还处于依靠劳动力低成本驱动阶段，人力资本的作用还需加强。

基于上述结论，本章的政策启示如下。

（1）西南沿边地区应充分利用自身的区位优势、民族身份和边疆位置，发展以铁路和高等级公路为主线的联通国内外、覆盖城乡的综合交通运输体系，有效加深区域经济合作，加大区域间的资本、技术和劳动等各项要素的流动，加深区域内部、区域间联系程度，为西南沿边地区制造业集聚发展创造有利的交通运输条件，以促进该地区制造业集聚和社会经济发展。

（2）尽管研究结果显示高速公路密度的系数并不显著，这可能是由于高速公路收费高等原因造成高速公路的运输成本高，抵消了时间成本优势，加上西南沿边地区高速公路长期发展滞后，以致高速公路对西南沿边地区制造业的集聚作用没有有效和充分发挥，但是高速公路对制造业集聚的促进作用是最大的。因此，未来应该加快高速公路建设，但要逐步降低甚至取消高速公路收费，以充分发挥高速公路对产业集聚的促进作用。

（3）从不同等级公路的回归系数大小来看，加快西南沿边地区制造业集聚，更应该加快一级公路、二级公路等高等级的公路建设。低等级公路密度前系数为负，这是由于低等级公路的运输时间成本较高，低等级公路建设越多，反而越不利于制造业集聚。因此，未来要加大力度对低等级公路进行改造和升级。

（4）结论还显示控制变量中研究与实验发展经费、对外贸易和劳动力成本对西南沿边地区制造业集聚具有较为稳健的显著影响。因此，西南沿边地区还需进一步发挥劳动力成本优势、扩大对外贸易、加大研究与实验发展经费的投入，多渠道推动西南沿边地区制造业集聚的形成。

第七章　国内外综合交通运输体系发展的经验借鉴

随着经济社会的不断发展以及资源环境问题约束的加剧，各国不断探索并调整交通发展战略，综合采用经济、政治、法规和技术等手段发展绿色、可持续的综合交通运输体系。国内部分省份、城市因地制宜地借鉴先进经验调整自身交通发展战略，实现交通与地区经济社会协调发展。西南沿边地区具有西部边疆、民族集聚、资源丰饶但发展落后、安全维稳责任重大等特征，决定了其综合交通运输体系的构建需符合地方发展特征和战略定位。本书选取美国、英国、新加坡、日本，以及深圳、广州等发达国家和城市进行经验借鉴，主要原因有两点：第一，以美国、英国、新加坡和日本为代表的发达国家和以深圳、广州为代表的国内先进城市，在经济社会、基础设施建设等方面积累了大量的经验。尽管与西南沿边地区发展现状和未来走势不尽相同，但它们在交通建设方面积累的先进经验具有典型意义，值得我们借鉴。第二，中国沿边地区包括辽宁、吉林、黑龙江、内蒙古自治区、甘肃、新疆维吾尔自治区、西藏自治区、云南、广西 9 个省（自治区），其交通发展水平大多相似，同样存在各类交通子系统供给规模和结构不尽合理，各类交通子系统的有效衔接有待加强，与东盟国家、周边省份的互联互通亟须加强，交通网络布局、运输服务能力与区域经济发展的协调性有待加强和综合交通运输体系建设的政策体制机制有待完善等问题。因此，本书没有选取其中与西南沿边地区区情相似、区位相近的省份和区域进行比较分析。

第一节　国外综合交通运输体系发展的经验借鉴

这里主要对美国、英国、新加坡和日本四个国家进行考察，因为这四个国家通常被认为在先进交通基础设施建设发展方面具有典型意义。

一、美国经验

美国是美洲第二大国家，截至 2016 年总人口数量达 3.231 亿，人口密度为 35.3 人/平方公里，GDP 总值 18.569 万亿美元，人均 GDP 达 57467 美元。作为高度发达的超级大国，美国在经济、文化、工业等领域都拥有绝对领先优势。美国拥有现代化且高度发达的海、陆、空立体化交通运输网络体系，交通工具和手段多种多样。美国拥有世界上最庞大的公路网，由于面积广袤，汽车产业发展较早且较为发达，其公路系统覆盖整个美国。截至 2014 年，美国公路总规模超过 651 万公里，其公路规模里程全世界第一，约有 1.4 亿辆汽车使用公路系统。联邦政府、州及地方联合建造了高速公路。为联结国家各个地区，基于城市和住宅区道路网络可持续发展的考虑，美国政府设计并建造了高速度及高通行量的高速公路，其中由总统德怀特·艾森豪威尔在 20 世纪 50 年代授权建造的州际高速公路系统最为著名。除了拥有发达的公路交通网络，美国的航空运输也高度发达，境内空中航线频繁，航线覆盖面广而全，几乎几分钟就有一班飞机往返于各主要城市。高速发展与完善的航空运输，其便捷性大幅度提高了航空运输量占总运输量的比重。有数据显示，其国内的客货航空运输量占全世界航空运输总量的 50%。美国的机场非常密集，有近 20000 个机场，分别由通用航空机场、商业航空运输机场等组成，拥有世界最大机场，包括肯尼迪国际机场、芝加哥奥黑尔国际机场、洛杉矶国际机场等。美国同时拥有具有一定规模的航空公司和航空业制造公司，为其发展民航交通运输体系奠定了基础。此外，美国拥有芝加哥、亚特兰大、洛杉矶、旧金山、丹佛、底特律等世界著名航空港，有效地承担了客货运流通。在一些国际化大都市，如纽约、洛杉矶等，设有多个机场承接络绎不绝的旅客。

由于美国幅员辽阔，其铁路尽管横贯大陆，但发展程度十分有限。由于民航基础设施和公路基础设施发展完备，铁路系统的客运量一直不占主导地位，但其铁路货运系统却是世界上最好的，货物运输量大，占总运输量的首要地位。美国的铁路总营运里程长期处于全世界第一的位置，2007 年铁路营运里程就达 226427 公里，但目前尚没有高速铁路，普通铁路主要用于美国国内的货物运输，可以承载 48 个州之间的货物运输。美国铁路货运比客运发达，归因于其发达、便捷的航空事业，乘客进行城际出行时，搭乘飞机远比搭乘火车省时。美国水运系统同样发达，主要包括内河、大湖区及远洋和沿海水运，拥有洛杉矶港、长堤港、纽约港等世界著名港口。内河运输可以通过密西西比河直达大西洋进行海运。有数据显示，美国内河航道在 2005 年就达到 41842 公里，其中可用于商业航行的达 19312 公里。除此之外，美国还特别注重城市交通体系的建设与完善，特别是以纽约、华盛顿等城市为代表，其城市公共交通较为发达，地铁交通网络发展完备。其中，纽约拥有世界上载客量最大，也是最为便捷的地铁网络，但由于美国人民出行更多的是使用私人汽车，总体来说美国的城市公共交通在不同城市的发展有所差别。同样，美国的管道运输网络规模也非常庞大，承担运送石油天然气的功能。美国输油、天然气管道的长度在 2005 年就达到 255. 09 万公里。归纳来说，美国交通运输体系成为世界上规模最大的交通运输系统，具有如下特点。

（一）先进的交通行政管理体制

美国完善的交通运输体系得益于交通运输部门的统一管理。1966 年，美国成立联邦运输部，旨在美国领土上建立一个安全、高效、便捷的交通运输系统，实现国家重大利益，提升全国人民当前和未来的生活质量。随后，整合海岸警卫队、公用道路局、联邦航空局在内的 30 多个机构，形成公路、水路、铁路、民航、管道五种运输方式综合管理的模式。美国的交通运输行政管理体制是一种集中统一的管理体制，利用运输管理机构将铁路、公路、水路、航空、管道等五种交通方式进行统一归口，实行综合统一管理。美国运输管理机构包括联邦运输部（隶属政府）、联邦海事委员会（FMC，隶属国会）和交通安全管理委员会等机构以及各种类型有关交通的协会、联合会等民间组织，其中联邦运输部包括联邦航空局、联邦公路局、联邦汽车运输安全管理局、联邦铁路管理局、联邦公共交通管理局和海运管理局六个部门。统一的运输管理机构相互配合、相互补充，运用综合管理模式，对不同交通方式的衔接与分工进行巧妙协调，这一特征极大地促进了美国多式联运、现代物流业的发展与壮大。美国的运输管理机构除了隶属政府、国会的机构和民间组织外，交通行政管理体系中基于可持续发展、绿色交通、海关安全等战略管理角度，有海岸警卫队、陆军工程兵团、美国联邦环境保护署和海关等机构交叉参与管理交通运输。

除了在整个层面上进行统一的“大交通”运输管理格局之外，根据各州经济社会发展状况，实行中央和地方分级管理。美国国会在其运输部的法令中明确指出，运输部的设立是为了把过去单一、分散，分别对水、陆、空交通管理的方式转变为统一综合管理，确保政府能进行统一规划、组织、协调和强化（或侧重）交通发展，其主要任务是制定运输政策、统筹各种交通方式协调发展和维护交通运输安全。在各州行政区划内部，按照联邦运输部的模式组建州运输部或交通管理委员会，对州一级的公路、铁路、水路、航空、城市公共交通等进行统一协调的发展和管理。由于美国是联邦制国家，每个州自成法律体系和行政管理制度，州、市地方交通主管部门可根据本地的实际情况，因地制宜地制定相应的政策措施。运输部门上下级没有要求设置对应的下属机构，国家和州之间的交通部门没有隶属关系，州、县、联邦等层面的运输部门相对平行，权责清晰。当各州在制定运输规则时若出现矛盾，由联邦政府和各州通过对话协商解决。

此外，在自由市场经济的基础上，美国还推崇企业主动参与到交通运输管理中，政企分开，行使行业管理职能，交通行政管理部门不能对交通企业的经营行为与决策进行直接管理和干预，仅对行业进行引导、协调和监督，关注交通业的环境、安全等，从而为交通行业的发展创造良好的市场竞争环境。例如，美国联邦铁路管理局不直接对铁路的相关企业进行管理，而仅对其进行引导和安全监督，至于铁路企业的管理则由相应行业协会依照技术法规和标准进行自主管理，并对其经营行为进行约束监管。

（二）运用法案和战略等政策手段进行交通运输管理

美国一直使用法案和战略两大手段对交通运输进行管理，其中联邦交通资助法案把握发展方向、提供资金支持，战略则明确短期发展重点和具体考核目标。1916 年，美国伍德罗·威尔逊总统签署第一个法律授权的联邦公路资助法案。其后在 1956 年成立了公路信托基金，资助美国 4.6 万英里的联邦州际公路，促使美国交通快速发展，进一步通过大规模公路基础设施投资促进就业。20 世纪 90 年代，美国在以公路建设为主的交通发展基础上，开始思考更加清洁的交通发展模式，相应地颁布了一系列法案，如 1991 年多模式地面交通效率法案（冰茶法案，IS TEA），1999 年颁布的 21 世纪交通公平法案（续茶法案，TEA-21），2005 年以用户为导向的安全、可控、灵活、高效的交通公平法案（露茶法案，SAFETEA-LU），美国交通开始向多式联运、可持续发展等方向发展。2010年后，美国又相继颁布了MAP-21、Grow American、FAST法案等，美国城市交通规划进入构建可持续一体化城市综合交通体系阶段。尽管美国联邦公路信托基金因为资金不足问题备受争议，很多法案也在不断地被调整或到期后被调整，但美国对交通发展的总体趋势、发展战略、重点任务的把握仍然具有远见且是务实的，其交通发展一直体现着人类理性对于交通发展的价值追求。

与法案配套的还有美国实行的战略计划。1993年，美国政府颁布了“联邦政府绩效和结果法”，要求所有的财政资金都要制订滚动的战略计划进行落实。城市交通规划转变为统筹考虑远、近期交通规划，进行中长期交通规划、交通改善项目计划和交通规划项目计划三部分规划编制。从1997年开始，美国联邦交通部开始制订5年战略计划，以配合每一部交通法案的落实，平均每3年滚动修订一次，战略规划很好地描述了美国联邦运输部的使命，明确近5年的战略目标和重点。美国公路建设发展在不同历史阶段经历显著变化，从以城市为中心、机动化发展到以公路为中心、注重能力，再到注重综合、强调可达性，每个阶段的理念不同，其规划的重点也不一致。美国近20年的交通战略规划中，既体现“3S”交通（Safer、Simple、Smarter），4I（国际International in reach、综合Intermodal in form、智能Intelligent in character、包容Inclusive in nature）发展理念与价值目标，也让人看到了美国持续推进“提高机动能力、保持经济活力、保障运输安全、增进国家安全、保护生态环境”等发展重点，更看到了美国“安全第一”、应对自然灾害、建设宜居社区等与时俱进的发展理念。美国未来运输政策与法规调整的方向和内容还包括大幅度拓宽建设资金来源，优先资助发展多式联运和一体化交通，扩能改造现有交通系统。

（三）多元化融资机制

美国不断探索性地形成了多元化融资机制，注重政企分开，在市场经济下行使行业管理职能。交通运输基础设施作为公共品，其受益者主要是当地居民，根据经济学原理“谁受益，谁支付”这一原则，美国交通融资机制经历了漫长的探索阶段。1944年，联邦公路资助法案规定25%的联邦年度资金可用于城市交通项目；1956年，将城市地区的公路建设项目联邦资助份额提升到90%，提出通过提高燃油和轮胎税等方式来保证交通建设的资金来源。通过创建联邦公路信托基金，将由公路和燃油相关税所带来的收入投入建设州际公路，为城市交通建设提供了稳定的资金来源。这一规定平衡了纳税人的受益关系，燃油税等税收与交通基础设施建设、公路维护同步增长。之后，联邦政府一直探索合理的拨款制度，将联邦政府和州政府在州际公路建设中出资9∶1的比例写进联邦公路资助法案，并构建支付制度绩效评价指标，通过转移支付进行激励。通过相应法案对资助范围和政策目标进行调整，将州内和社区之间的道路纳入资金资助范围，资助范围进一步扩大到公共交通领域，如铁路、航空、自行车道等其他基础设施，并对一些难以改革的地区采取鼓励政策，如通过优先获得公路和公交系统建设的投资。

（四）智能交通提升交通服务能力

美国注重信息化技术的应用，大力发展智能交通。其交通部早在1995年3月就印发了“国家智能交通系统项目规划”。在规划中，明确规定智能交通系统的七大领域和29个用户服务功能，同时研发计划。其中，七大领域包括“商用车辆运营系统、出行和交通管理系统、公共交通运营系统、出行需求管理系统、电子收费系统、应急管理系统、先进的车辆控制和安全系统”。美国政府将智能交通系统（Intelligent Transport System，简称ITS）的研发和建设纳入国家、州、县等层级政府的基本投资计划，投入大量的预算资金。其资金来源包括两个方面：一方面大部分资金来源于联邦、州和各级地方政府；另一方面来自私营企业的投资。进入21世纪以来，私人公司投资的资金比例已达80%。目前，美国ITS运用在包括车辆安全系统、电子收费系统、公路及商业车辆管理系统、导航定位系统等方面，ITS应用在80%以上。ITS系统从安全、经济效益、环境保护和减少能耗等方面设定目标。具体目标如：减少交通事故发生的概率和财产损失；利用信息技术保证出行的通达性、出行方式选取的可靠性，满足客货运输高效便捷；智能设计路线实现客货运输的无间隙转换或换乘；降低影响居民日常生活的噪声污染和减少能源消耗。此外，美国的ITS积极调动公众力量参与其中，其全国ITS系统结构由美国运输部ITS办公室牵头，美国ITS协会和许多公共及私人机构参与研究共同确定，同时美国运输部与交通运输相关协会和机构共同制定了ITS标准，避免不同部门研发ITS子系统时出现信息流动不匹配等问题，给出ITS项目规划过程模式，引导 ITS 项目在大目标下进行设定。ITS 技术覆盖人民最为贴近的公共交通，如拥有停车缴费机、Google map 的动态路径规划、Nextbus 定位等。

二、英国经验

英国国土面积约 24.41 万平方公里，截至 2016 年，英国总人口数量超过 6600 万人。英国作为最早的工业强国，目前是世界重要的贸易实体、经济强国以及金融中心，是世界第五大经济体系，也是全球最富裕、经济最发达和生活水准最高的国家之一。目前，英国的机动车拥有量高达 426 辆/千人，是我国平均水平的 7 倍以上。作为发达国家，英国已形成包括铁路、公路、航空、航运等多种交通方式的综合交通运输体系，包括陆路交通网和水路交通网，道路网络发达，管理科学高效。据英国交通部 2015 年统计数据，英国拥有高速公路 2265 英里（3645 公里），干道（A 级路）29071 英里（46785 公里），次级道路 214491 英里（345189 公里）；拥有总长约 9790 英里（15755 公里）的铁路网，覆盖了大小城镇。除了高密度的陆路交通之外，英国许多城市如伦敦、曼彻斯特、伯明翰、爱丁堡、格拉斯哥等拥有国际或地区机场，伦敦的希思罗机场是世界最繁忙的机场之一，空中航线可以通往世界大多数重要的城市。英国的水路交通也非常发达，拥有自己的港口体系和内河航线，海运航线可达五大洲的主要港口，其港口体系每年承载英国 95%左右的进出口货运量。目前公路依然是英国主要的交通模式，其次是铁路运输。英国拥有如此完善的综合交通运输体系得益于以下几个方面。

（一）实施交通一体化政策

英国发达的综合交通运输体系得益于交通部自 20 世纪 80 年代开始实施的交通一体化规划，即强调实现交通与经济繁荣、环境保护、健康和社会公平的可持续发展。通过建立综合运输管理部门，协调各级管理部门、基础设施、管理措施、价格调整及土地利用等因素来发展交通。一方面不同交通部门之间实现技术上的一体化，另一方面交通政策与土地利用政策、环境保护政策和社会公平政策相结合。其交通一体化表现在“新建基础设施、管理既有设备及调整基础设施价格等策略一体化；各级管理部门权限的一体化；不同运输方式发展策略的一体化；交通规划与土地利用的一体化”。

英国一体化交通规划在具体实施过程中也颇有特色。第一，英国在原有涵盖道路交通、铁路运输、航空运输和航海运输四大运输方式的基础交通部的基础上，于2002年6月将交通运输管理、环境保护以及地方事务3个部进行合并，形成大部制的英国国家交通部，既为四种运输方式提供一体化的组织平台，又为交通规划和环保政策一体化提供制度保障。第二，大部制英国国家交通部下专门设置服务于政府集合交通政策的独立团体，即一体化交通委员会，为政府提供能促进交通、环境、健康和相关部门协调发展的一体化政策建议。第三，统筹规划，形成由基础设施建设、定价、交通管理和土地使用四个类别工具组成的一揽子城市交通政策计划结构，强调交通规划与社会公平和土地使用政策的结合。第四，专门设立国家交通战略研究委员会，制定一体化交通战略短期、中期和长期规划，确保地方交通规划发展的独立性和自主权。第五，国家给予地方主管机构更多的自主权，中央政府以条例和指导手册的形式为地方交通规划机构在交通环境评价和交通项目多目标评价上提供指南，由地方政府根据指南负责筛选和排序。

（二）凸显适合区域发展的子交通系统

英国拥有发达的铁路网、公路系统、航空和航运系统，其中铁路交通尤为便捷。目前形成了以伦敦、爱丁堡等大城市为核心，由“中心”向外放射，多条铁路干线、市郊铁路等组成的轴线交织的铁路布局，将中心城市、城镇串联起来。列车运营频次较高，已形成公交化、常态化，且票价较低，选择铁路出行的便捷性大幅度提升。同时，中心城市围绕铁路站点，合理布局其他交通运输基础设施，打造多种交通方式有效协调的综合性客运枢纽，以实现“无缝”换乘或换装。除了四通八达的铁路网之外，英国还对铁路基础设施进行人性化设计，包括火车直接开到站厅内，将公交枢纽站和自行车租赁点直接设在火车站出口对面，将火车站下的桥洞开发成公共停车场等。这样的人性化设计将火车、汽车、公交车、自行车和步行等多种交通方式巧妙地结合为一体，形成综合性客运枢纽。此外，英国的公路交通设施完善，不仅拥有高速公路、等级公路和乡村公路等多样化的公路设施，还对各种公路进行标线标志的完善，并在设计交叉口时选择分离式立交或环岛立交。

（三）城市公共交通系统高效

英国拥有高效的城市公共交通系统，目前已形成多样化的城市交通体系，其城市交通运输方式包括有轨电车、公交车、地铁、轻轨、轮渡等。英国大城市公共交通系统的运输方式主要有地铁和有轨电车，如伦敦是世界上最早建设地铁的城市，其地铁规模位列世界第二，有 14 条地铁线，全长 408 公里，与客流中心、火车站及公交站等良好衔接。英国充分发展低成本、高速度、大运量、低污染的有轨电车公交系统，缓解城市公交压力。英国的城市高度重视公交专用道的应用，将公交专用道路设施建设同步考虑在城市道路规划和建设中，在城区内包括城市快速路和两车道道路上高密度设置公交专用道、公交优先通行信号和视频监控设施。另外，英国还积极改善换乘条件，在大多数城镇提供专门的“停车—换乘”场站，并提供多个停车泊位，这些停车场大多与公共汽车站点和轨道交通接轨。城市公共交通公交运行效率和服务质量在欧洲处于较高水平，伦敦市区公共交通出行分担率达 70%。除了建设以地铁、有轨电车、公交等为主的城市公共交通体系之外，还规范城市公共交通运行管理、加强公交服务质量监管考评、科学制定公共交通票制票价、加强城市轨道安全管理和积极推进城市交通节能减排，并鼓励开展新能源公交车辆和自行车等绿色行动计划。

（四）智能交通系统迅猛发展

英国一直是智能交通系统发展的佼佼者，目前拥有多个领先世界水平的智能交通系统。一是为车辆使用者提供整条线路上有用信息的车载即时信息系统，包括在线出行信息系统、可变信息系统、出行计划服务系统、智能停车系统、旅行与视频信息高速公路等，为出行者提供交通线路指导，节约交通成本和时间成本。二是交通管理和控制系统，由国家交通控制中心、城市交通管理和控制系统、主动交通管理、SCOOT 系统（该系统是一种对交通信号网实行协调控制的自适应控制系统）、电子收费系统（ETC）、地理信息系统（GIS）等组成，有效地为道路使用者提供高质量的实时交通信息。三是道路安全系统，包括闭路电视安全摄像机监控、自动车牌识别、紧急事件管理和速度管理等，有效减少道路安全隐患，确保道路安全。四是交通执法系统，包括数字交通执法系统、闭路电视系统、车辆速度管理和控制、道路收费、车辆载重限制等系统，提高运输效率。五是对公共交通、公交车队的管理，由快速公交系统、公共交通系统和车辆定位与车队管理系统构成，高效率车辆调度和管理，缓解交通拥堵压力。六是货物运输系统，包括射频识别技术

(RFID)、条形码技术、自动搬运技术、物联网、商业车队远程信息处理系统、实时配送追踪系统，实现物流系统的可视化和智能管理，提高物流的效率和准确率。七是道路收费，包括不停车收费技术和智能 IC 卡收费技术等，将道路收费电子化，降低人工支出。

三、新加坡经验

新加坡位于马来西亚半岛南端，东南亚地区的中心，是一个城市国家，是亚洲发达的资本主义国家，被誉为“亚洲四小龙”之一，是世界四大国际金融中心之一，更是世界重要的转口港及联系亚、欧、非、大洋洲的航空中心，拥有高度发达的城市交通运输网络。新加坡国土面积约 719 平方公里，截至 2017 年底，总人口约 550 万，小汽车拥有率达到 101 辆/千人的较高水平，但其道路网络在大部分时间保持畅通。新加坡公路里程 3496 公里，其中高速公路里程 164 公里，轨道交通线路 228 公里，由地铁和轻轨组成，路网密度大，结构完善，在全岛已经构筑起一个高度发达的交通网络。除了良好的公路网络之外，新加坡还拥有同样发达的地铁、巴士、轻轨、的士等公共交通工具，公共交通出行比例占 63%以上。除了陆路交通网络之外，新加坡还是世界上最为繁忙的港口和亚洲主要转口枢纽之一，是世界最大燃油供应港口，目前拥有 200 多条航线连接世界 600 多个港口。作为国际金融中心和航运中心，新加坡拥有 8 个机场，其中国际民航机场主要有新加坡樟宜机场及实里达机场。樟宜机场是当今世界第五大繁忙的国际机场，其航线可飞往约 80 个国家和地区、300 多个城市，2017 年樟宜机场年客流量达 6222 万人次，货运量 213 吨。樟宜机场也因为良好的基础设施在 2013—2015 年连续三年被评为世界最佳机场。新加坡综合交通运输体系已经成为绿色出行、低碳交通的代表，其良好的综合公共交通系统的构建得益于以下几个方面。

（一）前瞻性与实践性相结合的交通发展战略与规划

新加坡国土面积较小，但人口密度较大。基于自身国土面积的现实，该国政府特别注重将公共交通体系与土地使用进行综合规划，结合各类规划，最大化城市发展收益。1996 年，新加坡出台的交通白皮书中提出了“协调土地利用与交通系统、优先发展公共交通、强化道路基础设施建设和加强交通需求管理”的交通发展战略与政策，并从三个层次（土地利用、交通结构和道路科学网）、两个方面（供给和需求）、多个环节（战略、政策、规划以及建设使用等环节）思考如何更好地发展交通体系。随后在2008年发布了《新加坡陆路交通总体规划》对陆路交通发展策略和措施进行细致的规划，提出“优先发展公共交通、有效管理道路使用、满足不同群体的需求”三大关键策略。2013年出台新一版《新加坡陆路交通总体规划》提出“实现更好的通达性、提供更好的服务、建设宜居和包容的社区、减少对私人小汽车交通依赖”四个关键策略。

新加坡铁路注重交通规划与城市规划的良好配合，注重交通规划的科学编制和有序推进，注重一体化交通发展战略的统筹优化。新加坡在进行城市规划建设时，城市总体规划与交通规划分属不同部门负责，城市总体规划编制由市区重建局负责，而综合交通规划和交通专项规划编制则由陆路交通局负责。市区重建局城市总体规划中不仅包括对交通进行总体设计，还进行评估和测试以及跟踪修改，以期城市发展与交通相互协调。新加坡陆路交通局在进行交通规划时综合整合各种交通资源，统筹内外交通、城市内公共交通各子系统的关系，统筹各种公共交通设施安排、网络布局，并基于城市国家特点，注重规划城市内外衔接的一体化城市综合客运枢纽，实现城市交通体系（包括公交、地铁、轨道等）与基础交通运输方式（包括公路、铁路、民航、水路等）无缝衔接。通过合理的城市交通规划并进行科学实践，为居民的日常出行提供了便利。

（二）强化以公共交通为导向的交通系统

新加坡始终将公交优先作为交通政策的核心。首先，政府在进行城市规划、交通规划时，将综合化的公共交通系统贯穿不同阶段、不同层面的政策措施，确保从战略层面深入规划发展。同时，鼓励公众参与政府的公共交通决策，将公共交通发展相关部门的职责和协调机制明确下来，从政策和制度上提升交通规划的可行性并确保规划工作的成功实施。其次，通过加大公共财政投入，扶持城市公共交通发展力度，加强城市公共交通基础设施建设。最后，新加坡通过建立独立的监管机构制定规则，有效对公交公司开展质量监督管理，形成公共交通的过程管理，并能及时调整。

新加坡的公共交通体系主要包括地铁和轻轨等轨道交通。目前，新加坡共有约228公里的轨道交通线路，网络密度达41公里/百万人。按照新加坡最新陆路交通规划，轨道交通网络密度将继续增加至51公里/百万人。除了对基础设施的合理规划与建设之外，新加坡陆路交通局在综合考虑公路与轨道交通基础设施的基础上，规划巴士、出租车等的路线，提高整个公共交通系统的整合度。实施优先发展城市公共交通，优先公共巴士通行，加强公交换乘枢纽建设，促使新加坡形成了以地铁和轻轨等轨道交通为主，以公共巴士和出租汽车为辅的多模式、综合化的立体陆路交通网络。此外，积极发展交通基础设施、票制票价、智能运营管理等一体化，通过提升城市交通便捷性，强化了居民公交出行意识。

（三）实施交通需求管理和智能交通管理系统

综合交通运输设施的完善还需要对交通需求和交通管理实施智能化。新加坡为缓解交通带来的有关环境、交通拥挤等方面的压力，从需求和供给角度出发，实施如下交通需求管理策略。首先，实施车辆配额和拥车证制度。其次，实施道路收费制度。开创世界首个公路收费制，ERP费率根据小汽车单位（PCU）收取，且随交通状况、时间和地点不同进行编号，确保优化道路使用空间。最后，采取高额汽车税费制度和周末与非高峰使用车制度，以达到有效控制交通需求的目的。

新加坡实施智能化交通管理，通过“货运物流化、交通智能化、系统信息化”来确保交通运输组织管理和服务水平的提高，建立实时、高效的智能交通系统，提高交通通行效率。新加坡在车辆行驶过程中利用在路口安装GLIDE绿波协调智能系统以实行动态监控与管理。在停车场安装车位信息系统能随时显示停车位的可用数量，便于驾驶人迅速找到停车位。公共巴士实施刷卡措施，并且实施巴士、地铁、轻轨等票务系统一体化，并对多种公共交通方式组合使用者提供优惠。安装使用EMAS高速公路监测与信息系统，令人实时掌控公路状况，选择合理出行路线。建立交通网络资讯平台，搭建公众与交通管理机构的交流平台，实现实时信息的传播，如将实时交通信息通过资讯平台传递给交通使用者。

四、日本经验

日本是一个狭长的太平洋岛国，由本州岛、四国、九州和北海道四个大岛和6800多个小岛组成，总面积37.8万平方公里，大致相当于我国云南省的面积。日本作为世界上为数不多人口过亿的国家，2015年总人口达到1.27095亿，城市人口比重约占80%，人口密度达338人/平方公里。2015年，日本经济规模为4.82万亿美元，是欧洲发达国家英国和法国之和，人均拥有汽车的数量较多。日本拥有非常完善、健全的交通运输体系，轨道交通、公路网络四通八达，机场、高速公路、高速新干线，交织如网的电车和地铁线路，再加上水上交通设施，构成了空中、陆地、水上的立体交通网络，海运居世界前列，航空服务水平高。

在水路方面，日本海岸线长达3.4万公里，同时水深条件适合建设优良港口，加上该国的主要城市多分布沿海地带，紧邻优良港口，目前形成了以东京湾（包括千叶、横滨、川崎、东京港等国际战略港）和大阪湾（包括大阪、神户港等国际战略港）为主，其他1000多个大小港口组成的沿海港口体系，沿海客货和货运运输十分发达，其吞吐量约占世界海港总吞吐量的1/4。在公路方面，日本的公路由国道、省道（都道县府）及乡村公路组成，截至2014年底，通车总里程达到120.88万公里。其中，国道11.09万公里，省道（都道府县道）20.1万公里，国省共管公路14.48万公里，市乡村公路102.4万公里，高速公路10014公里，公路密度位居世界之首。在轨道交通方面，轨道交通网络四通八达，包括火车、新干线、城市轻轨、地铁、高架铁路、私营铁路、有轨电车等。其中，铁路网营运里程达46000多公里，电气化高速铁路达2000公里，铁路网基本覆盖了日本所有城市，且多数铁路干线分布在沿海一带。在航空运输方面，日本航空业发达，航线覆盖全球，国内航空网络联结各主要城市，航班频次多、安全准时，购票与出入机场的手续相对简便。目前，主要航空公司有日本航空（JAL）和全日空航空（ANA），以成田国际机场（地处千叶，国际线）、东京国际机场（通常称“羽田机场”，国内线为主、国际线为辅）为基地，联通全球298个城市的航空交通网络，对内、对外联系非常便捷。其代表性优点主要体现在以下方面。

（一）拥有合理的交通运输管理体制

日本交通行业管理采用的是三级管理体制。最高的行政管理机构是国土交通省，类似于我国的交通运输部，是日本内阁11个中央行政机构之一。2001年，日本国土交通省进行改革，该部门由旧运输省（主管运输、铁路、港口、船舶、交通、气象等事务）、建设省（主管公路、内河、政府机构建造维护、住宅以及城市规划、社会资本维护等相关事务）、国土厅（主管土地、水利、所属岛屿、赈灾、城市发展的综合行政机构）、北海道开发厅（进行北海道综合开发事务，包括河流、山地、农业、港口等的行政机构）四省厅合并而成，所辖业务从水路、铁路、公路、住宅、海港、机场、土地、海上保安到气象服务、观光旅游等诸多方面。大部门体制改革有利于国家资源综合统筹规划、建设开发利用，有利于各种交通运输方式规划在整个国家层面全面性的合理布局。一方面，解决铁路与公路、高速公路与机场或港口无效衔接的问题；另一方面，通过统一、超前、公众认同的战略规划，最大限度地考虑群众利益，提高了效率和可行性。

第二级管理体制为都、道、府、县的交通主管部门，由县知事（省级行政长官、选举产生）任命，依据相关的法律规定与中央明确划分职权范围，负责地方行业的行政管理、政策制定、监督等。第三级为市一级交通主管部门，任免程序等同第二级管理体制。作为君主立宪制国家，日本地方行政机关拥有较大的自主权，地方交通管理部门也相应拥有较大的管理权限。因此，日本交通运输实行以横为主、纵横结合的管理体制。日本的三级管理体制中，第二、三级被称为“地方公共团体”，可以看作“地方政府+事业单位+各类协会”等。与此同时，日本的一切改革措施都严格遵守“立法先行”的原则，即先立法，该法案在众、参两院通过后再依法付诸实施，各层级的一切执行条款（如准则、细则、规划等）都是根据法律条款制定并颁布实施的，一旦有争议则以法律条款为准，法院（裁判所）依法判决，起到了间接监督的作用。

（二）超前合理的交通规划及结构完善的交通体系

由于日本采用的是大部门交通运输管理体系，凭借能统筹运转的部门和强大的经济实力，交通规划超前合理，交通运输体系结构完善。日本早在明治维新时代就已确立了交通先行的城市发展政策，此后更加重视交通发展，颁布了有关土地规划、公路建设等系列法规。此外，日本非常重视交通运输网络的质量改善，第二次世界大战后，在交通运输网络改善方面的投资占公共投资20%以上，1967—1971年这一比例提高至47.4%，通过增加和改善交通运输网络投资，更新老化的交通基础设施，打造可持续发展的功能型城市间交通体系，符合岛国发展特征。

日本交通运输体系的构建，始于科学合理的交通设施规划建设。一直以来，日本在进行道路设施（如公路、高架桥）建设时都经过科学合理的调查、专家论证。公交车、有轨电车、轻轨线路、地铁站点、公交站点等的设置和调整，都要进行大量的调查研究，对车流量、人流量、交通方式等进行科学的统计分析，并且广泛听取市民的意见。目前，日本快速、普及、大运量的轨道交通设置就是典型的例子。轨道交通将日本发达的都市进行相互连接、沟通，形成区域整体，提升城市间的区域可达性，加强了彼此的空间联系和经济融合。日本的乡村道路早在修建之初，就是具有前瞻性的柏油路或者硬化路，极大地便捷了城乡交通联系。通过合理规划与建设发达的城市轨道交通，促使各种公共交通方式能顺利地衔接。比如，在远离城市中心的地铁站或公交站点设置免费的停车场，方便居民出行换乘，并鼓励人们换乘公共交通工具，同时利用边角空间建设立体停车场，不仅可以提高土地利用效率，还减少占道停车，避免了交通拥堵，交通秩序良好。

（三）拥有发达完善的轨道交通和交通工具换乘体系

日本国土面积较小，其交通体系的发达主要得益于公共交通体系的建设，核心是轨道交通，成为居民出行首选的交通方式，承担了大部分运输任务。日本的轨道交通包括火车、新干线、城市轻轨、地铁、高架铁路、私营铁路、有轨电车等。在结构上，日本的铁路交通网四通八达、纵横全国。此外，日本轨道交通的另一个特点是运营时间长，从清晨 5 点到深夜 1 点都在运行，通行效率、频率均较高，极大地吸引通勤、出行的人，因此有效地减少了私家车的出行。日本充分利用地下空间进行地铁建设，在地铁建设的同时大量开发配套的地铁商业，提高了土地利用效率，同样又降低了对汽车的依赖性和确保便捷快速的交通，体现了绿色交通和可持续发展的特性。

除了发达的轨道交通体系，日本各种交通工具的换乘比较方便。这主要取决于从 20 世纪 80 年代开始，日本实施交通需求管理，重视供需平衡研究与规划，强调理智使用土地与道路资源，通过大力发展高效的公共出行方式，引导人们减少车辆低效率的出行。在日本大多数城市，市民步行数分钟即可到达最近的车站、地铁入口或公交站点，公共交通基本都有准确的到站点和发车点时刻表，公交工具比较准时。同时，日本交通体系整体布局合理，体现人性化、便利化的特点，公交站点和地铁口等有机衔接，各种交通运输方式的车辆配置也比较充足，在路边拥有明确的路线指示牌，可以在短时间、短距离内实现换乘，到达任何想去的目的地。高峰时段同线路的车辆也会分为特快、快车和普通列车，铁路部门通过对停车站数量的科学调整来提高运营效率。发达的轨道交通体系和便捷的换乘系统，引导人们高效使用公共交通体系，减少低效率的私人车辆出行，确保交通需求和交通设施系统的适度平衡（供需平衡），同时也减少交通阻塞。

（四）智能化、现代化、人性化的交通系统

日本健全的交通运输系统还得益于其智能化、现代化、人性化。日本交通系统的智能化是值得很多国家借鉴的。日本的智能化交通建设体现在：交通控制“智能化”，即通过计算机对路口的信号灯进行实时智能自动控制；部门信息的“共享化”，政府之间网络互通，信息共享；紧急车辆和公交车辆通行“优先化”，即通过向周边探测器发出优先通行要求，交通控制中心系统自动选择最佳通行路线，并传递给相应的指示灯；交通信息播报的“实时化”，通过交通信息管理系统及时播报道路堵车、交通拥堵、车辆限行等信息，改善路况；城市停车的“便利化”，开通停车车位查询，限时免费；推进机制“协同化”，对智慧交通的研发投入不仅包括政府，还包括企业、行业协会等。在城市交通体系中，受智能化的调控和管理，各类交通方式的换乘和衔接比较紧凑便捷。

日本交通的现代化体现在：一是居民的私家车大部分配置了 ITS（智能交通系统），该系统包括车辆信息与通信系统、不停车收费系统、先进道路支援系统三个方面，兼顾车辆和道路的智能化，具有明显的优势，更加有利于创造安全顺畅的交通环境。二是日本交通管理执法的信息化，交通巡查部门主要通过交通管制中心提供的信息处理各种交通事故。交通管制中心获取信息的过程非常现代化。通过道路两旁安置的车辆感知器、交通事故报警器、直升机和巡逻警车以及遍布整个城市的摄像机获取信息，并传送到警视厅的交通管制中心。随后，交通管制中心的工作人员根据信息做出处理方案，现场的警察根据方案配合进行处理。三是巧妙利用信息化智能感应设备，高速公路上设置自动化收费装置，自动记录汽车通过检查口的信息，居民定期去银行缴费即可。

日本交通的人性化设计体现在：一是日本的公交车站，电子屏幕会显示公交车到站的信息，在等车空隙，乘客还可以通过电子屏阅读滚动的天气预报和时事新闻。二是轨道交通的车站上下台阶大多用栏杆隔为上路和下路，下路一般都比上路要宽出两三倍，很多地铁专门设有妇女专用车厢，在中长途的客车车厢设定自由席和指定席，二者有一定的差价，为每个座位的乘客提供整个车厢公共设施（如洗手间、垃圾桶等）分布图，方便乘客找到相应的公共设施。三是大部分的车站采用自动售票机售票，无人检票口和安检口。此外，为了便于市民和旅游人员的出行，日本存在多种公交优惠方式，一日券、多日券、现金券等多种公共交通券。

第二节　国内综合交通运输体系发展的经验借鉴

这里选取广州、深圳两个城市考察其交通基础设施建设的先进经验，以期为西南沿边地区综合交通运输体系建设提供启示。

一、深圳经验

深圳是我国改革开放建立的第一个经济特区，地处广东省南部、珠江三角洲东岸，与香港一水之隔，东临大亚湾和大鹏湾，西濒珠江口和伶仃洋，南隔深圳河与香港相连，北部与东莞、惠州接壤，是我国改革开放面向全世界的窗口。深圳市因其临边的区位优势，是我国重要的边境口岸城市，市域边界设有中国最多的出入境口岸。

近年来，深圳综合交通基础设施不断完善，目前已形成公路、铁路、航空、航运、公交、地铁等多种方式相互结合的综合交通运输体系。在公路交通方面，深圳公路发达，高等级公路网紧密衔接，通过公路可抵达珠三角各城市，以及港、澳地区和全国内地大部分省市。目前，深圳拥有深中通道（G2518 国家高级公路），全线衔接深圳市与中山市，促进中山市与深圳市的交流合作。随着区域层面上珠三角交通一体化和高速公路联网的实现，深圳国家级交通枢纽城市的优势更加明显。在铁路建设方面，贯穿中国大陆的主要铁路干线——京广铁路和京九铁路在深圳交会，可以经深圳中转到全国其他城市。同时，随着珠江三角洲地区城际铁路的建成通车和高频次的深圳往返广州的和谐号列车的运营等，极大地便利了与珠三角主要城市的交流互通。在航空运输方面，拥有仅次于上海浦东国际机场、北京首都国际机场、广州白云国际机场的深圳宝安区域性国际枢纽机场，是中国第四大航空港。深圳宝安国际机场既是中国境内第一个实现海、陆、空联运的现代化国际空港，也是中国境内第一个采用过境运输方式的国际机场。目前拥有 T1、T2 和 T3 三个航站楼和深圳机场物流园，客运与货运融合发展。2015 年，旅客吞吐量达 3972. 18 万人次，货邮吞吐量 101. 31 万吨。在水路运输方面，深圳市拥有 260 公里的海岸线，拥有华南地区优良的天然港湾、集装箱枢纽港（深圳港），海域面积达 106 平方公里，拥有较多的生产性泊位，为经济腹地深圳市的外向型经济发展发挥着重要的作用。由于其区位优势，深圳港与香港港口进行优势互补，联手构筑亚太地区国际航运中心。在口岸建设方面，深圳拥有海陆空铁口岸，是中国拥有口岸数量最多的城市，出入境人员多、车流量大，出入境便利。其优势主要体现在以下方面。

（一）实行交通运输业“大交通”管理模式

2009 年，深圳市在全国率先建立实施“一城一交”大交通管理模式，即采用“管理职能与协调职能并重”的管理体系，实行“决策—执行—服务”三级管理体制，实现条状管理与块状管理相结合的管理方式，将全市公路、铁路、水路、航空、公共交通等统一由深圳市交通运输委员会进行管辖。在“大交通”管理模式下，深圳交通运输委员会向上对应国家交通部、国家发展改革委、建设部等多个部、委、办、局和广东省交通厅、发展改革委和建设厅等多个部门，对各类交通运输方式根据国家现行体制和地区发展差异，在理顺城市交通管理体制的基础上，既有垂直直接管理，又有协调指导管理。深圳的“大交通”管理模式将城市规划、社会建设、运营维护进行统一，实现交通规划与城市发展的协调，促使交通建设从规划到运营维护都与地区经济发展、生态环境、公共设施、国土资源配置等多项宏观目标息息相关，促使城市发展的产业规划、工业发展规划、商业发展规划等与交通规划进行挂钩，建立相互影响评估机制，交通建设由专业化向综合化发展，更好地促进深圳市经济和社会的发展。

（二）优化公共交通体系发展

深圳在交通运输业“大交通”管理模式下，优先发展公共交通体系，促使交通发展与城市空间和土地利用相协调，统一城市道路、公路管理主体，构建一体化的公共交通道路网络体系。具体措施如下：一是构建“公交都市”的低碳交通，优先安排公共交通、慢行交通的道路空间，保障公交、慢行交通的路权，根据交通需求设置公交专用通道，发展公交优先。二是完善城市快速路网体系建设，加强公交、地铁等交通方式的快速联通和有效衔接，并加强二线通道规划建设，缓解轴线交通压力。三是完善中心城区主、次干道布局，缓解中心城区交通压力。加强支路网建设，实施重点区域路网改造工程，改善交通整体路况。

（三）强化智能交通建设管理

深圳市强化智能交通建设管理，经过十几年的发展，目前智能交通系统已形成规模，信息化交通运输管理和服务水平极大提高。深圳市在2009年发布的交通综合治理工作白皮书中，将“整合完善智能交通体系，提升交通行业科技化、信息化水平”列入重点工作。为此，深圳市发展和改革委员会组织编制了《深圳市智能交通系统建设技术方案》，对深圳市智能交通的建设进行系统规划和任务分配。目前，深圳智能化交通建设体现在智能公共交通、公路运输信息化、现代物流信息系统、电子口岸、铁路运输信息化等方面。在智能公共交通信息化建设方面，对常规公交、出租小汽车、地铁三种交通工具进行智能化调度，应用了公交场站信息系统、电子监控系统、智能卡公交收费系统、出租车在线业务受理系统、出租车电召服务系统、轨道交通自动售票系统、设备监控系统、调度系统等。在公路运输信息化建设方面，采用运输管理系统、客货运输服务及站场服务系统和市场监管信息系统等。开发使用EDI为核心的物流信息平台，将深圳EDI中心平台与深圳码头、轮船、海关、交通局进行网络连接，促使数据在物流企业、政府部门、客户等主体间传输。

二、广州经验

广州位于广东省中南部，是华南地区政治、军事、经济、文化中心，东江、西江、北江的交汇处，是国家三大综合性门户城市之一，具有中国“南大门”的称号，是广佛、珠三角、粤港澳等都市圈的中心城市。广州目前已形成城市大交通格局，形成了由空港、海港、铁路、城际轨道、公路、城市道路以及城市轨道、常规公交、出租汽车等多种方式组成的现代立体化的综合交通运输体系。在航空运输方面，广州白云国际机场是我国首个按照中枢机场理念设计和建设的航空港，现有6个走廊和2条跑道投入运营，第三跑道于2015年投入运营。2017年，旅客吞吐量达6583.69万人次，货邮吞吐量233.85万吨，较2016年分别增长10.2%和8.3%。开通国际航线149条，通达亚、非、欧、北美和大洋洲五大洲共200多个国家和地区。在水运交通方面，广州港作为国家沿海主枢纽港，是华南地区最大的综合性主体枢纽。目前已完成由河口港向海港的历史性跨越，形成以南沙港区为龙头，新沙、黄埔、内港等港区为辅助的格局，2015年出海航道三期、南沙港区三期建成。广州港已开通国际航线87条和内贸航线105条，与世界170多个国家和地区的500多个港口有贸易往来。2017年港口货物和集装箱吞吐量分别达5.9亿吨和2037.2万国际标准箱，分别居世界第5位和第8位。在铁路交通方面，广州铁路网四通八达，衔接我国大部分省份。广州火车站是全国四大铁路客运枢纽之一，目前已形成衔接京广、广深、广茂、武广高铁、广珠城际轨道及广深港客运专线六大干线“双人字形”网络，铁路延展里程超过3000公里，综合交通枢纽功能不断完善。在公路运输方面，拥有众多国家级和省级高速公路，市内高速公路通车972公里，基本形成“三环十八射”路网主骨架，区域辐射能力不断增强。在城市公共交通运输体系方面，已形成公共汽车、地铁轨道为一体的公交体系，成为国家“公交都市”建设示范工程创建城市。截至2018年5月，地铁通车13条线路共391.6公里（含广佛线），位居全国第三，世界第五，日均客流量预计达820万人次。建成市政道路桥梁234公里，市区公共交通出行承担比60%以上。其优势体现在以下两方面。

（一）提升公共交通承载能力和服务能力

长期以来，广州根据城市人口和容量的需要，优化发展城市公共“立体交通”，从城市规划、建设、管理和资金投入等多方面确保其优先发展，并将公共交通规划纳入城市总体规划，有效衔接城市规划，通过财政资助确保公共交通发展的建设和管理经费。根据城市发展特征和交通运输方式的特性，广州从以下四个方面完善公共交通运输体系：首先，加快地铁和快速公交等大运量公共交通线路建设，建立了 BRT 快速通道和地铁线，将客运量进行分散。其次，完善公共交通运输网络布局，巧妙设置公路路线和公交站，解决城市居民特别是城市外围区域居民“乘车难”的问题，实现公共交通城乡均等化。再次，强化公共交通换乘枢纽建设和管理，加强对不同公共交通方式之间衔接机制的合理规划，优化整合公交路线、站点设置，强化常规公交与轨道交通衔接，改善换乘条件，鼓励和引导市民通过换乘方式进入中心城区。最后，适当引导自行车交通发展，科学设置自行车服务点，缓解交通压力。

（二）实施智能化交通系统

智能交通系统是在构建一定规模综合交通运输体系之后，为实现高效管理，解决交通拥堵、能源和环境问题的信息化交通运输系统。近年来，广州依托打造“智慧广州”这一理念，从以下五个方面开展交通运输信息化：一是建立完善的信息化工作机构，建立了由广州市交通委员会牵头的交通委员会信息化建设领导小组。二是开启“数字交通”信息化平台，开通交通设施、交通运营状况在线信息服务，建立智能交通系统标准化框架。三是引入市场化手段，完善专业化、全方位的智能交通运输体系。广州市成立了交通信息化投资有限公司，积极开展羊城通系统、货运交易系统，提高信息化服务的技术质量。四是拓宽羊城通系统功能，实现多种交通运输方式票务支付的便捷性和连通性，并不断拓宽其使用覆盖区域。五是开展基础数据分析，强化分析运能与需求、客流与班次、成本与收益等，为公共交通系统规划提供强有力的基础数据支撑。

第三节　经验启示

综合研究国内外综合交通运输体系发展先进经验，对西南沿边地区综合交通运输体系构建有如下启示。

一、超前布局大交通发展战略

由上文可知，美国、新加坡等国的交通发展，得益于在全国范围内实施

"大交通"发展战略，并依托系列战略愿景、交通法案、战略规划等政策文件指导规范才一步一步实现。具体包括：第一，在交通管理与建设体系架构、交通规划与建设实施、交通运营与管理等全过程实施"大交通"管理体制，将公路、铁路、航空等不同交通运输方式的建设权责集中在运输部，形成了统一、分工明确、权责清晰的综合运输管理机制，有利于将不同交通运输方式的规划、建设、管理等进行统筹管理，发挥协作效应。第二，在"大交通"管理格局下，从国家层面、区域层面、省级层面、市域层面等逐渐细化交通规划，层层递进，实施长期、中期、短期规划，并在过程中根据经济社会发展阶段、国内外发展形势、战略定位与发展需求不断调整各项规划，综合考虑交通与城镇空间、产业布局的紧密协调，确保与经济社会发展相互协调和促进。第三，多种交通方式协调发展，在不同地区因地制宜地发展适合当地发展的综合交通运输体系，针对地区发展需要侧重某一种或多种交通运输方式的发展，实现各种交通运输方式既共同发展，又有所侧重，相互配合，形成适应地方经济发展、满足交通需求的交通运输体系。此外，在规划和设计等环节，重视综合枢纽、单项枢纽和大型换装、换乘中心的建设，实现不同交通方式的立体、零距离换乘、无缝运输等。第四，根据综合交通运输体系的各要素，启动如综合运输规划、运输通道建设规划、枢纽布局规划、多式联运发展规划、绿色交通规划、交通信息化规划等研究编制工作，确保交通与城镇发展、交通与国土资源规划等协调一致。

二、着力构建集约型综合交通运输体系

对城市进行合理规划，能有效减少居民出行需求总量，改变居民出行需求的距离、时间、方式选择等，促进交通体系集约发展。根据国内外先进经验，区域或城市内拥有多个交通运输枢纽，能促进客货的集散、中转，提升区域运输能力。但发展集约型综合交通运输体系需要从规划层面引导区域、城市的土地使用的合理化、集约化。宏观上，从区域经济发展层面上鼓励城镇群抱团紧凑型发展，通过城镇、区域合理规划布局，借助快速公交、轨道交通等大中运量交通设施的建设和运营，促使城市用地合理、有序拓展；利用快速公交、轨道交通连接城市中心、交通枢纽、主要的居住和就业中心；科学合理地进行有关土地使用、城镇发展、交通建设等相关规划，将交通出

行聚集在交通干线沿线，形成依托交通干线开发的网络式城镇群，从而促使交通的区域集约型发展。如在新区建设过程中，注意交通枢纽周边土地的混合使用。在微观上，在区域内建设多个乘车车站，分散相应客货流，在不同车站间利用城市轨道交通和公交快速通道促使不同交通工具有机衔接，提升公共交通便捷性，降低对小汽车的依赖。巧妙地对站点用地进行集约化利用和综合调整，根据需求在枢纽站点进行商业设施布局规划，如在地铁车站附近进行复合式、一体化开发，提供购物、餐饮和娱乐休闲的空间，形成车站物业综合体，减少纵向出行距离；在城市的多中心区域完善商业、医疗、休闲等配套设施，让居民享受最近距离的公共服务体系。此外，还应充分开发地下空间和城市边角空间，开发地下车库和小型的停车场，引导车辆停靠规范有序。

三、优先发展城市交通运输

通过对国内外综合交通运输体系的先进经验进行分析可知，在完善综合交通运输体系的同时要注重优先发展城市公共交通运输。具体包括：第一，大力发展城市和城际轨道交通建设，增强城市与区域之间的交通联系和通达程度，缓解中短途运输私家车出行造成的路面交通压力，以及区域之间不连通的货物运输压力，推动城市之间、区域之间的交流和协作，结合地区经济发展需要打造国际性、区域性等级别的客货运物流体系，强化物流枢纽功能，提升物流效率。第二，大力发展城市公交运输。在人口具有一定规模的城市缩小街区面积，增加路网密度，建设运量大、快速便捷的轨道交通，开辟公交专用道，优化城市交通结构，强化公交引领城市发展，构建以“轨道交通为骨架、常规公交为网络、出租车为补充、慢行交通为延伸”的多种交通方式协调运转的城市低碳交通系统，增加各个道路之间的通达性，满足现代居民快节奏和远距离的出行需求，提高居民出行效率。第三，加强不同交通运输方式的无缝衔接，发展多式联运，大力建设与各种运输方式有效衔接的综合客运枢纽和货运中心，注重地面公交巴士与地铁枢纽站近距离、高效率的有机衔接。着力发展一体化换乘系统和以公共交通为主导的集疏运系统，提高运输工具的实载率，统筹推进路、站、运、管协调发展，优化城市交通运输网络布局，提升公交分担率。第四，积极改善城市交通运输体系的配套设施，如合理设置城区指示灯、人行道、非机动车道、公共停车场等。在设置交通系统配套设施时要做好统计分析、民众调查，最大化满足居民的出行要求，调整公共交通运营的时间和班次，为高频率、高客流量的公交车站台、地铁站台等增设公交车轨迹电子屏幕，延长各路公交车的夜班运行时间。在道路狭窄的老城区设置单行道，规范公交车道路运行环境。依托绿道网和轨道站点规划建设公共自行车租赁系统，建设自行车廊道和步行廊道，营造绿色出行条件，实现可持续发展。此外，建章立法规范交通管理，加强交通秩序整治宣传教育，将立法建章等贯穿交通建设管理全过程。

四、注重交通运输体系的智能化、信息化和人性化

国内外先进国家、地区综合交通运输体系的构建还得益于其交通运输体系的智能化、信息化、人性化的设计。发展智能化的交通信息系统，鼓励创新，加快智能交通软硬件的研发制造，包括现代信息通信技术、管理技术等，将信息化建设渗透交通基础设施、交通运营管理和交通执法等全过程，建设交通运输实时监测体系、开发交通信息互联互通、完善交通运行智能化等项目建设，研发新型公共交通到站预报和远程调控系统等。通过交通信息服务改变市民和车主的行为选择，让市民通过交通有关部门发布的即时路况信息选择合理的交通运输方式。以人为本，坚守可持续发展、绿色发展的理念，充分考虑不同居民的多样化需求。在交通设施的基础设计、建设、运营与运输工具的研发上体现人性化，充分考虑伤残人士、老年人和儿童等特殊人群的出行要求。在公共交通设施上，设置专门的妇女车厢，车厢内部考虑身高差异，进行拉环高低设计。在轨道交通建设、公交线路设计、运输工具选择、道路设计时，做好民众调查，可通过立项由专业机构进行相应实践调查，以最大化反映广大居民的多种需求。

第八章　新一轮西部大开发背景下西南沿边地区综合交通运输体系发展战略

第一节　战略机遇

当前和未来一段时间，西南沿边地区是我国全面建成小康社会的关键区域，也是国家、区域、省级等多层级、多维度重大战略规划覆盖的范围，其综合交通运输体系面临多重战略机遇。一方面，国家、区域、省际等层级重大战略规划对西南沿边地区综合交通运输体系建设提出了高要求；另一方面，国家综合交通运输体系、各交通子系统对其相应的公路、铁路、水路和民航等交通子系统提出了具体的要求。

一、综合交通运输体系的战略机遇

国际、国家、区域、省际等多层级、多维度的重大战略实施，为西南沿边地区综合交通运输体系的建设提供了多重战略机遇，西南沿边地区综合交通运输体系发展战略的构建应服务各层次战略的实施。

（一）深入推进实施西部大开发的战略机遇

西部大开发战略旨在支持西部地区的开发建设，实现东西部地区协调发展。国家从2000年开始实施西部大开发，目前已进入深入实施新一轮西部大开发的机遇期，需要以放眼世界、互联互通的大视野，着力优化发展空间格局，增强西部地区自我发展能力，推动西部地区经济又好又快发展和社会的和谐稳定。自2010年以来，国家先后发布的《关于深入实施西部大开发战略的若干意见》《西部大开发“十二五”规划》《西部大开发“十三五”规划》等有关西部大开发战略的政策文件中先后提到，“加强基础设施建设、改善投资和发展环境，大力发展特色优势产业，不断增强经济发展内生动力”，“扩大对内对外开放，建设国际陆路大通道，构筑内陆开放和沿边开放新格局”，“加快综合交通网络建设。全面加强铁路、公路、民航、水运建设、扩大路网规模，提高通达能力，强化与东中部地区和周边国家的交通联系”，“继续加强交通、水利、能源、通信等基础设施建设，着力构建‘五横四纵四出境’综合运输大通道，加快建设适度超前、结构优化、功能配套、安全高效的现代化基础设施体系，强化设施管护，提升基础保障能力和服务水平”……并对西部地区铁路、公路、民航、水路等交通网络基础设施的建设提出了具体的任务。

在一系列政策建议中，明确了西南沿边地区构建综合交通体系的具体任务，具体包括以下内容。

（1）将西部地区铁路建设作为全国铁路建设的重点，加快推进干线铁路、高速铁路、城际铁路、开发性新线和枢纽站场建设，强化既有线路的扩能改造，促进西部高速铁路成网、干线铁路升级、全网密度加大、运营提质增效。提升铁路路网密度和干线等级中覆盖西南沿边地区的有：延续昆明至南宁、拉萨至林芝等重大工程，开工建设重庆至昆明、贵阳至南宁城际等重大铁路项目，贯通沪昆高速铁路等。加强区域国土开发性铁路建设，研究建设川藏铁路雅安至林芝段、大理至攀枝花铁路，完善区域内部网络，扩大路网覆盖面。改造和建设一批铁路运输枢纽，进一步完善布局，提高路网整体效能。其中，重点铁路工程涉及联系东中部通道的沿江通道、沪昆通道、西南出海通道；沟通南北方通道的西部南北通道；加强防城港至东兴、大理至瑞丽、玉溪至磨憨、大理至临沧铁路建设，规划建设芒市至猴桥等铁路，积极推进中越等铁路通道规划等联系国内外的通道；加快开展丽江至香格里拉铁路、柳州至广州（或韶关）等项目前期工作，促成开发性新线；对南昆铁路百色至昆明段、洛湛铁路永州至玉林段、青藏铁路格尔木至拉萨段等铁路实施扩能改造，规划实施怀化至柳州、衡阳至柳州等铁路电气化改造；强化南宁站、柳州站扩能改造，建设昆明枢纽东南环线等项目。

（2）加快区际、省际高速公路通道、综合交通枢纽及民生项目等薄弱环节和短板领域建设，努力形成国内国际通道联通、区域城乡广泛覆盖、枢纽节点功能完善、运输能力大幅度提升的公路基础设施网络。实施高速公路联网畅通、普通国省干线升级改造、农村公路畅通安全，推进建设枢纽站场、口岸公路、疏港公路、旅游公路等，基本实现城镇人口20万以上城市及地级行政中心通高速公路、具备条件的乡村和建制村通硬化路，加快推进客运“零距离”换乘、货运无缝衔接。

（3）加快西部地区枢纽机场扩容改造，逐步提升昆明机场国际枢纽功能和竞争力，培育桂林、南宁、拉萨等机场区域枢纽功能，提升区域机场密度，优化布局结构，稳步推进一批支线机场建设。扩建昆明、拉萨、南宁、桂林等机场，改扩建德宏、腾冲、林芝、昌都、柳州等机场，迁建昭通、梧州机场，新建红河、沧源、澜沧、怒江、玉林等一批支线机场，打造西南机场群和中南机场群。做好机场建设项目空管、供油等配套工程建设。大力拓展国际航线，重点推进与“一带一路”沿线国家互联互通。完善国内航线布局，增辟西部主要城市东向航线，增加航班密度，打造沪昆等空中大通道。加快西部地区通用机场、飞行服务站和航油配送中心布局建设。

（4）全面加快长江上游航道建设，继续实施西江航运扩能工程，推进南宁港、贵港港、梧州港等内河港口及北部湾港口规模化、集约化、专业化建设，加强港口集疏运铁路和公路建设，强化港口集疏运通道建设。

西部大开发战略的不断推进与深化，迫切要求西南沿边地区利用自身边疆战略位置发展联通国内外、覆盖城乡的综合交通运输体系，以促进该地区经济发展、民族团结、社会稳定和国家安全。在新一轮西部大开发背景下，各项政策为西南沿边地区进行综合交通运输体系的构建提供了良好的机遇。

（二）融入共建“一带一路”倡议，落实西南沿边地区新定位的战略机遇

2015年，国家发展改革委、外交部、商务部联合发布的《推动共建丝绸之路经济带和21世纪海上丝绸之路的愿景与行动》，明确提出推动“一带一路”建设。西南沿边地区中，广西要充分“发挥广西与东盟国家陆海相邻的独特优势，加快北部湾经济区和珠江—西江经济带的开放发展，构建面向东盟的国际大通道，打造西南中南地区开放发展新的战略支点，形成21世纪海上丝绸之路与丝绸之路经济带有机衔接的重要门户”。云南要“发挥云南区位优势，推进与周边国家的国际运输通道建设，打造大湄公河次区域经济合作新高地，建设成为面向南亚、东南亚的辐射中心”。推进西藏与尼泊尔等国家

边境贸易和旅游文化合作。将西藏建设“成为促进民族团结的典范区、公共服务示范区、清洁能源基地和面向南亚开放大通道”。这也是党中央赋予以广西、云南、西藏为代表的西南沿边地区新的战略定位要求。在该愿景与行动中明确提出了合作重点，即政策沟通、设施联通、贸易畅通、资金融通、民心相通。在设施联通中提出，基础设施互联互通是“一带一路”建设的优先领域。具体提出“加强基础设施建设规划、技术标准体系的对接，共同推进国际骨干通道建设；强化基础设施绿色低碳化建设和运营管理；抓住交通基础设施的关键通道、关键节点和重点工程，提升道路通达水平；推进建立统一的全程运输协调机制，促进国际通关、换装、多式联运有机衔接；推动口岸基础设施建设，畅通陆水联运通道，推进港口合作建设，增加海上航线和班次，加强海上物流信息化合作。拓展建立民航全面合作的平台和机制，加快提升航空基础设施水平”。

国家赋予广西的战略定位迫切要求广西主动融入国家发展战略，加强与东盟交通基础设施互联互通项目的建设，实现联通陆上东盟，并依托大西南、中南为经济腹地促进我国内陆更加广阔的地域对外开放，打造西南、中南地区对接东南亚、通往东盟、沟通粤港澳最便捷的出海、出边国际大通道，加快西南、中南地区高效入桂通道建设，着力建设海陆联通枢纽，加强关键陆地通道和海上通道的建设，形成陆地通道有效连接海上通道，打造以北部湾港为中心的海铁联运、公水陆联运物流通道，最终形成区域性国际综合交通运输体系，形成有效衔接、相互支撑、联通内外、安全畅通的国际运输大通道。“一带一路”倡议建设中迫切需要云南的主动服务和融入，加快建设面向南亚、东南亚的辐射中心。云南应着力打造路网、航空网、能源保障网、水网、互联网五大基础设施网络，练好经济社会发展“内功”，夯实对外开放根基，进一步释放“面向三亚、肩挑两洋、通江达海”的区位优势。构建云南—缅甸—印度洋国际大通道、云南—印度洋的其他国际大通道、云南—印度国际大通道、泛亚国际大通道、云南印度洋船队等，将云南打造成“公路运输+海洋运输+民航运输+铁路运输+管道运输”的国际大通道，力争通过建设和完善综合交通运输体系，使云南成为西南区域经济中心，最大限度地分享“一带一路”建设红利。同时，要求西藏主动融入“一带一路”倡议建设中，全面推动南亚贸易陆路大通道建设，依托建设“一干线、两基地、三出口”

大力发展西藏与周边国家的经贸合作，逐步将西藏打造成为中国陆路通往南亚国家的贸易和物流中心。为履行这一战略定位，西藏应建立立体交通网络，优先建设发展边境公路项目，推进国道高速化和省道高等级化，规划建设区内高速公路，推进青藏铁路扩能改造建设，推动川藏、滇藏、新藏铁路以及日喀则至吉隆（或樟木）口岸铁路建设。逐步提高拉萨贡嘎机场、林芝米林机场、日喀则机场、阿里昆莎机场的航运能力，完成昌都邦达机场的改造升级工作，支持通用航空发展，推进应急救援基地建设。

（三）促进落户广西的“双核驱动”等战略深入实施的战略机遇

1. 促进广西北部湾经济区国家战略深入实施的战略机遇

2008 年 1 月，《广西北部湾经济区发展规划》经国家批准实施，正式上升为国家战略，广西成为全国第一个实施区域经济规划建设的省区。为进一步实施《广西北部湾经济区发展规划》，自治区先后出台了《广西北部湾经济区同城化发展推进方案》《广西北部湾经济区发展规划（2014 年修订）》《广西壮族自治区人民政府关于促进广西北部湾经济区开放开发的若干政策规定》等文件，都提出要“围绕经济区产业布局和发展需要，按照统筹规划、先行发展、适度超前的原则，优先支持港口、公路、铁路、机场、城市轨道交通、水利、信息、口岸等关键基础设施建设”。

首先，《广西北部湾经济区发展规划》战略的实施要求北部湾经济区发展现代工业，实现合理的经济结构，三次产业协调发展，城乡协调互动发展、城镇化水平稳步提高，中心城市辐射带动作用显著增强。产业结构的优化升级、新型城镇化建设无一不要求广西推进交通运输体系的建设，拉近时空距离和降低成本，带动交通沿线地区产业结构优化升级，促进资源在城市内部和城镇间的优化配置，带动城镇体系规模有序发展，促进北部湾城镇群城镇化发展。其次，北部湾经济区国家战略的深入实施要求增强北部湾经济区与中南、西南、东盟国家的商贸、物流、技术等方面的交流，促进北部湾经济区形成更高层次的开放合作水平，而开放合作的不断深入要求提升国际大通道能力，构建开放合作支撑体系，构筑出省、出边通江达海的高等级公路网、大能力铁路网和大密度航空网，形成高效便捷、安全畅通的现代综合交通网络，实现多种运输方式无缝衔接和高效联运，提升交通运行体系的整体效率。

2. 促进珠江—西江经济带发展规划实施战略机遇

2014 年，国务院批示的《珠江—西江经济带发展规划》正式印发，以珠江—西江流域为依托的区域发展正式上升为国家战略。珠江—西江经济带是我国首个直接联系东西部地区的跨省区、跨不同发展阶段的流域经济合作发展模式新典范，为华南区域协调发展和南方对外开放发展再添战略新支点。珠江—西江经济带发展整体呈现“一轴、两核、四组团、延伸区”的空间格局，即以珠江—西江主干流区域为轴，强化以广州和南宁为经济带的双核作用，重点建设广州—佛山、肇庆—云浮—梧州—贵港、柳州—来宾、南宁—崇左—百色等四组团，推动珠江—西江上下游沿江地区加快发展。规划提出，要协同推进重大基础设施建设，提升共建共享和互联互通水平；创新生态环保合作机制，共建珠江—西江生态廊道；强化产业合作对接，推进产业集聚和转型升级；加强沿江城市间的分工合作，建设特色多元沿江城镇体系；推进社会事业重点领域一体化建设，促进基本公共服务均等化；构建开放合作的支撑平台，共创开放合作新高地。六大任务无一不与打造综合交通大通道息息相关。

一方面，以加快承接产业转移为抓手，促进产业转型升级和以推动沿江城乡发展一体化为目标，建设特色多元的沿江城镇体系。广西作为珠江—西江经济带的西部欠发达地区，是珠江三角洲地区产业转移的战略腹地，通过建设西江黄金水道、构建快速铁路网、发展高速公路网、推动民用航空发展等方面构建粤桂互联互通大通道，为产业转移提供良好的交通、产业园区等基础设施条件。与此同时，产业转移带来的产业集聚衍生的第三产业，进一步促进西江沿线地区产业的转型升级。另一方面，构建西江沿岸特色多元沿江城镇体系，通过积极引导人口向西江沿岸集聚，形成以南宁都市区为区域中心城市，形成多元特色的柳州—来宾、梧州—贵港新兴城市组团，培育一批经济强镇、特色小镇，形成定位明确、分工合理、等级清晰的城镇体系和空间架构。随着城镇体系的发展和城市化水平的提高，未来区域内人员流动将进一步增加，城际间客运需求将快速增长，这些必须要求进行跨区域铁路、公路等交通网络建设，搭配黄金水道，形成综合交通枢纽。

3. 促进左右江革命老区振兴战略实施

2015 年 2 月，国务院对《左右江革命老区振兴规划（2015—2025 年）》

正式做出批复，标志着党中央、国务院赋予了左右江革命老区新机遇。在战略定位上，明确要弘扬老区革命精神，把握全面深化改革扩大开放、深入实施西部大开发等重大战略机遇。立足老区比较优势，突出体制机制创新，着力加强基础设施建设和发展特色优势产业，实行城乡统筹与区域协调发展，创新生态文明建设，改善社会必要保障制度，完善基本公共服务体系，优化区域内、与周边地区的分工合作，深化开放合作。《左右江革命老区振兴规划（2015—2025 年）》中关于基础设施建设、特色优势产业、城乡协调发展等方面都与综合交通体系紧密关联。因此，实施桂黔滇跨省互联互通攻坚工程，建设一批跨省域的高等级铁路、公路，水路、航运通道等，并通过联通珠江—西江黄金水道，打造区域性综合交通枢纽，加快形成与周边中心城市便捷畅通的快速通道，有利于特色优势产业的集聚和经济开放合作的深化，最终推动跨省左右江革命老区协调发展。

4. 主动融入“西部陆海新通道”建设战略机遇

西部陆海新通道，其前身为中国与新加坡两国政府合作的中新（重庆）战略性互联互通示范项目旗下的“南向通道”。中新互联互通南向通道（简称南向通道）是在中新（重庆）战略性互联互通示范项目框架下，以重庆为运营中心，以广西、贵州、甘肃为关键节点，中国西部相关省（自治区、直辖市）与新加坡等东盟国家通过区域联动、国际合作共同打造的，对内连接中国西北和西南地区，对外连接东南亚、中亚，并经中欧班列连接欧洲的南北大动脉，有机衔接“一带一路”的国际陆海贸易新通道，是提升中国西部和东南亚等地区互联互通水平的重要举措。2017 年 8 月，渝桂黔陇四省（自治区、直辖市）签署了《关于合作共建中新互联互通项目南向通道的框架协议》。经过一系列协商与建设工作，2018 年 11 月，中国、新加坡两国签署了“国际陆海贸易新通道”谅解备忘录，意味着南向通道正式更名为中新（重庆）战略性互联互通示范项目“国际陆海贸易新通道”。2018 年 12 月，国家发展改革委牵头制定的《西部陆海新通道总体规划》向各地征求意见，规划范围包括西部 12 省（自治区、直辖市）、海南省和广东的湛江港，其中广西北部湾港作为海铁联运的重要门户港，使南向通道成为西部陆海新通道建设的主要方向。

南向通道建设有利于激发我国西部地区现有基础设施潜能，整合国际国内两个市场两种资源，充分发挥广西对东盟陆海相连的独特优势。南向通道的建设要求广西完善通道沿线铁路、公路、海港、口岸、物流园区等基础设施建设；初步形成以海铁联运为主干线，公海联运、跨境公路运输、跨境铁路运输等一主多线的多式联运体系；建成北部湾港多式联运基地、南宁综合物流基地、凭祥跨境物流基地；在我国中西部地区和“一带一路”沿线国家建设多个内陆无水港；实现海铁联运航班和北部湾港班轮常态化、规模化运营；将北部湾打造成集装箱干线港和区域性国际航运中心。建设西部陆海新通道，是党中央、国务院根据国际国内新形势对广西等西部省（自治区）提出的新任务、新要求，是提升中国西部、东南亚和欧洲等地区互联互通水平的重要举措，也给广西对外开放带来了前所未有的战略机遇。

5. 贯彻落实《广西国民经济和社会发展第十三个五年规划纲要》的战略机遇

2016 年 3 月，《广西壮族自治区国民经济和社会发展第十三个五年规划纲要》明确提出，以建设面向东盟的国际大通道为目标，强化通道、做强枢纽、优化网络、提升服务，统筹各种运输方式的发展，形成内畅外通、便捷高效的“一中心一枢纽五通道五网络”综合交通运输体系。具体包括：①围绕“一带一路”倡议，构建海上东盟、陆路东盟、衔接“一带一路”、连接西南中南、对接粤港澳“五大通道”，提升出海、出边、出省的通达能力。②以扩总量、优存量、补短板、破瓶颈为目标，加快铁路、公路、水路、航空、油气管网“五张网络”建设，建成覆盖面广、相互衔接的区内综合交通运输网络。③建设北部湾区域性国际航运中心。④打造南宁区域性国际综合交通枢纽、桂林区域性国际旅游综合交通枢纽、北部湾综合交通枢纽和区域性或地区性综合交通枢纽。⑤优先发展公共交通，完善城市公共交通网络。⑥加强铁路、公路、水运、机场、公交有机衔接，完善大能力专业化货运体系、多元化客运服务体系和提升绿色智能安全水平，最终提高交通运输服务水平。

（四）促进落户云南一系列战略深入实施的战略机遇

1. 建设面向西南开放的重要桥头堡战略的战略机遇

2011 年，《国务院关于支持云南省加快建设面向西南开放重要桥头堡的意见》（以下简称《意见》）正式印发，标志着云南建设面向西南开放的重要桥头堡战略上升到国家层面推进实施。云南从改革开放的“末梢”变成改革开放的“前沿”，在区域发展中的战略地位逐渐凸显。该《意见》中强调云南是“我国向西南开放的重要门户、我国沿边开放的试验区和西部地区实施‘走出去’战略的先行区、西部地区重要的外向型特色优势产业基地、我国重要的生物多样性宝库和西南生态安全屏障、我国民族团结进步、边疆繁荣稳定的示范区”。根据云南发展的基础条件和战略定位，提出强化基础设施建设，提高支撑保障能力的任务要求，其中排首位的任务就是构建比较完善的综合交通体系。从铁路、公路、干线公路、快速通道、农村公路、民航和航运、机场建设等方面阐述具体的建设方向。具体如下：“抓紧实施昆明—长沙—杭州铁路客运专线，云桂铁路，大理—瑞丽铁路，以及成都—昆明铁路扩能等工程建设，推进国际铁路境内段及昆明—重庆铁路的规划和建设。实施国际公路云南境内路段的高速化改造。重点推进重庆—昆明、汕头—昆明、杭州—瑞丽、广州—昆明等国家高速公路云南段建设，加快省内州市间快速通道、滇中城市经济圈城际快速交通、兴边富民沿边干线公路、重要旅游区快速通道的建设，加快实施通村沥青（水泥）路等农村公路建设。完善澜沧江—湄公河国际航运。逐步提升重要航道等级，加快百色水利枢纽通航设施和富宁港建设，实现右江—珠江千吨级航道贯通。加快泸沽湖、红河机场建设，研究论证沧源、澜沧等机场建设。构建以昆明新机场为西部重要航空枢纽，丽江、西双版纳、芒市、大理、香格里拉、腾冲、文山等支线机场为辅助的机场布局网络。积极发展通勤航空和其他通用航空。鼓励中外航空公司开辟和增加国际航线，重点发展连接东南亚、南亚、西亚和欧美的航线。”

2. 主动对接长江经济带发展规划实施的战略机遇

2016 年 9 月，《长江经济带发展规划纲要》正式印发，围绕“生态优先、绿色发展”的基本思路，确立了长江经济带“一轴、两翼、三极、多点”的发展新格局。长江经济带覆盖上海、江苏、浙江、安徽、江西、湖北、湖南、重庆、四川、云南、贵州等 11 个省（直辖市）。云南属于长江经济带的“多点”发展区域，与长江三角洲城市群、长江中游城市群、成渝城市群相互补充，通过不断完善城市功能，发展优势产业，建设特色城市，加强与中心城市的经济联系与互动，带动地区经济发展，支撑长江经济带全面建设。《长江经济带发展规划纲要》中明确提出：“加快交通基础设施互联互通，是推动长江经济带发展的先手棋。要着力推进长江水脉畅通，把长江全流域打造成黄金水道；统筹铁路、公路、航空、管道建设，率先建成网络化、标准化、智能化的综合立体交通走廊，进一步提高质量和效益，增强对长江经济带发展的战略支撑力。”重点推进：①统筹干线支线航道建设，加快船型标准化、健全智能服务和安全保障系统，提升黄金水道功能；②强化港口分工协作、发展现代航运服务、加强集疏运体系建设等，促进港口合理布局，实现枢纽港与铁路、公路运输衔接互通；③加快建设铁路，高等级、广覆盖公路网，有效延伸黄金水道辐射范围，优化航线网络，统筹规划、合理布局油气管网，加快建设主干管道，完善综合交通网络；④加快建设全国性综合交通枢纽，有序发展区域性综合交通枢纽，加快发展多式联运，鼓励发展铁水、公水、空铁等多式联运，提高运输服务一体化水平。这四个方面共同推进，支撑引领长江经济带区域经济社会发展。

3. 服务和融入国家“孟中印缅”和“中国—中南半岛”经济走廊战略机遇

2013 年 5 月，国务院总理李克强访问印度期间提出建设“孟中印缅经济走廊”倡议。2015 年两会期间，李克强在政府工作报告中提出“构建全方位对外开放格局”，并特别提出要构建沟通东亚、东南亚与南亚市场及资源的“孟中印缅经济走廊”计划。“孟中印缅经济走廊”建设包含孟加拉国、印度、缅甸、中国，开展包括交通能源、商贸物流、产业合作、人文交流四大方面的合作，通过引导在各国沿线城市建设具有特色产业群、层次清晰城镇体系等，促使沿线各种生产要素流动，形成资源互补和优化配置，形成一条资源互补共享、地区分工明确、双边互利共赢合作、沿线各国共同发展繁荣的跨国经济走廊或通道。云南作为中国西南门户，从区位上来说是建设“孟中印缅经济走廊”的最佳经济合作区，是最具有西南开放优势的省份。从目前交通发展状况来看，云南已经形成“四出境”通道，为经济走廊建设奠定了交通基础。从合作基础来看，云南多年与孟加拉国、印度、缅甸等国际贸易、文化、教育等方面的合作，已形成良好的合作基础。构建交通能源走廊是打造“孟中印缅经济走廊”四大内涵之一，迫切要求云南省对内增开国际客货运航线，发展多式联运，形成横贯东中西、联结南北方对外经济走廊。对外，孟中印缅和大湄公河次区域陆路交通以连接主要城市或中心城市为原则，促进孟中印缅沿线主要城市和中心城市的互联互通。构建交通能源走廊才能更好地服务商贸物流、产业合作和人文交流。因此，云南构建“互联互通”综合交通运输体系，促进国际道路运输便利化，是拓宽“孟中缅印经济走廊”的基础。

中国—中南半岛经济走廊，起始于中国广西南宁和云南昆明，纵贯中南半岛的柬埔寨、泰国、越南、老挝、马来西亚等国家，最终抵达新加坡。中国—中南半岛国际经济走廊是中国连接中南半岛的大陆桥，更是中国与东盟国家开放交流、合作共享的跨国经济走廊。其建设要求各国在交通基础设施建设、通关便利化、跨国投资、跨国物流、沿线地区与城市合作等领域加强合作，并以主要交通通道关键城市节点规划为重点，不断推进基础设施互联互通。在共同规划时将涉及不同国家的重点项目纳入其中，特别是合作建设跨境基础设施，以推进基础设施建设为契机，拓宽发展空间，促进跨境产业带、跨境经济合作区的形成与壮大。

4. 贯彻落实《云南国民经济和社会发展第十三个五年规划纲要》的战略机遇

2016 年 4 月，《云南国民经济和社会发展第十三个五年规划纲要》明确提出，云南省在“十三五”时期要立足“跨越式发展”主旋律、“示范区、排头兵、辐射中心”新定位和“富民强滇、同步全面小康”总目标。以发展畅通、快捷、安全、大容量、低成本交通运输为目标，加快“八出省、五出境”铁路骨架网、“七出省、五出境”高速公路主骨架网、广覆盖的航空网、“两出省、三出境”水运通道建设，构建与全面小康社会相适应、辐射南亚东南亚的综合交通运输体系。具体包括：①以铁路、高速公路为重点，全面打通出省出境通道，构建内通外联的综合交通走廊。②建设功能明晰的综合交通网络，包括构筑以航空为先导，干线铁路、高速公路为骨干，城际铁路、支线铁路、国省干线公路、水运为补充，农村公路畅通、城市公共交通设施完善、层次分明、功能明晰、覆盖广泛的基础运输网络。建设以高速铁路，高速公路，干支互补机场体系，国际、国内、省级层级分明的航线网络为主的高品质的快速运输网。推动公铁、空铁联运，优化国际国内货运中转联程、联程联运和通关流程，逐步建成专业化的货物运输网。以轨道交通和高速公路为主，国省干线公路为辅，推进城市群内多层次城际轨道交通网络建设，建成六个城镇群城际交通网络，并通过提高运输服务能力，建设高效便捷的城际轨道交通网和城市公共交通网。③按照“统一规划、同步建设、协调管理”的原则，建成集铁路、公路、机场、城市轨道交通等多种交通方式高度融合、顺畅衔接、高效集疏的综合性交通枢纽，实现各种运输方式在综合交通枢纽上的便捷换乘、高效换装。④实施交通“互联网+”行动计划，建设多层次综合交通公共信息服务平台、票务平台、大数据中心，推进综合交通服务管理水平提高和智能绿色安全发展等。这些内容都为西南沿边地区构建综合交通运输体系提供了机遇和指导。

（五）贯彻落实《西藏国民经济和社会发展第十三个五年规划纲要》的战略机遇

西藏的经济社会发展与稳定直接关乎国家的长久治安、和平稳定、全面小康社会建设的进程。2016 年，《西藏国民经济和社会发展第十三个五年规划纲要》提出，要实现“基础设施条件全面改善，区内交通运输网络更加健全，进出藏通道更加通畅，农牧民出行更加便捷”的目标，并为实现这一目标提出了加强基础设施建设的任务要求，即围绕构建“一圈两翼三点两线”城镇化空间布局，统筹实施交通、能源、水利等重大项目。包括统筹规划、适度超前，加快国省道骨干道路、高等级公路、快速通道等公路建设；加快拉萨至林芝普通铁路建设，积极推进川藏及口岸铁路等有关衔接邻国、邻省铁路的建设；加强农村公路建设，分类指导建设油路、硬化路等；此外，还特别强调了景区公路的建设、重要口岸的建设，以及公路养护管理体制机制的完善等。西藏“十三五”规划中有关交通基础设施的规划同样为西南沿边地区综合交通运输体系带来战略机遇。

（六）关于沿边沿疆开放发展等战略机遇

西南沿边地区主动融入全国综合交通运输体系建设，完善自身综合交通运输体系的建设，还立足于自身区位优势，贯彻国家有关沿边基础设施建设的相关规定。国家先后发布《关于加快沿边地区开发开放的若干意见》《关于印发周边基础设施互联互通总体规划（2014—2035 年）的通知》《国务院办公厅关于印发贯彻落实沿边地区开发开放规划（2014—2020 年）重点工作部门分工方案的通知》《国务院关于支持沿边重点地区开发开放若干政策措施的意见》等有关沿边开放开发的政策规划，要求加快推动互联互通境内外段项目建设，推进出境高速公路（境内段）等重点公路项目建设，完善沿边重点地区公路网络；加强边境城市航空口岸能力、口岸基础设施等建设，推进跨境通道的开放开发等交通基础设施建设，促使对外沿边经济走廊建设。

例如，广西为进一步发挥广西沿边的区位优势，自治区党委政府制定了《关于实施开放带动战略 全面提升开放发展水平的决定》，明确提出加快建设立体交通运输网络体系和进出口货物转运基地。通过完善基础设施水平、增强综合服务功能、提高流通效率，以及适当降低综合运输价格等措施，增强广西沿海港口的综合竞争力，最终服务于区域性现代物流中心、加工制造中心和国际贸易中心等平台建设，充分发挥广西出海大通道作用。云南为充分利用重点开发开放试验区、沿边国家级口岸、边境城市、边境经济合作区和跨境经济合作区等国家和地区合作的重要平台，确保边境和国土安全，主动对接“一带一路”建设和“孟中印缅经济走廊”建设，发布了《云南省人民政府关于支持沿边重点地区开发开放若干政策措施的实施意见》，明确提出从加快推进互联互通境内段项目、境外段项目、边境城市航空口岸能力、口岸基础设施等四方面建设，从而提高基础设施保障水平。西南沿边地区的沿边区位优势迫切要求充分利用国家构建国际大通道、沿边金融政策、国家重点开发开放试验区、国家级边境经济合作区、跨境经济合作区等优惠政策，为建设综合交通运输体系奠定基础。

二、各交通子系统的战略机遇

2017 年 3 月，国务院印发了《“十三五”现代综合交通运输体系发展规划》，提出要在“十三五”时期构建横贯东西、纵贯南北、内畅外通的“十纵十横”综合运输大通道，并详细列出了未来将建设的高铁、高速、水路、机场等重点项目。其中，“十纵十横”中的“五纵四横”穿过西南沿边地区，“五纵”包括沿海运输通道、包头至防城港运输通道、临河至磨憨运输通道、北京至昆明运输通道、额济纳至广州运输通道；“四横”包括青岛至拉萨运输通道、沿江运输通道、上海至瑞丽运输通道、汕头至昆明运输通道。综合运输通道的建设规划和各交通子系统战略规划，为西南沿边地区综合交通运输体系建设提供了重要的战略机遇。

（一）公路建设战略机遇

2013 年 6 月，交通运输部发布了《国家公路网规划（2013—2030 年）》，提出“有效连接国家陆路门户城市和重要边境口岸，形成重要国际运输通道，与东北亚、中亚、南亚、东南亚的联系更加便捷”的规划目标，构建“两张网”，即普通国道网和国家高速公路网。国家公路网规划总规模 40.1 万公里，由普通国道和国家高速公路两个路网层次构成，其中国家高速公路网里程数总计划达 11.8 万公里。普通国道网包括 12 条首都放射线、47 条北南纵线、60 条东西横线和 81 条联络线，总规模约 26.5 万公里。国家高速公路网包括 7 条首都放射线、11 条北南纵线、18 条东西横线，以及地区环线、并行线、联络线等，约 11.8 万公里，另规划远期展望线约 1.8 万公里。2017 年，《“十三五”现代综合交通运输体系发展规划》提出要完善高速公路网络、推进普通国道提质改造、合理引导普通省道发展、全面加快农村公路建设，以及完善港口集疏运网络等。

国家有关公路网规划对西南沿边地区的普通国道网、高速公路网、农村公路建设具有明确的指导意义。为更好地开展公路网建设，以广西、云南、西藏为代表的西南沿边地区先后出台了《广西高速公路网规划修编（2010—2020 年）》《广西普通公路省道网规划（2011—2030 年）》《广西 2012—2015 年农村公路通畅工程工作方案》《县县通高速公路建设工作方案》《广西壮族自治区二级以下（含二级）公路建设管理体制改革方案》《广西壮族自治区公路水路交通运输信息化“十三五”发展规划》《云南省道网规划（2014—2030 年）》《云南省发展和改革委员会云南省交通运输厅关于印发云南省综合交通建设 5 年大会战（2016—2020 年）重点项目建设计划的通知》《云南省公路水路邮政交通运输“十三五”发展规划》等规划方案，对西南沿边地区的公路建设进行具体细化。例如，根据《广西高速公路网规划修编（2010—2020 年）》，到 2020 年广西形成“六横七纵八支线”布局，规划总里程达 8000 公里（扣除重复段里程），其中国家高速公路主线 6 条，联络线 2 条，绕城线 1 条，省级高速公路 7 条。“六横七纵八支线”布局基本形成了出边、出海、出省公路网，并逐步成为连接中国—东盟的国际交通枢纽。《县县通高速公路建设工作方案》中明确对每个县通高速公路的时间制定了目标，加大出省、出边公路的建设力度，各项公路规划提出的具体路线见表 8-1。

表 8-1 《国家公路网规划（2013—2030 年）》中涉及西南沿边地区的公路线

（一）普通国道网	
首都放射线（12 条）	北京—昆明、北京—拉萨 2 条首都放射线
北南纵线（47 条）	苏尼特左旗—北海、满都拉—防城港、兰州—龙邦、策克—磨憨、西宁—澜沧、马鬃山—宁洱、喀纳斯—东兴、张掖—孟连、丹东—东兴、呼和浩特—北海、甘其毛都—钦州、开县—凭祥、巴中—金平、遂宁—麻栗坡、景泰—昭通、兰州—马关等 16 条北南纵线
东西横线（60 条）	成都—噶尔、上海—聂拉木、上海—瑞丽、瑞安—友谊关、福州—昆明、广州—南宁、秀山—河口、启东—那曲、武汉—大理、察雅—萨嘎、张家界—巧家、宁德—福贡、南昌—兴义、福州—巴马、东山—泸水、佛山—富宁、陵水—昌江等 17 条东西横线
部分联络线（81 条），暂时没有列出西南沿边地区涉及线路	
（二）高速公路网	
首都放射线（7 条）	北京—昆明、北京—拉萨等 2 条首都放射线
北南纵线（11 条）	呼和浩特—北海、银川—百色、银川—昆明等 3 条北南纵线
东西横线（18 条）	杭州—瑞丽、上海—昆明、泉州—南宁、汕头—昆明、广州—昆明等 5 条东西横线
此外，包括 6 条地区性环线以及若干条并行线、联络线等。暂时没有列出西南沿边地区涉及线路	

资料来源：根据《国家公路网规划（2013—2030 年）》整理。

（二）铁路建设战略机遇

根据《“十三五”现代综合交通运输体系发展规划》《“十三五”铁路网规划图》和《国家中长期铁路网规划（2016—2030 年）》，在《国家中长期铁路网规划（2016—2030 年）》中提出，要从高速铁路、普通铁路两方面规划中国未来的铁路网。

具体要求：对高速铁路规划包括构筑“八纵八横”高速铁路主通道、拓展区域铁路连接线和发展城际客运铁路等三个方面；普通铁路规划包括形成区际快捷大能力通道、面向“一带一路”国际通道、促进脱贫攻坚和国土开发铁路等三个方面。这六大方面铁路建设的多条铁路线涉及西南沿边地区，具体见表 8-2。《铁路“十三五”发展规划》中提出“按照分类建设要求，落实各类投资主体，以中西部干线铁路、高速铁路等建设为重点，推进重点地区和重点方向铁路建设，继续实施既有线及枢纽配套改造，发展城际和市域（郊）铁路，推动对外骨干通道建设，充分考虑国防需求，促进点线能力协调，提高综合效能，不断增强铁路对经济建设和国防安全的基础保障能力”。各项有关铁路的规划对西南沿边地区铁路网络建设具有重要的指导意义，要求西南沿边地区在国家干线铁路网整体布局的基础上细化普速铁路、高速铁路、城际铁路等网络建设。广西、云南、西藏三省根据国家铁路网的整体规划先后出台了《全面深化改革推动广西铁路大发展实现市市通高铁工作方案》《云南省中长期及“十三五”铁路网规划》《广西铁路建设“十三五”规划》、各省（自治区）综合交通运输体系“十三五”规划等措施，对国家路网规划进行补充和完善，这为西南沿边地区综合交通体系建设提供了机遇。

表 8-2　《国家中长期铁路网规划》（规划期 2016—2030 年）中涉及西南沿边地区铁路线

（一）高速铁路网		
构筑“八纵八横”高速铁路主通道	“八纵”通道	沿海通道［大连—北海（防城港）高速铁路］；呼南通道（呼和浩特—桂林—南宁高速公路）；京昆通道（北京—昆明高速铁路）；包（银）海通道［包头—南宁—海口（三亚）高速铁路］
	“八横”通道	沪昆通道（上海—昆明高速铁路）；广昆通道（广州—南宁—昆明）
拓展区域铁路连接线	西部地区	拓展昭通—六盘水、贵港—玉林等铁路
发展城际客运铁路	鼓励大理发展城际客运铁路，在北部湾等城市群建设城际铁路骨架网	
（二）普速铁路网		
形成区际快捷大能力通道	京津冀—珠三角、北部湾通道	实施焦柳、洛湛南段扩能改造，构建北京—武汉—广州（南宁）通道
	京津冀—西北（西藏）通道	实施青藏铁路格拉段扩能改造，构建北京（天津）—石家庄—太原—兰州—西宁—拉萨通道，连接京津冀、兰西城市群及西藏地区
	京津冀—西南通道	构建北京—西安（长沙）—川、渝、黔、滇通道
	长三角—成渝通道	建设黔江—遵义—昭通—攀枝花—大理铁路
	珠三角—西南通道	柳州—梧州—广州、韶关—贺州—柳州—百色铁路，实施渝怀、黔桂、南昆铁路扩能，构建珠三角—西南地区通道
	西北—西南通道	利用成昆、内昆等铁路，构建西北（含呼包鄂榆）—西南地区通道

续表

面向“一带一路”国际通道	西南方向	实施南宁—凭祥铁路扩能；规划建设芒市—猴桥、临沧—清水河、日喀则—吉隆、日喀则—亚东、靖西—龙邦、防城港—东兴等铁路
促进脱贫攻坚和国土开发铁路	扩大路网覆盖面	建设黔江—遵义—昭通—攀枝花—大理、韶关—贺州—柳州—百色、黄桶—百色、涪陵—柳州、临沧—普洱等铁路
	完善进出西藏、新疆通道	建设川藏铁路雅安—昌都—林芝段、滇藏铁路香格里拉—邦达段、西宁—玉树—昌都铁路，研究建设新藏铁路和田—日喀则段，形成进出西藏、新疆、青海及四省藏区的便捷通道
	促进沿边开发开放	建设芒市—临沧—文山—靖西—防城港等西南沿边铁路
强化铁路集疏运系统	以资源富集区、主要港口及物流园区为重点，规划建设地区开发性铁路以及疏港型、园区型等支线铁路，形成干支有效衔接、促进多式联运的现代铁路集疏运系统，畅通铁路运输的“最先一公里”和“最后一公里”	
（三）综合交通枢纽		
构建南宁、昆明等综合铁路客运和货运枢纽		

（三）水路建设战略机遇

西南沿边地区拥有丰富的水资源，包括长江、西江、珠江、澜沧江等内河流域以及北部湾沿海水域，这些水资源促使西南沿边地区出省、出境的通道形成，航向的走向适用于当前国家加强区域经济合作和对外开放政策；同时，拥有我国重点内河水域和沿海港口，大部分内河流域和沿海港口都纳入全国内河水路和沿海港口的建设范畴。《“十三五”现代综合交通运输体系发展规划》提出，要“完善水路运输网络，优化港口布局；提升沿海和内河水运设施专业化水平，加快内河高等级航道建设，统筹航道整治与河道治理，增强长江干线航运能力，推进西江航运干线和扩能升级改造”。涉及西南沿边地区的内河高等级航道，包括推进长江干线航道系统治理和西江航运干线扩能；加强航道建设，包括推进澜沧江等国际国境河流航道，岷江、右江、北盘江—红水河、柳江—黔江等重要航道，以及金沙江等中西部区域的库湖区航运设施建设。

为充分发挥水路优势，西南沿边地区先后发布了《广西壮族自治区沿海港口布局规划》《广西西江黄金水道建设规划》《广西北部湾港总体规划》《广西北部湾沿海港口发展一体化改革试点实施方案》《云南省水路交通发展规划（2014—2030年）》《关于贯彻国务院加快长江等内河水运发展意见的实施意见》《广西壮族自治区公路水路交通运输信息化"十三五"发展规划》等系列措施，明确区域内内河水运体系和沿海港口、出境水路等建设方向和进程。

（四）民航建设战略机遇

民航运输机场是我国重要的交通基础设施，在综合交通运输体系中发挥着重要作用。《"十三五"现代综合交通运输体系发展规划》中提出，完善运输机场功能布局、推进通用机场建设、增强区域枢纽机场功能，开展部分繁忙干线机场新建、迁建和扩能改造工程。特别是增加中西部地区机场数量，扩大航空运输服务覆盖面。在偏远地区、地面交通不便地区、自然灾害多发地区、农产品主产区、主要林区和旅游景区等重点区域，推进通用机场建设，西南沿边地区就属于这类地区。其中，覆盖西南沿边地区的运输机场相关建设包括，加快建设昆明等国际航空枢纽，扩建南宁等主要区域枢纽机场，建设澜沧、玉林、红河等通用机场，建设沪昆、胶昆等单向循环空中大通道。通过系列分类指导建设，基本形成民航干线航路网格局。《全国民用运输机场布局规划》中提出，完善华北、东北、华东、中南、西南、西北六大机场群，其中涉及西南沿边地区机场布局包括中南、西南机场群，要提升昆明机场国际枢纽的竞争力；培育南宁、桂林、拉萨等机场的区域枢纽功能，提升柳州、丽江、林芝等其他既有机场发展水平，稳步推进澜沧等机场建设。

为贯彻落实《"十三五"现代综合交通运输体系发展规划》《全国民用运输机场布局规划》《国务院关于促进民航业发展的若干意见》精神，推进西南沿边地区民航业加速发展，云南相继出台《云南省人民政府关于建设民航强省的意见》《云南省人民政府关于进一步加快民用机场建设的实施意见》《云南省民用运输机场保护条例》《云南省人民政府办公厅关于促进通用航空业发展的实施意见》《云南省"十三五"航线网络规划》等文件。围绕云南构建南亚、东南亚辐射中心，推动民航强省战略的目标，明确"十三五"期间加快民用运输机场建设，合理布局开通国际航线，重点开辟东南亚、南亚航线，加快开辟昆明至欧洲、北美洲、澳大利亚、非洲等地枢纽城市的洲际航线，提升昆明长水机场国际航空枢纽竞争力，形成以昆明长水国际机场为核心，丽江、西双版纳、芒市机场为骨干，其他机场为补充的连接国际、国内和省内的三级航线网络。广西发布了《广西壮族自治区人民政府关于促进民航业发展的意见》，围绕将广西打造成西南、中南地区开放发展新的战略支点要求，明确加快干支线机场建设、争取区内机场被列入国家通用机场布局规划、完善机场综合交通枢纽、完善国内航线网络、拓展面向以东盟为主的国际航线、壮大航空运输主体、积极发展通用航空、加快实现军民航分离、推动航空经济发展等主要任务。一系列规定为构建西南沿边地区综合交通体系中民航交通建设提供了机遇。

（五）综合交通枢纽与城市交通建设战略机遇

《“十三五”现代综合交通运输体系发展规划》提出，完善综合交通枢纽空间布局，结合全国城镇体系布局，分别对国际性、全国性、区域性等层级的综合交通枢纽进行范围界定和区域指导，形成层级分明、分工明确、互补共享的综合交通枢纽布局，改善集疏运条件，形成交通枢纽一体化服务，促进货运枢纽站场集约化发展和枢纽站场之间的有效衔接。覆盖西南沿边地区的有：建设昆明等国际性综合交通枢纽，全面提升南宁、拉萨等全国性综合交通枢纽功能，以及部分重要枢纽的国际服务功能，并对西南沿边地区的综合枢纽布局进行指导建设，提出形成以国际性综合交通枢纽（昆明）、全国性综合交通枢纽（大理、曲靖、南宁、桂林、柳州、拉萨）以及区域性综合交通枢纽及沿边重要口岸枢纽等组成的多层次综合交通枢纽格局。通过优化中转设施和集疏运网络来实现各种运输方式的高效衔接、协调发展；通过提升不同层次综合交通枢纽的服务功能，扩大辐射范围，特别是提升向东南亚、南亚等国外和西南、中南、东南等国内主要区域的辐射带动能力。此外，《“十三五”现代综合交通运输体系发展规划》还提出，发展引领新型城镇化的城际城市交通。其中，涉及西南沿边地区的城际城市交通包括：①推进北部湾、滇中等城市群城际铁路建设，连通公路、水路、民航等多种交通方式，形成有效衔接的多层次、便捷化城际交通网络；②加强城市交通建设，提出推进超大和特大城市轨道交通网络的建设；③加快建设能有效衔接大中小城市、新城新区及城镇的市域（郊）铁路；④完善城市内外的交通网络，建设城市快速路、主次干路和支路优势互补、分工合作的道路网络，打通微循环；⑤完善城市内部的交通体系，推进城市慢行交通设施和公共停车场建设，提高公共交通出行承担率。

为落实国家有关综合交通运输枢纽和城际城市交通的规划，西南沿边地区通过编制各省（自治区）的“十三五”综合交通运输体系规划、“十三五”国民经济和社会发展规划以及具体专项规划，来落实建设综合交通运输枢纽和城市城际交通。例如，云南提出强化昆明核心作用，要努力将昆明建设成为全国性和我国面向南亚、东南亚的区域性综合交通枢纽，在滇中城市经济圈实现州市通高铁、县县通高速。广西启动城际铁路规划编制，计划按照“七射+八联+四环”的网络布局，在全区范围内建设和完成城际交通布局；南宁编制综合交通运输枢纽规划，通过加快高速公路、交通枢纽、码头、机场等的建设，形成以南宁为中心，辐射全区，服务中南、西南地区，面向东盟的国际门户综合交通枢纽。各类规划为西南沿边地区的综合交通运输枢纽和城际城市交通建设发展提供了战略机遇。

总而言之，国家发展战略的需要以及与东南亚和南亚陆海相邻的独特区位优势，决定了西南沿边地区的交通发展迎来了前所未有的战略机遇和挑战，同样面临新的发展要求。西南沿边地区的综合交通运输体系构建是实现与全国同步全面建设小康社会目标、贯彻落实党中央对西南沿边地区定位、构建区域协调发展新格局等的发展要求，更顺应交通行业发展与改革新形势。

第二节　战略原则与战略目标

一、指导思想

全面贯彻党的十九大精神，以邓小平理论、“三个代表”重要思想、科学发展观、习近平新时代中国特色社会主义思想为指导，按照国家“一带一路”倡议、长江经济带发展、国家《“十三五”现代综合交通运输体系发展规划》、西南沿边地区各省（自治区）国民经济和社会发展第十三个五年规划纲要等规划和优先发展西部大开发的总体要求，按照适度超前原则，深化供给侧结构性改革，坚持交通运输服务人民，实施交通优先发展战略，强化重要通道建设，加快综合交通枢纽发展，强化运输服务一体化衔接，优化交通运输网络结构，推进交通智能化、绿色化，提高交通运输服务水平，提升交通保障能力，以建设面向南亚、东南亚的国际大通道和辐射中心为目标，通过优化网络、强化通道、做强枢纽、提升服务，统筹发展各种运输方式，形成内畅外通、便捷高效的“多核心多重点九通道”的综合交通运输体系。

基于以上分析，西南沿边地区构建综合交通运输体系，应充分体现以下思想和要求。

1. 要基本适应国民经济和社会发展需要

综合交通运输体系的规模、结构和质量，旨在服务国民经济社会发展、区域规划、产业布局、城镇发展和国土开发等发展目标。因此，西南沿边地区综合交通运输体系要以实现西南沿边地区各省（自治区）国民经济社会发展需要为目标，要符合西南沿边地区由中低等收入向中上等收入跨越，由乡村社会向城市社会转型，由封闭、半封闭向全面开放新格局转变，产业由中低端向中高端水平提升，人民生活与全国同步全面建成小康社会的决胜期的特征，切实保障改善民生，要认清西南连片贫穷落后、民族边疆等特征，加大交通扶贫脱贫攻坚力度，提高交通运输基本公共服务能力和均等化水平，以期通过交通扶贫促使地区可持续发展。

2. 要紧密围绕落实党中央赋予西南沿边地区战略定位的需要

新时期，党中央赋予广西新的战略定位和新使命，即构建面向东盟的国际大通道，打造西南、中南地区开放发展新的战略支点，形成“一带一路”有机衔接的重要门户。提出云南要努力成为我国民族团结进步示范区，生态文明建设排头兵，面向南亚、东南亚的辐射中心。要求西藏加快建成面向南亚开放的重要通道。由此可知，党中央迫切要求西南沿边地区主动融入和服务“一带一路”、长江经济带等国家规划，能建设成为面向南亚、东南亚的国际大通道和辐射中心，充分发挥其沿海、沿边的区位优势，提高与周边国家及相邻省份的对外开放和互联互通。为落实这些定位要求，迫切需要西南沿边地区构建大通道、强化枢纽、提升服务能力等。

3. 要全面支持西南沿边地区各省（自治区）区域协调发展新格局形成

西南沿边地区经济社会发展存在总体水平低、区域差异明显、社会稳定压力大的特点。“十三五”时期，广西提出要深入实施“双核驱动”战略，推动“三区统筹”协调发展，即倾力打造北部湾经济区、西江经济带两大核心增长极，加快振兴左右江革命老区的经济发展空间格局。云南坚持协调发展，构建“一核一圈两廊三带六群”区域发展新格局，即以昆明中心城区和滇中新区为核心，以滇中城市经济圈、沿边开放经济带以及参与国家“孟中印缅”和“中国—中南半岛”经济走廊建设为重点，以澜沧江开发开放和金沙江对内开放合作经济带为重要组成部分，以六个城镇群为主体形态。西藏要深入建设以拉萨为核心，以日喀则、昌都、山南、林芝等中东部城市群抱团发展的经济发展格局。交通网络结构改善带来通达性改变，对经济空间格局演化极为重要。交通网络发展直接影响城市体系、地区发展空间格局。为形成新的区域协调发展新格局，要求不断提升城镇群的交通承载能力，构建有效衔接大中小城市和中小城镇的多层次、网络化的综合交通运输服务网络。

4. 要有利于综合交通运输体系的长期健康发展

综合交通运输体系的长期健康发展对促进地区经济社会可持续发展意义重大，既需要发挥各级政府推动建设的主导作用，更要充分发挥市场在提高交通运输效率和效益方面的基础性作用，以期形成经济社会发展与综合交通运输体系建设“螺旋式”上升发展。发挥各种交通运输方式的优势，综合协调各种运输方式之间和运输方式内部在基础设施、运输装备、运输组织与管理等方面的联系，合理引导交通基础设施的规划布局和结构优化，实现物理和逻辑上的紧密连接和一体性。创新科学技术、体制机制、要素投入方式等，保持区域综合交通运输体系长期健康发展并不断促进该区域经济社会发展。

5. 要适应人们生活质量不断提高的要求，促进可持续发展

人民生产生活、社会经济发展是一个动态过程，综合交通运输体系的建设要体现前瞻性、超前性、可持续性，不仅能保障当前区域经济社会又快又好发展，而且能适应人们生活质量不断提高的需要。这就要求，构建综合交通运输体系要综合考虑土地使用与城市建设、交通建设与城市功能、区域（城市）近期目标与长远发展等综合平衡，其核心在于促进各交通子系统有效衔接，将交通基础设施与综合交通枢纽建设综合考虑，注重交通管理的智能化、信息化等，促使交通体系集约化、智能化和可持续发展。

二、基本原则

1. 坚持协调发展原则

随着城镇化、工业化、现代化进程的不断推进，对服务经济社会发展的综合交通运输体系网络布局和功能提出了更高的要求，坚持适度超前发展，坚持综合交通建设发展规模与经济社会统筹协调发展，与国际、省际、城际、城乡发展规划相适应；合理布局交通运输通道与枢纽，以期满足城镇群城际之间、城镇内部、城镇与农村之间交通基础设施功能匹配和运输服务的衔接要求不断增强；统筹规划各种交通运输方式，强化各类交通运输方式衔接，高效发挥交通运输的整体功能。

2. 坚持突出重点原则

准确把握西南沿边地区实现与全国同步建成小康社会以及构建面向东南亚、南亚国际大通道和辐射中心的战略部署，进一步推动综合交通运输体系空间结构、方式结构、技术结构整体水平的提高，固化、调整和优化现有对外开放交通通道，充分发挥交通运输支撑和引领作用，重点建设出海、出边、出省通道和区内综合交通骨架，强调综合交通运输枢纽、重要通道、多式联运等，针对不同区域发展特点及需求，有侧重地提出目标和任务，在现有交通体系格局下，最大化统筹经济效益和社会效益。

3. 坚持服务民生原则

将保障和改善民生作为根本出发点和落脚点，注重发展公共交通运输体系，提高运输服务的安全性、便捷性、舒适性和时效性，增强城市公共交通运输能力。建设高品质的城际客运系统，深入落实城市公共交通优先发展战略，提高区域路网密度和通达深度，完善乡村交通网络，促进城乡基本公共服务均等化，将以人为本、惠及民生的理念不断深入人心，注重与国家经济地理相适应，为不同阶层、不同群体、不同地域的社会成员创造均等化的生存条件和公平发展机会，满足人们的有效需求。

4. 坚持绿色发展原则

树立安全绿色、循环节约、持续发展的理念，推进交通行业向资源节约型、环境友好型发展。在构建综合交通运输体系时，注重生态和环境保护，集约节约利用资源，实现交通运输绿色发展，坚持交通发展与资源节约、环境保护问题相协调，在建设过程中贯彻可持续发展思想，以占地面积少、能耗低、运能大、科技创新程度高、环保集约型的现代交通方式为战略重点，促进各种交通方式的合理分工和协调发展，以期坚持安全发展，完善安全管理体制和体系，提高风险防范意识，提升应对自然灾害、突发事件的交通保障能力。

三、战略目标

（一）总体目标

在“一带一路”倡议、长江经济带发展等规划背景下，西南沿边地区充分发挥其沿边、沿海开发开放优势，以构建面向东南亚、南亚的国际大通道和辐射中心为目标，从构建九大（五纵四横）综合运输通道、优化五张网络、打造多层级的综合交通运输枢纽、优化发展城际城市交通、提高运输服务水平等方面形成内畅外通、便捷高效的“多核心多重点九通道”的综合交通运输体系。在交通网络上呈现“多中心多重点五纵四横”的现代运输布局，即构建以昆明、南宁、拉萨为中心，以滇中城镇群、北部湾城镇群、沿边地区为重点，完善“广州—防城港—钦州—北海（沿海运输通道）；贵阳—南宁—防城港（包头至防城港运输通道）；重庆—昆明—磨憨（河口）（临河至磨憨运输通道）；北京至昆明运输通道；贵阳—桂林—广州（额济纳至广州运输通道）”等“五纵”，以及“格尔木—拉萨（青海至拉萨运输通道）；成都—林芝—拉萨—日喀则—亚东（樟木）（沿江运输通道）；贵阳—昆明—大理—瑞丽（上海至瑞丽运输通道）；广州—梧州—南宁—百色—昆明（汕头至昆明运输通道）”等“四横”。将西南沿边地区综合交通运输体系建设成为面向东南亚、南亚最为便捷的国际运输走廊，并与周边国家和省份互联互通。到2020年，西南沿边地区基本建成“安全可靠、布局合理、高效通畅、优势互补、绿色智能”的综合交通运输体系，交通运输基础设施更加完善，交通结构、网络布局更趋合理，交通运输服务水平不断提高，基本公共服务面不断扩大，区域交通网络差别不断缩小，安全保障能力不断增强，绿色化、生态化成为交通发展常态，基本满足西南沿边地区全面建成小康社会与建设面向南亚、东南亚国际大通道和辐射中心的需要。

（二）具体目标

1. 公路方面

完善等级高覆盖广的公路网络，在广西、云南逐步形成县县通高速、乡乡通油路的局面，在西藏实现县县通油路、乡乡通公路的局面。实施新增高速公路、改造扩能国省道公路、新建农村公路、改造扩能边境边防公路等工程。到2020年，西南沿边地区公路网规模将达50万公里。其中，高速公路里程1.7万公里，二级及以上高等级公路突破4.25万公里，广西、西藏两自治区普通国省干线二级及以上公路占65%以上，西藏普通国道三级及以上公路占65%以上。在广西、云南两省（自治区）实现具备条件的建制村通沥青（水泥）路，建设自然村屯硬化路，大幅度提升乡村公路通达深度，所有具备条件的建制村通客车。在西藏实施所有乡镇、建制村通公路，90%的乡镇和40%的行政村通硬化路。形成覆盖面广、保障能力强的基础公共网络。

2. 铁路方面

建成以南宁、昆明为中心向外呈环状发射的铁路骨干网络，逐步实现广西各地级市、滇中城镇群等地通高铁。到2020年，铁路营运里程达1.3万公里，高铁营运里程突破3700公里，云南、广西两省（自治区）铁路复线率、电气化率高于全国平均水平。全面加快铁路网建设，实现除昌都、阿里外的地级行政区全覆盖。加快城际铁路、市域铁路等的推进，在经济发展水平较好的大县城与中心城市间建设快速铁路，形成快速铁路网。

3. 水路方面

继续加强对外（出境、出省）水运通道、重要港口、库区湖区航运等基础设施建设，建设高效畅通的内河水运网络，提升沿海港口的服务能力，打造通畅的出境、出省水路运输通道，建成陆水相通的多式联运互联互通主通道，形成以高等级航道和主要港口为核心，布局合理、功能完善、技术先进、保障有力的内河水运体系。新增航道1000公里，高等级航道扩能改造与航道港口规模化建设取得进展，实现重点水路交通与其他交通方式“无缝”衔接，形成陆海、水陆联运航道常态化、规模化运营。

4. 民航方面

建设高效便捷的航空网络，优化支线机场布局。到 2020 年，基本实现 80%以上地级市拥有民用机场，航空运输服务覆盖面进一步扩大。提升昆明国际航空枢纽的竞争力，培育南宁、桂林、拉萨等机场区域枢纽功能，提升柳州、丽江、林芝等其他既有机场发展水平，新建一批通用机场，支持航空公司发展，促使其运营管理能力与西南沿边地区通用机场的建设发展相适应，开辟连接国内外重点城市、重点旅游景区（景点）的联程航线和直达航线，重点开辟昆明—南亚、昆明（南宁）—东南亚核心城市的国际航线。

5. 综合交通运输枢纽

建设多层次的综合交通运输枢纽，加强不同交通方式的有效衔接，形成以昆明为国际综合运输枢纽，以南宁、拉萨、桂林、柳州、大理、曲靖等为国家综合交通运输枢纽，以瑞丽、河口等地区为区域性综合交通枢纽及沿边重要口岸枢纽的交通枢纽格局。完善各种交通方式的单体客货运枢纽的建设，将昆明、南宁打造成区域性国际铁路、航空客货运枢纽。依托旅游资源和多样化交通方式，将昆明、桂林、拉萨等打造成区域性国际旅游综合交通枢纽。

6. 城市交通

完善城市公共交通网络，促进不同交通运输方式的“无缝”衔接，提升城市公交出行的便捷性。有序推进城市轨道交通建设，积极发展城市地面快速公交，争取昆明、南宁现有轨道交通路线基本建成，推进柳州、桂林等重要城市及滇中城镇群规划建设轨道交通。在西藏因地制宜地加大公共交通车辆和公共道路建设。对不同地区城市交通进行分类指导，如推动拉萨市实现中心城区公共交通站点 500 米全覆盖，每万人公共交通车辆拥有量增加至 16 标台以上。提升公共交通承担率，促使西藏公共交通占机动化出行比例达 60%。

第三节　总体战略与细分战略

一、总体战略

西南沿边地区综合交通运输体系的总体战略定位是：服务“一带一路”倡议、长江经济带、陆海新通道等国家规划的重要枢纽；我国西南沿边地区开放开发的战略通道；引领国家安全、新型城镇化、产业转型升级和与全国同步全面建成小康社会的骨架系统；构建我国面向南亚、东南亚的国际大通道和辐射中心的重要支撑。

1. 服务“一带一路”倡议、长江经济带、陆海新通道等国家规划的重要枢纽

当前，我国积极推动“一带一路”建设、长江经济带发展战略和京津冀协同发展战略。根据“一带一路”走向，陆上以我国西北、西南、东南等多个省份中心城市为支撑，依托国际大通道，共同打造中国—中亚—西亚、中国—中南半岛等国际经济合作走廊；海上以重点港口为节点，共同建设通畅安全、经济高效的运输大通道。西南沿边地区地处“一带一路”倡议、长江经济带、陆海新通道建设的节点区域，要立足于南亚、东南亚对我国中东部经济腹地的区位优势，通过优化交通网络布局、完善枢纽、提升运输服务水平，建设成服务“一带一路”、长江经济带、陆海新通道等国家规划的重要枢纽。

2. 我国西南沿边地区开放开发的战略通道

西南沿边地区中与其他国家接壤的地级市及以上城市 15 个，沿边县（市、区）54 个，其土地面积和人口分别占西南沿边地区的 50.92% 和 21.3%。在国家加快沿边地区开发开放，构建全方位开放新格局，深化与周边国家睦邻友好合作、促进沿边地区繁荣稳定的战略部署下，西南沿边地区作为我国西南地区沿边开放的载体和平台，需要进一步建设和完善互联互通综合运输大通道，发挥沿边、沿疆、沿海等地缘资源优势，创新沿边开放开

发模式，在我国构建面向西南开放格局中发挥重要通道作用。

3. 引领国家安全、新型城镇化、产业转型升级和与全国同步全面建成小康社会的骨架系统

西南沿边地区作为边疆地区、民族地区和集中连片特困地区，城乡、区域发展不均衡现象突出，部分农牧区、偏远山区交通基础设施建设严重滞后，居民出行难问题尚未得到根本解决。交通基础设施建设通过提升通达性，拉近空间距离，促进要素、产业集聚和新型城镇化，进而改善民生。西南沿边地区通过构建和完善综合交通运输体系，将促进资源要素、产业等沿交通干线集聚，通过“点—轴”发展模式、集聚与扩散作用，形成抱团发展多层次城镇群、经济带和经济区，为西南沿边地区构建新型城镇化格局、构建现代产业体系和与全国同步全面建成小康社会提供有效保障。

4. 构建我国面向南亚、东南亚的国际大通道和辐射中心的重要支撑

国家对西南沿边地区各省（自治区）赋予了新的战略定位，即西南沿边地区要以构建我国面向南亚、东南亚的国际大通道和辐射中心为战略定位。构建和完善综合交通运输体系有助于激发西南沿边地区现有基础设施潜能，打通对内、对外运输通道，即对内打通中国西南、中南、西北等地区的通道；对外打通连接南亚、东南亚，乃至中亚的横向、纵向通道，形成陆海、陆水等多式联运常态化、规模化，为构建我国面向南亚、东南亚的国际大通道和辐射中心提供重要支撑作用，有利于我国与东南亚、南亚，乃至东欧国家或地区的政策沟通、道路联通、贸易畅通、货币流通、民心相通等。

二、细分战略

（一）公路交通发展战略

以加快完善高速公路、推进普通国道省道提质改造建设、全面覆盖农村公路、完善边疆口岸、港口集疏运公路建设等为任务，形成以高速公路、国道省道、农村公路等为主体的高效快速、通达性好、惠及面广、开放开发的公路交通网络。

1. 高速公路发展战略

结合国家高速公路网规划，在西南沿边地区广西、云南两省（自治区）

重点实施通县高速公路、出省出境通道、沿边沿海高速公路、解决好“断头路”“瓶颈路”高速公路等工程，有序加快完善高速公路网络布局。到2020年，高速公路通县率达到97%。加快推进以昆明、南宁为中心的放射线、依托国家高速公路网络建设“2条首都放射线、5条南北纵线、6条东西横线”，以“三横七纵四环多条支线”省级高速公路为补充的互联互通、高效衔接的高速公路网络布局，提升主通道通行能力，构建陆通南亚、东南亚，有效衔接“一带一路”沿线、长江经济带、西南中南，对接港澳台的高速公路网布局。①贯通支撑“三大战略”国家高速公路主通道，加快建设贯通西南沿边地区的京昆高速、京藏高速2条首都放射线路段，推进西南沿边地区的包茂高速、兰海高速、渝昆高速、呼北高速、银百高速等5条南北纵线路段，建设西南沿边地区的杭瑞高速、沪昆高速、泉南高速、厦蓉高速、汕昆高速、广昆高速等6条东西横线路段。②建设2条贯穿滇桂横向高速公路主干道，一条为贺州（粤桂界）经梧州、贵港、南宁、百色（滇桂界）、曲靖、昆明、楚雄、大理、丽江至迪庆（香格里拉）高速公路；另一条为玉林（粤桂界）经北海、钦州、防城港、崇左、百色（滇桂界）、昆明、楚雄、大理、保山、德宏（瑞丽）高速公路。③新建和扩能昆明、南宁、桂林、曲靖（滇中城市经济圈）等地区绕城高速公路，拓展城市空间，实现大城市内部与过境交通有机衔接。加快建设滇中城市群、北部湾城镇群等高速公路网构成的城际通道，推动城镇群直通互联，有助于城镇群抱团发展。④加强沿海、长江干线、西江流域等沿江主要港口、码头、民用机场的集疏运高速公路。建设水富至昭通、鹿寨至钦州港、桂林至钦州港、松旺至铁山港东岸高速公路、柳州经合山至南宁高速公路，增强沿海港口、已建大型机场与内陆腹地、节点城市的快速便捷连接，扩大港口与机场服务范围，增强集疏运系统的对外开放能力。⑤推进沿边口岸公路改扩建项目，围绕中国—中亚—西亚、中国—中南半岛、中巴、孟中印缅等“一带一路”国际经济走廊，强化西南沿边地区重要沿边陆路口岸与国内高速公路网络的连接。沿滇桂边境线在有条件的沿边地区规划建设沿边高速公路，加强崇左至水口、隆安至硕龙、德宏芒市至瑞丽、铁山港至凭祥、腾冲至猴桥等沿边高速公路，实现西南沿边地区一类公路口岸高速公路连接，提升内外交通互联互通水平。

2. 普通国道省道提质改造战略

以沿边国道 G219 和沿海国道 G228 提级改造为重点，建设川藏公路南线，提升 G213、G216、G345、G356 等线路技术等级，结合骨架“五纵六横”高速公路，推进国省道“瓶颈”路段、通边出省公路、通乡省道等升级改造和未贯通路段建设，形成布局合理、适应西南沿边地区经济发展、横贯东西、纵穿南北、通关达海、出省出边、覆盖全区的国省道干线公路布局，实现对高速公路网的补充和完善，为海陆联运、陆水联运奠定基础。①对现有公路主干线提升技术等级，特别对西南沿边地区、集中连片特困地区、老少边穷地区低等级公路升级改造，基本消除无铺装路面、断头路、等外路、抗灾能力差的路段，提高道路保障能力和服务水平。②推进沿边口岸公路建设提级、城镇过境段改造和滇中城市群、北部湾城镇群、西江经济带城镇群等城际路段等扩容工程，加强普通国省道与城市干线衔接，缓解城市交通拥挤，充分发挥昆明、南宁、拉萨、柳州、桂林等公路交通枢纽的功能。③强化国省道与机场、车站、口岸、旅游基地等的衔接，实现沿边干线公路贯通，提升道路服务区水平。④加大干线公路危桥改造力度和生命安全防护设施建设，提高整体技术水平。

3. 农村公路建设战略

按照全面建成小康社会和扶贫开发的基本要求，开展交通扶贫攻坚战。通过完善农村公路网络、重要县乡改造升级、联网公路建设等，形成服务水平高、保障能力强、覆盖面积广、扶贫功能突出的基础公路网。开展交通扶贫工程，促进全面小康社会的建成。在滇桂两省（自治区）实现所有建制村通沥青水泥路，推进老龄油路改造和建制村之间道路连通，实现客运班车村村通，推动农村客运发展，强化贫困地区客运服务保障能力。特别加强石漠化集中连片特困地区、国家级贫困县、革命老区、民族县、边境县等交通扶贫攻坚，聚焦西南沿边地区的深度贫困地区、连片石漠化贫困区域，实施交通扶贫工程。在必要建制村或乡镇通硬化路等方面分类开展交通扶贫工作，构建“外通内联、通村畅乡、客车到村、安全便捷”的交通运输网络。在西藏开展通县油路项目建设，续建加查、改则、尼玛通县油路，新建墨脱、双湖通县油路。通过多层次、多举措逐步提高农村公路的通达深度、覆盖广度和网络化水平。

（二）铁路交通发展战略

在国家重大战略引领下，按照分类建设、分工合作等要求，分类推进高速铁路建设，实施干线铁路建设，扩能改造工程，发展城际和市域（郊）铁路，实施周边国家、省（自治区）互联互通工程等，形成以昆明、南宁为双核心的“北通、南达、东进、西联”的现代化路网格局，不断增强保障地区经济建设和边疆国防安全的能力。

1. 高速铁路建设战略

拓展区域连接线，扩大高速铁路覆盖范围。推进西南沿边地区滇桂省（自治区）与周边四川、贵州、湖南等高速铁路衔接，贯通沪昆、广昆等高速铁路，建设京昆、贵南、渝昆等高速铁路。加快滇桂地区地级市及以上城市高速铁路建设，推进广西市市通高铁、滇中城镇群通高铁，形成以南宁、昆明为中心，连接西南、中南、成渝、粤港澳、北部湾沿海和南亚、东南亚的高速铁路网络。打造西南沿边地区跨区域通道工程，扩大南昆客运专线客运能力，加强南昆客运专线在昆明与沪昆高铁、渝昆高铁衔接，在南宁与南广铁路衔接，形成以南宁、昆明为中心的高铁经济圈，缩短滇桂地区连通周边省会城市、国内主要中心城市的时间，共同构成西南泛珠三角和环北部湾的出海大通道。实施沿海高速铁路工程，在北部湾城镇群沿海城市新建沿海铁路，并在钦州、防城港等南向通道建设物流节点，增设客货运高铁专线。

2. 铁路干、支线扩能改造战略

扩宽区域干线铁路覆盖面，优化干线铁路网络布局，共同推进滇藏铁路、南昆铁路（百色至威舍段）新增二线等工程。推进重点地区铁路建设，建成川藏铁路西藏段，拉萨至林芝、大瑞铁路、丽香铁路、昆明枢纽东南环线、玉磨铁路、大临铁路、弥蒙铁路、叙毕铁路等，提升西南沿边地区铁路干线密度。根据经济发展需要，实施既有线路扩能改造，实施洛湛铁路永州至玉林段、成昆铁路、南宁至凭祥铁路、焦柳铁路怀化至柳州段、广大铁路等，通过扩能改造提升铁路干线运输服务能力。研究推进新藏、玉昌等项目前期工作。鼓励西南沿边地区以区域、省（自治区）、地级市为单位，吸引政府与社会资本投资和运营一批支线铁路、沿边铁路、地方开发性铁路，如加快推进钦州东至三墩铁路支线、钦州港至大榄坪支线联络线、合浦至铁山港铁路货运专线等。通过通道集疏运支线、港口支线和普通支线铁路的建设，促进铁路支线深入重要货源地，解决海铁、铁水联运“最后一公里”问题，实现产业园区、口岸、物流园区等的有效衔接，形成大能力铁路货运网，完善连通澜沧江—湄公河、金沙江—长江、北部湾港口、西江黄金水道和重点产业园区的支线铁路，为充分发挥干线铁路网的高效运营提供基础支撑，不断增强铁路对经济建设和国防安全的基础保障能力。

3. 城际和市域（郊）铁路建设战略

为适应新型城镇化发展、服务城镇群互联互通，在西南沿边地区建设以南宁、昆明为核心，连接地级市、大县城城际线和快速铁路线，利用既有线路增开城际列车，构建北部湾城市群、桂中城镇群、桂东南城市群、桂北城市群、滇中城镇群等城际铁路通道，打通西南沿边地区连接珠三角、川渝等区域的城际铁路通道，建成快速城际铁路网，在主要城镇群开设城际快速列车。

4. 周边国家、省（自治区）互联互通战略

拓展对外通道，推进对外边境铁路通道和口岸铁路建设，实现与境外通道的有效衔接，不断巩固国防安全，带动双边资源利用和贸易往来。提升昆明—河口—河内、南宁—凭祥—河内通往越南的客货运输服务能力和水平；推进建设大理—临沧通往缅甸、昆明—墨江—江城（勐康）通往老挝等出境道路建设，规划昆明—保山—腾冲、猴桥通往缅甸和印度、昆明—临沧—孟定（清水河）通往缅甸等铁路，形成对外骨干边境铁路，与南亚、东南亚国家实现陆路互联互通。推进重点方向铁路建设，包括昆明—大理—攀枝花通往四川和重庆、南宁经玉林—深圳的通往泛珠三角、粤港澳等通道，形成通往珠三角的沿海、沿江快速铁路通道，建设柳州经梧州—广州、柳州经贺州—韶关铁路。建设口岸铁路，如大理—瑞丽、玉溪—磨憨、防城港—东兴等。促进通关便利，打通出境通道，规划研究临沧—清水河等铁路，规划建设瑞丽、磨憨、东兴等铁路口岸。

（三）水路交通发展战略

充分发挥区域丰富的内河和沿海水路资源，以加强内河水路扩能改善、促进沿海港口集疏运系统完善，以及形成海铁、公海联运、跨境联运等多式

联运体系，优化西南沿边地区通航条件和港口布局，形成区内相通、有效衔接国内外的水路互联互通主通道。

1. 内河水运交通扩能战略

以澜沧江—湄公河国际航道、金沙江—长江黄金水道、右江—珠江水运航道、西江黄金水道建设为重点，改善通航条件，加快打造干线与支线有效衔接的高等级航道网络，建设高效的枢纽船闸系统，增大港口规模，增强和扩展港口功能，全面提升西南沿边地区水路整体效能，形成以金沙江（长江上游河段）、右江、西江、珠江为主干线，以其他内河、库湖区为支线的高等级内河水运网络，以澜沧江—湄公河外贸运输为主线的水路交通运输格局。推进通航条件和集疏运体系建设，改扩建水富港、富宁港二期工程，红花枢纽二线船闸，柳州经来宾至桂平二级航道，绣江、贺江复航工程，改造提升南宁港、梧州港、昭通港、景洪港等，构建有层次、功能齐全的港口体系，即构建由全国性重点港口（包括南宁、贵港、梧州、昆明、昭通、景洪等）和地区性重要港口（包括柳州、百色、来宾、崇左、大理等），以及地方性的小客货港口等构成的现代内河港口群。加强港口集疏运体系建设，完善内河、库湖区航运基础设施，推进码头工程、进港铁路、公路建设等。推动中缅独龙江陆水联运通道、中新（新加坡）陆水联运通道。加强航道航标的维护管理，确保航标维护正常率在90%以上，设计水位以上航道通航保证率达到100%。加快完善水路船舶过闸联合调度体制机制，形成统一高效的运营管理机制。

2. 沿海港口集疏运能力提升战略

以建设北部湾区域性国际航运中心为依托，完善沿海港口集疏运体系，优化港口分工和布局，加快钦州港东航道扩建，钦州港大榄坪南作业区、泊位改造，以及推进北部湾港口深水航道和泊位等项目，进一步增加联通东盟国家的航线数量，培育集装箱运输干线航线，逐渐探索开辟形成远洋国际航线，提升港口规模化、专业化、集约化水平，积极推进海上东盟通道、南向通道多式联运等建设。与重庆、甘肃、贵州、四川等西部其他省（直辖市）共同打造经北部湾港的海铁联运线路，形成高效快捷、规模经济的国际陆海贸易新通道。加强北部湾港口集疏运铁路、公路建设，促进港口集疏运网络完善。

（四）民航交通发展战略

以打造国际枢纽机场、新建或改扩建干线支线机场、优化航线网络等逐渐完善运输机场功能布局，形成布局合理、功能完善、层次分明的民用机场网络布局，覆盖面逐渐扩大，服务水平持续提升。加快建设昆明国际航空枢纽，推进昆明长水国际机场二期建设工程，增强南宁吴圩、桂林两江、拉萨贡嘎国际机场的区域枢纽机场功能，实施南宁吴圩、桂林两江、拉萨贡嘎等机场航站区、跑道等改扩建工程。完善支线机场布局，因地制宜增加区域机场数量，新建玉林、贺州、红河等支线机场，迁建梧州、百色等机场，形成以昆明、南宁、桂林、拉萨为骨干，曲靖、北海、柳州、林芝等支线机场为补充，层次清晰、功能合理的民航机场体系，并提升各个机场的运输层次，扩大航空运输服务覆盖面，为完善中南、西南地区机场群建设奠定基础。优化完善航线网络，开通国内外重点城市、重点旅游景区（景点）的直达航线和联运航线，重点开辟南亚、东南亚国际航线，逐步形成以覆盖南亚、东南亚各国首都、主要城市、旅游热点城市为主，连接欧洲、北美洲、澳大利亚等区域的国际航线网络。积极推进航空枢纽与城市轨道、公路网、铁路网、水路网和城市路网等的衔接，改善机场集疏运条件。支持航空公司的进驻、建立与扩大，做强、做大西南沿边地区机场产业。

（五）综合交通运输枢纽及城市交通发展战略

1. 综合交通运输枢纽发展战略

结合全国城镇体系布局和西南沿边地区区域经济发展格局，加快建成昆明国际性综合交通枢纽和包括大理、曲靖、南宁、桂林、柳州、拉萨在内的全国性综合交通枢纽，以及瑞丽、磨憨、河口、凭祥、东兴、龙邦、樟木、亚东等口岸和地区性综合交通枢纽，形成层次清晰、功能完善的多层次综合交通运输体系。按照零距离，无缝换乘、换装要求，构建立体式综合客运枢纽和多式联运服务功能的综合货运枢纽，完善物流基地、转运中心等的规划建设和设施改造，提升货运枢纽集疏运能力。统筹机场、港口、铁路、公路和货运场站布局，强化枢纽站场之间的有效衔接，公路与城市道路、高速公路与普通公路、公路与铁路、公路与水路等实现顺畅衔接转换，推动中转换乘、换装信息互联共享，促进交通枢纽一体化建设。

2. 城市交通发展战略

依据现有城市发展规划和城镇体系层级，有序推进城市轨道交通建设，积极发展地面快速公交，提升城市交通通行能力，稳步推进昆明、南宁轨道交通在建项目，推进柳州、桂林等重要城市及滇中城镇群规划建设轨道交通，形成符合城市发展的城市轨道交通网。在拉萨、林芝、北海等地级市加大地面公共交通道路建设和增加公共交通车辆投入，合理设计公交线路，打造多模式、运行高效的公交系统。在拉萨实现中心城区公共交通站点 500 米全覆盖，实现对现有交通方式的无缝对接，改善市中心客流量大的状态，提升公共交通占机动化出行的客货运比重。优化城市交通路网布局，形成城市快速路、主次干路和支路相互配合的道路网络布局。

第九章　实施西南沿边地区综合交通运输体系发展战略的保障措施

为保障西南沿边地区综合交通运输体系发展战略更好地实施，需要从体制机制与政策两方面提供保障。

第一节　体制机制保障

综合交通运输体系的建立需要对交通运输体系的管理体制机制进行改革。目前，我国国家层面上大交通管理体系已经建立，但地方交通运输管理体制往往存在职能分割、衔接不顺等问题。因此，改革与创新交通管理体制迫在眉睫。西南沿边地区应加快形成区域层面和省级层面的“大交通”管理体制和工作机制，由交通运输主管部门统筹区域内综合交通运输规划、建设、管理与服务，建立跨部门、跨地区综合交通运输发展协调机制迫在眉睫。

综合交通管理体制是交通运输发展的重要基础，其综合交通运输宏观调控与协调作用是其他主体无法取代的。通过深化改革，理顺各方面的关系，为交通运输发展创造良好的机制体制环境。推进交通管理体制的改革与创新，在区域层面或省级层面上加紧建立由交通厅、发展和改革委员会、规划建设部门、铁路局、高速公路管理局等多个部门组成的综合交通运输发展协调机制，成立统一管理机构，形成分工合理、权责明确的协调推进机制。例如，成立以西南沿边地区为主体的区域性大交通建设协调领导小组、建设工作小组，共建协调机制，在国际层面上建立协调合作机制，在区域层面上进行横向统一管理，在地级市、县（区）等层面上进行垂直管理。设置日常事务执行机构，由核心部门的主管人员兼职跨部门综合交通运输发展协调委员会负责人，同时组建重大工程技术协调小组，对综合交通运输重点问题、重点项目开展研究，建立联合审批机制，促进综合交通在交通运输方式和重大枢纽设施建设上进行跨地区、跨部门衔接。在权责配置、部门关系、转变政府职能等方面施行改革突破，将各要素整合到大交通管理体系，改革现行分散管理模式，实现各种交通运输方式的行业管理，并通过制定和颁布交通运输业各项政策和标准，规范整个交通业的发展。区域各级交通运输主管部门要充分结合地区特点、建设基础和实际水平，在制定规划、日常管理等方面要主动而为。

除此之外，在国家安全技术标准体系和一体化衔接及配套标准体系的基础上，根据西南沿边地区的经济社会发展水平、基础交通设施发展水平进行规范建设。在市场机制下，从整合资源、提高效率和专业化运行角度出发，将政企、政事分开，建立效率高、机制灵活的新型综合交通运输产、管、运、养等管理机制；加强基于绩效的信誉制度建设和公众参与的监管制度建设，使交通运输资源得以有效配置、整合和利用，以期建立便捷高效、优势互补的综合运输体系。具体如图 9-1 所示。

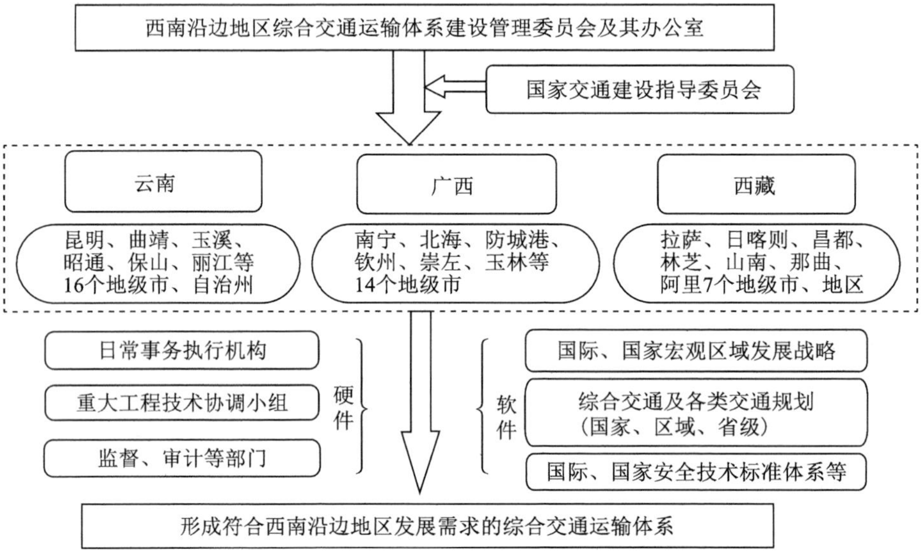

图 9-1　西南沿边地区跨部门、跨地区综合交通运输管理体系

在建立西南沿边地区跨部门、跨地区综合交通运输管理体系基础上，加强交通运输行业宏观管理，提高管理效率和服务水平。加强对不同交通方式的战略管理，强化枢纽建设，引导和保障交通运输基础设施建设和服务运行的有机融合；推进项目建设机制创新，积极探索与邻近国家、周边省份建立跨国、跨省交通合作与协商长效机制，实现跨国、跨省、跨区域交通合作的规范化、制度化、常态化。在国家相关部门大范畴下，进一步完善以市场价格为主，与政府指导价格相结合的运价形成机制，并对运输价格进行分类指导、分类管理，考虑西南沿边地区的特殊区位和区域合作机制，给予相应资助和政策倾斜。在公路、铁路、水路等出海、出省、出边通道建设上，加强与周边国家、省份紧密联系，鼓励政府、企业实施跨省区交通项目同步建设，促进西南沿边地区与周边国家、省份在共建互联互通基础设施中实现“双赢”，发挥最大效益。在交通执法管理上，加强交通运输业的法制建设，建设与国际接轨、符合国际惯例和市场经济规律的交通运输法规体系，加强执法力度，营造良好的交通运营市场环境。加强行业协会建设，发挥行业协会在交通建设与运营中的从业规范、自律监管、运行机制维护等方面的突出作用，形成交通行业自律管理、运行与监督机制。在交通价格体系改革上，根据西南沿边地区实际，构建政府指导定价、由运输市场形成价格的机制，如盈利性收费公路政策和支线航空运输价格等。鼓励航空运输市场采取竞争策略，建立符合多层次市场需求的多级票价体系，开发潜在需求，提供差异化产品和服务来满足高端旅客的需求，推进航空上、下游产业发展，提高行业运行效率与服务质量。

第二节　政策保障

一、财税政策

采取财政补贴、税收减免等优惠政策，增加中央投资，强化金融支持，加强对口支援，继续实行政府交通建设专项财政资金制度，并拓展政府资金来源，保证用于交通基础设施建设的资金充足。向中央政府申请对明显具有公益性的基础设施和西南沿边地区等落后地区的交通基础设施建设给予资助、减免税费等方面的支持。各级政府放宽准入限制，通过税费减免优惠政策鼓励发达地区企业单位投资西南沿边地区交通基础设施建设，鼓励各类资金介入交通基础设施建设。

首先，通过科技项目、重点工程等方式，加大对基础交通设施项目、综合客运枢纽、信息化建设等项目的扶持力度，将重要交通基础设施建设项目，纳入交通固定资产投资计划和财政资助计划，确保西南沿边地区综合交通运输项目获得中央、地方财政支持，拥有充足的资金。其次，通过补贴、优惠措施降低与运输业有关的投资成本。例如，规范交通运输业的税收优惠政策，从企业所得税、流转税等方面对运输企业进行优惠；对西部地区交通运输投资企业和运营企业实行税收优惠政策，减按15%税率征收企业所得税，以吸引更多区外交通运输企业来西南沿边地区投资。给予航运船舶一定的燃油补助，给予航运、港口、铁路、公路等建设企业贷款扶持等优惠，降低航运、铁路运输等企业投资成本。继续加大对西南沿边地区保税区如广西钦州、云南红河综合保税区的税收优惠力度，促使保税港区享有企业所得税、关税与进口环节税、出口退（免）税等税收优惠政策。再次，采取增加投入、财政补贴、税收减免等方法，扶持壮大与运输业紧密关联的工业企业，提高产品质量，提升产品竞争力，促进出口贸易、技术研发、外来投资等。最后，实行资金补贴、税费减免等支持和优惠政策，合理管理和调配铁路建设基金、民航建设基金。基于税费改革、资源优化配置等，改革车辆购置税、车船使用税等，确保交通专项资金的充足。通过税费征收比例调整，鼓励应用能耗低、污染小、运量大的运输工具，促进交通运输体系的集约化与可持续性发展。

二、金融政策

资金是综合交通运输体系建设发展的重要“瓶颈”。因此要拓展投融资渠道，合理利用现有资本、适度吸收社会资本参与交通建设与运营。目前，投融资体系改革的基本方向依然依据“投资—决策—受益（承担风险）”的原则，因此改善投融资体制需要从企业和政府两方面入手，充分发挥国家宏观调控和市场有效调节的合力，深化政府投资体系和企业投资管理体制改革，创新与现代金融体系接轨的金融投资机制，提升金融投资项目的效益和效率。具体措施如下。

第一，优化政府投资体制，增加财政支持力度。全面贯彻国家共建“一带一路”倡议、深入实施西部大开发、长江经济带发展规划纲要、陆海新通道、孟中印缅经济走廊、珠江—西江经济带、左右江革命老区振兴、中国—东盟自贸区升级版建设等国家规划，在实施国家发展规划和政策方面，积极争取国家资金对西南沿边地区重大交通项目的支持，加大政府资金对西南沿边地区交通干线、支线机场、农村公路、内河航道等基础设施的投入力度。对西南沿边地区在财政补贴和转移支付上给予政策支持，对交通基础设施建设在资金、土地、审批等方面给予优惠政策。加强政府投资调节作用，重点完善政府投资管理制度，做好财政交通投资项目的研究论证工作，在重大交通建设项目的决策上试行听证制度，明确项目资金投资方向和使用安排计划，进行事前、事中、事后的检查和监管。优化中央和地方政府投资权责分工合作机制，理顺交通基础设施产权关系，增强中央政府在交通建设方面的权力，通过权责清晰统筹交通设施建设，避免重复建设和建设不均等问题。加强财政投资管理，对中央和地方用于交通基础设施建设的财政资金要专费专用，切实保障建设资金的落实。重点针对燃油税费改革后，加大对普通公路建设和养护资金的投入，特别是加强农村及贫困地区公路建设的政府扶持力度，加强公共产品领域的政府职能管理。

第二，鼓励创新投融资机制，促进投资主体多元化、投资渠道与投资方式多样化。大力发展直接融资，积极争取社会资本融资建设交通体系，拓宽交通项目建设资金的来源渠道，探索以企业为主体、资本为纽带的多元化、多渠道、跨领域投融资体制，加强对外合作，促进投资主体多元化、投资渠道与投资方式多样化。在投资主体多元化方面，争取包括民营资本在内的社会资本参与到综合交通运输体系投资建设过程中，分类设置、放宽准入限制，发挥市场和政府的协调机制。在投资过程中，吸纳适度规模的社会资本，实现政府与企业、中央政府与地方政府、财政资金与社会资本多渠道融合。适当在交通基础设施建设项目上引入外资，扩大利用外资的范围、规模和渠道，包括外国政府和国际金融组织贷款，外商直接对项目投资以及 BOT（建设—经营—转让）方式等。通过政策、法规引导资金流向适合西南沿边地区经济社会发展的各类交通子系统、交通枢纽、交通智能化等项目。鼓励社保和保险等机构资金参与重大交通基础设施的建设。深化企业投资管理制度改革，减少政府对企业交通项目投资的直接干预，明确企业主体投融资、建设与改造、运营与管理以及退出等环节的权责，对企业投资项目进行全过程跟踪监督。

在拓宽融资渠道和创新融资方式上，发挥债券、股票等市场的活力，创新与现代金融体系接轨的投融资机制，推动地方专门建立支持交通运输发展的举债融资机制，废止各类有碍形成多元化投资主体和方式的政策与法规，打破传统的主要依靠政府信用担保、财政支撑等政策主导型投融资模式，逐步缩小政府融资平台的规模。完善铁路、高速公路建设“区市共担（联动）”机制，增强项目建设合力，解决融资困难问题。

一是大力发展直接融资，依托多层次资本市场体系，进一步加快风险投资、股权融资等，为综合交通运输体系建设提供资金支持。加快债券市场发展，一方面，健全政府交通建设债务融资机制，多样化债券产品组合，防范风险。另一方面，对部分重要公路建设的银行贷款以政府信用担保，对个别高等级公路盲目建设造成的效率和投资效益不高、公路收费所引起的矛盾进行监管和调控。

二是创新投融资方式。大力推进政府和社会资本共同建设的经营模式，开展交通项目建设，继续加强与各种金融机构的合作，加大资金筹集力度，推广 PPP 模式在交通基础设施建设中的运用，特别是在城市交通建设项目中推广 PPP 模式。通过政策导向鼓励和促进交通投资企业上市、发行与某交通项目关联的企业债券，提升交通基础设施建设运营中社会直接融资的比例，充分发挥广西交通投资集团、云南昆明交通运输集团等交通投资建设组织的投融资功能。

三是推进地方政府融资平台公司向市场化转型，通过厘清融资平台与政府投资权责范围，明确其投资边界范围，确保融资平台公司与企业融资公平公正，并注重对其在进行重大基础设施项目建设上的风险监测与防控，提高资金利用效率。

四是推动公路建设、养护管理体制的市场化，对公益性项目主张由政府管理机构进行社会化招标。政府管理机构负责养护维修的调查、计划、招标和工程监督等管理工作，社会性部门进行建设、运营等具体工作，降低基础设施使用的直接收费比例。

针对西南沿边地区，进一步扩大和完善交通产业发展投资基金。西南沿边地区交通建设长期是以政府为主导，陷入缺乏“抓手”的问题，资金使用效率较低，为确保其交通建设项目有固定资金来源，设立交通运输综合发展产业投资基金，解决促进交通运输综合发展没有引领式“抓手”的问题。建设和完善交通产业投资基金制度，发行用于交通产业发展的中长期债券以吸引社会资金。以铁路建设为例，铁路建设存在投资主体一直是由政府作为主体，资金总量不足、筹资方式较为单一、主要依靠大量举债的问题。因此，迫切需要政府与企业合作建立铁路建设运营发展产业基金，确保铁路建设运营的可持续发展。此外，探索建立公路、水路、民航建设发展基金，破解融资“瓶颈”，研究并建立交通基础设施建设投资的风险补偿机制，为各种社会资本进行交通基础设施的投资提供优良的体制环境。

三、资源环境政策

构建综合交通运输体系，应遵循“绿色发展”原则，提倡资源节约和环境友好，加强环境保护措施，综合运用经济、法律和行政手段，积极促进绿色交通运输的可持续发展。结合国家绿色交通发展总体规划的要求，注重节能减排，有效降低交通运输废气、废物排放以及噪声等对生态的破坏和对环境的污染。构建综合交通运输体系应从以下五个方面注重资源节约集约，减少环境污染。

一是开展多形式、多渠道的宣传教育活动，提升整个行业资源节约、环境保护的意识。定期开展节能减排宣讲、环境友好型交通技术的宣传活动，对不同交通方式如何组合以达到最便捷、最实惠等进行业务培训，通过不断宣传引导大众的交通选择行为，将环保集约的观点根植人们心中，从需求侧减少低效率、高消费的交通需求。

二是将资源保护、生态环境、节能减排、绿色交通等观念融入各层级交通运输体系的规划编制、政策措施当中，创新节能减排、保护环境的交通工程技术，提高我国污染排放的标准，促使交通建设与环境保护及治理同步实施、同步发展。

三是综合考虑与交通密切相关的，如土地利用、城市发展、新型城镇化、物流等规划的统一和衔接，从整体对重大建设项目进行统筹规划和科学论证，提高对土地、能源等资源的利用效率。在项目执行过程中，注重对项目的监管和绩效考评，确保项目按照预期健康开展。

四是利用政策法规引导绿色交通发展。在从追求效率的角度确定城市交通方式优先级的同时，综合考虑各种交通方式的土地占用、能源损耗、环境污染成本、生态保护等因素进行城市交通研究。同时，引导人们选择合适的交通组合方式，减少交通拥堵。提倡绿色出行，如在地铁、公交站点周边设立自行车停放点，促使居民优先选择公共交通出行。

五是在交通基础设施建设、养护等过程中，积极采用先进技术、材料设备和管理技术，全面提升交通运输技术设备水平。通过技术改进与技术改造发展绿色交通，提升交通基础设施质量、运输服务能力等。

四、科技创新政策

综合交通运输体系的构建和高效管理，离不开科学技术的创新，对智能化、信息化的应用。政府应该加大对交通发展科技创新的支持力度，推动交通运输体系的科学发展，同时应发挥市场功能，引入企业力量，让科技创新、智能信息化贯穿交通基础设施建设、运输装备研发、交通管理与服务等领域，使综合交通运输体系的构建和发展智能化、绿色化。

一是在机制体制上，鼓励产、学、研相结合，探索形成形式多样、机制灵活的技术创新合作模式，将合作贯穿综合交通运输体系的构建和服务管理全过程，借鉴国内外先进合作经验，推进创新机制的建立与完善。具体包括：在科研体制方面，以市场需求为导向，在国内外先进科研体制的基础上，综合考虑地方经济发展特色、建设基础、发展定位等，逐步建立起以政府为主导、企业与科研机构为主体的交通技术创新体系，同时包括各类培训机构、中介机构、金融服务机构等相关主体。完善科技成果转化机制，提高交通运输业的自主创新能力和科技成果的产业化、市场化能力，促进交通科技成果的推广、转化等，提高交通科技进步对运输经济发展的贡献率。解决科研机构内部的人事、分配机制等深层次的问题，加强对交通行业管理、科研、基层人员的知识和技能培训，发挥人力资本效应，通过人才的集聚，信息和技术的共享，为西南沿边地区综合交通运输体系发展增添软实力。

二是在国家交通运输信息化体系和平台、物联网标准的基础上，加快西南沿边地区信息化标准体系建设，重点是信息平台的建设。在国家相应智能化、信息化交通运输体系规划下，健全西南沿边地区交通智能化、信息化等管理体制，根植于地方特征进一步细化、完善信息化发展的规划、政策措施、技术标准以及运行规则等，积极开展智能交通技术的科技攻关工作，推进智能交通技术标准的宣传、推广和贯彻工作。开展建设由各种交通运输方式组成的综合信息通信系统，完善多式联运管理信息系统、综合交通运输管理信息平台等，促使各种交通运输方式间信息系统协作，提高运输枢纽的客货流程设计和管理水平，实现铁路、公路、航空交通信息互联、资源共享，提高客货联运效率、服务质量和安全性。建立区域性的信息网络，对综合交通运输体系资料进行全面收集和管理，并即时分享发布。

三是根据国家《交通运输信息化“十三五”发展规划》的框架总体要求，制定适合地区经济社会发展的各种交通运输方式的信息化发展规划，促使交通运输领域与大数据、云计算等科学信息技术深度融合，发展“互联网+交通”，如发展“互联网+高效物流”工程、“互联网+便捷交通”工程等，促进新一轮信息科学技术成果在交通运输行业的应用。在西南沿边地区构建区域、省际、地市级等多层次的交通信息通信网及交通运输行业数据中心，提高交通服务能力。在硬件上，要推动西南沿边地区区域层面的专用信息通信网、虚拟专网、移动网络等方面的建设；在软件上，通过“互联网”信息共享，形成区域范围内的交通服务管理系统，使交通建设、管理与运营信息等同步被不同地区的个人和企业获取。

四是深化交通运输行业的信息、智能化技术应用。将科技创新技术应用到交通运输管理和服务层面，整合路网监控、道路管理、气象环境、交通行政执法、城市公共交通路况、道路运输等各类信息资源，利用科技、信息化手段实现信息共享、现场执法、运政管理等。在道路运输方面，积极建设完善IC卡道路运输电子证件系统，对某区域道路车辆信息、从业人员信息等进行数字化、智能化、网络化管理。在道路综合监管方面，在西南沿边地区区域层面上建立路网运行监测与应急指挥中心，扩大路网监控的范围与深度。完善西南沿边地区国际道路运输服务系统，采用卫星监控和监测，电子化通关和日常监控，确保口岸安全稳定，过关便捷高效，同时开辟“企业即时服务信息”模块，及时为国际道路运输企业和相应物流服务商提供即时信息，为企业物流运输提供信息服务平台。短期尝试构建以省域为基础的城市公共交通“一卡通”，简化乘坐公共交通的程序，在长期逐步推动西南沿边地区整个区域层面实现城市公共交通“一卡通”。针对西南沿边地区的特殊区位，完善与周边地区互联互通信息化，发挥中国—东盟信息港的作用，深入构建侧重交通运输的跨国公共服务信息系统、应用支撑系统、数据交换系统等，并在不断完善与调试中，将西南沿边地区，乃至中部、东南部省份相关数据资料引入该平台，形成具有国际化、区域化特色，能全过程进行供应链服务的物流专业信息平台。

第十章　研究结论与展望

第一节　主要结论

本书以西南沿边地区综合交通运输体系的建设为研究对象，通过剖析西南沿边地区交通基础设施的发展现状与不足，实证探讨综合交通运输体系对西南沿边地区经济增长和产业集聚的影响。最后，通过梳理国内外综合交通运输体系建设的经验启示，结合西南沿边地区的发展现状和需求，提出西南沿边地区综合交通运输体系的发展战略和实施保障措施。本书主要得出以下结论。

1. 西南沿边地区经济社会发展现状分析

西南沿边地区包括云南、广西壮族自治区和西藏自治区，具有西部边疆、民族集聚、资源丰饶但发展落后、安全维稳责任重大等特征。在第一轮西部大开发战略的指导下，西南沿边地区经济社会发展态势具有以下特点：①经济发展总体水平低下。②区域差异明显，包括与全国、东部发达地区的差异明显和云南、广西、西藏三省（自治区）各自的内部差异明显。③社会维稳压力大。

2. 西南沿边地区综合交通运输体系发展事实、特征和存在问题分析

西部大开发以来，西南沿边地区交通运输基础设施水平有了极大的提高，具有如下发展特征：一是以铁路、公路、水路、民航为交通运输方式的全方位交通干线网络持续完善；二是交通支撑对外开放新格局作用逐渐显露；三是综合交通运输枢纽与城市交通建设不断改善；四是综合交通管理质量不断提升。但依然存在一些问题：①各类交通子系统的供给规模和结构不尽合理。②各类交通子系统的有效衔接有待加强。③与东盟国家、周边省份的互联互通亟须加强。④交通网络布局、运输服务能力与区域经济发展的协调性有待

加强。⑤综合交通运输体系建设的体制机制有待完善。

3. 综合交通运输体系对西南沿边地区影响实证分析

采用基本面板计量回归模型、考虑调节效应和控制因素的面板计量模型、考虑时间滞后效应的面板计量回归模型等从经济增长和制造业集聚视角研究分析综合交通运输体系对西南沿边地区的影响。实证得出：①西南沿边地区综合交通运输体系与经济增长、制造业集聚在地理空间分布上存在一致性，交通基础设施建设促进了西南沿边地区经济增长和制造业集聚。②公路基础设施对西南沿边地区经济增长、制造业集聚的促进作用大于铁路基础设施，这与以往研究者从全国层面和东部地区得到的铁路的促进作用大于公路设施的结论刚好相反。③不同等级交通基础设施对西南沿边地区经济增长、制造业集聚促进程度具有显著差异。其中，一级公路促进作用最大；高速公路、二级公路促进作用不显著，但对经济增长、制造业集聚的影响存在细微差别；低等级公路对制造业集聚作用不明显，但对经济增长产生了显著正向作用。④市场化程度在交通基础设施对西南沿边地区经济增长、制造业集聚的影响过程中起显著的调节作用，交通基础设施在市场化程度越高的地区，对经济增长、制造业集聚的作用越显著。⑤规模经济、研究与实验发展经费、消费者需求、对外贸易、人力资本、地区经济发展水平对西南沿边地区制造业集聚具有正向促进作用，投资率、人力资本、城市化水平和对外开放等指标对西南沿边地区经济增长具有正向促进作用。

4. 国内外综合交通运输体系发展的经验借鉴

考虑当前与西南沿边地区区情相似的地区皆存在相似的综合交通运输发展问题，本书选取美国、英国、新加坡、日本等发达国家，以及深圳、广州等国内城市进行研究，归纳梳理得到如下启示：①超前布局大交通发展战略；②着力构建集约型综合交通运输体系；③优先发展城市交通运输；④注重交通运输体系的智能化、信息化和人性化。

5. 新一轮西部大开发背景下西南沿边地区综合交通运输体系发展战略构建与实施保障措施

结合理论与实证研究，在梳理西南沿边地区战略机遇的基础上，得出其综合交通运输体系的战略目标，以构建面向东南亚、南亚的国际大通道和辐射中心为目标，从构建九大（五纵四横）综合运输通道、优化五张网络、打造多层级的综合交通运输枢纽、优化发展城际城市交通、提高运输服务水平等方面形成内畅外通、便捷高效的“多核心多重点九通道”的综合交通运输体系。并从公路、铁路、水路、民航、综合交通运输枢纽和城市交通五个方面提出细分战略。从机制体制与政策（财税、金融、资源环境、科技创新）两方面提出实施发展战略的保障措施。

第二节　不足与展望

综合交通运输体系的建设发展是一个动态的研究内容，涉及交通经济学、经济地理学、区域经济学等多门学科，其对地区经济社会发展的影响存在着互馈、动态的相互作用关系。研究西南沿边地区综合交通运输体系发展战略这一主题既是对综合交通运输体系的研究，更是关乎国家政治稳定、边疆维稳、民族团结等问题。本书的广度和深度都有待进一步提高，具体如下。

第一，理论研究可以进一步拓展与深化。交通与区域经济社会发展都属于动态调整发展过程，两者之间存在很强的交互促进作用。交通设施对经济社会发展的影响作用极为复杂，涉及交通技术进步、地区发展政策、地理地形特征、发展基础、市场化程度等多个影响因素，全面分析其相互作用研究难度较大。因此，结合地区特征，对综合交通运输体系与经济社会发展相互作用的规律和机理的研究探索任重而道远。

第二，研究数据和研究方法的完善。由于数据的不可获得性和指标的难以测量等原因，本书选择西南沿边地区 3 个省（自治区）级层面作为研究对象，对于 37 个地级市、自治州或地区，或县域等层面的数据没有全面细化考虑；选择公路和铁路作为综合交通运输体系的代理变量，而非将公路、铁路、水路、民航等交通基础设施全面纳入研究对象。如果能获取相关数据，深入研究地级市、县域等细化层面的所有交通运输方式，本书将更加全面系统。此外，本书仅考虑了西部大开发以来（研究时间跨度为 2000—2016 年）的综合交通运输体系的建设发展情况，还可以进一步扩大时间跨度，研究西部大开发战略实施前，甚至可以分阶段地动态研究。同时，本书在研究不同等级交通基础设施对西南沿边地区的影响时，仅考虑了公路分级，由于数据的可获得性问题，没有对铁路进行分等级研究，特别是当前高速铁路的快速发展下，更应对铁路分等级做进一步研究。

第三，区域综合交通运输体系建设是一个动态发展过程，区域发展战略也是一个不断修正调整的过程，区域经济发展水平和诉求更是一个动态变化的过程，如何处理三者之间的动态关系，需要对区域发展战略、地区发展趋势、交通运输技术等进行进一步分析。如何利用区域发展战略和地区经济发展水平与趋势，更好地指导建设地区综合交通运输体系，更需要动态监控机制和细化指导。上述提到的有关研究的不足和欠缺，正是我们需要在未来进一步研究的方向。

参考文献

［1］［德］阿尔弗雷德·韦伯. 工业区位论［M］. 北京：商务印书馆，1997.

［2］［德］奥古斯特·勒施. 经济空间秩序：经济财货与地理间的关系［M］. 北京：商务印书馆，1995.

［3］［美］D·格林沃尔德. 现代经济词典［M］. 北京：商务印书馆，1981.

［4］［美］艾伯特·赫希曼. 经济发展战略［M］. 北京：经济科学出版社，1991.

［5］［英］阿弗里德·马歇尔. 经济学原理［M］. 北京：华夏出版社，2005.

［6］［英］亚当·斯密. 国富论［M］. 唐目松，等，译. 北京：商务印书馆，2007.

［7］曹芳东，吴江，徐敏. 基于空间计量经济模型的县域经济发展差异研究：以江苏省为例［J］. 地域研究与开发，2010，29（6）：23-28.

［8］曹霖. 区域一体化道路客运线路网络优化研究［D］. 长沙：长沙理工大学，2008.

［9］陈必壮，顾煜. 上海综合交通体系发展的战略思考［A］. 中国城市规划学会城市交通规划学术委员会、福州市人民政府. 中国城市交通规划2012年年会暨第26次学术研讨会论文集公交优先与缓堵对策［C］. 中国城市规划学会城市交通规划学术委员会、福州市人民政府，2012：9.

［10］陈栋生. 西部大开发十年回顾与展望［J］. 西部论坛，2010（1）：1-6.

［11］陈国阶. 我国东中西部发展差异原因分析［J］. 地理科学，1997（1）：2-8.

［12］陈杰，李光磊. 昆明空港物流的发展路径研究［J］. 工程技术研究，2018（3）.

［13］陈朴，杨亚波，何纲. 西藏“十一五”时期经济发展回顾及“十二五”期间发展建议［J］. 西藏研究，2011（3）：23-40.

［14］陈秋菊. 浅议我国投融资体制改革的方向和重点［J］. 武汉冶金管理干部学院学报，2004（3）：20-22.

[15] 陈善亮，毛保华，丁勇. 英国交通一体化政策与我国的对策 [J]. 交通科技，2004 (1)：63-66.

[16] 陈艳. 湖南综合交通运输体系构建的经济研究 [D]. 长沙：长沙理工大学，2013.

[17] 陈怡. 我国交通运输需求总量及结构分析 [D]. 西安：长安大学，2006.

[18] 陈禹静. 加快构建“两区一带”区域协调发展新格局 [N]. 广西日报，2010-09-19 (010).

[19] 陈钊. 我国东、中部地区的南北发展差异 [J]. 地理研究，1999 (1)：80-87.

[20] 程小飞. 湖北省综合交通需求预测及布局研究 [D]. 武汉：武汉理工大学，2005.

[21] 崔凯，曾庆华，王鲲鹏. 长春市城市交通发展战略研究及综合交通体系规划 [A]. 武汉市人民政府、中国城市规划学会城市交通规划学术委员会. 城市交通发展模式转型与创新：中国城市交通规划 2011 年年会暨第 25 次学术研讨会论文集 [C]. 武汉市人民政府、中国城市规划学会城市交通规划学术委员会，2014：10.

[22] 邓丹萱. 交通基础设施的网络效应及溢出效应的实证研究 [D]. 北京：对外经济贸易大学，2014.

[23] 丁然. 综合交通影响因素及需求预测研究 [D]. 北京：北京交通大学，2011.

[24] 杜建华，孙永海，邓琪，杨涛. 转型发展期深圳综合交通体系规划标准研究 [J]. 规划师，2013 (6)：57-61.

[25] 樊桦. 综合运输服务的内涵及影响因素分析 [J]. 综合运输，2011 (10)：12-17.

[26] 樊建强. 以新加坡模式为参考规划城市交通低碳发展 [J]. 环境保护，2013 (11)：77-78.

[27] 冯立光，曹伟，李潇娜，江玉林. 新加坡公共交通发展经验及启示 [J]. 城市交通，2008 (6)：81-87.

[28] 冯涛，洪仁婧. 新型城镇化进程与服务业集聚发展研究 [J]. 广西财经

学院学报，2017（1）：86-95.

［29］冯晓华. 广西公路水路交通运输信息化“十三五”规划印发［N］. 南宁日报，2017-08-30（003）.

［30］冯兴华，钟业喜，陈琳，傅钰. 长江经济带县域经济空间格局演变分析［J］. 经济地理，2016，36（6）：18-25.

［31］冯长春，丰学兵，刘思君. 高速铁路对中国省际可达性的影响［J］. 地理科学进展，2013，32（8）：1187-1194.

［32］高峻. 基于整体性治理的中心城市交通管理体制创新［D］. 武汉：武汉大学，2011.

［33］高良英. 日本综合运输政策与管理体制研究［D］. 北京：北京交通大学，2009.

［34］高晓倩. 辽宁区域经济差异及协调发展研究［D］. 阜新：辽宁工程技术大学，2006.

［35］高新才. 区域经济与区域发展［M］. 北京：人民出版社，2002.

［36］高杨斌. 区域综合交通体系战略规划研究［D］. 南京：东南大学，2005.

［37］顾剑锋. 新加坡交通发展特点和启示［J］. 交通与运输，2005（6）：30-31.

［38］顾克东，孙俊，杨煜琪，等. 英国交通印象漫谈及启示［A］. 武汉市人民政府、中国城市规划学会城市交通规划学术委员会. 城市交通发展模式转型与创新：中国城市交通规划 2011 年年会暨第 25 次学术研讨会论文集［C］. 武汉市人民政府、中国城市规划学会城市交通规划学术委员会，2014：9.

［39］广西财政厅办公室课题组. 促进广西“两区一带”发展的财政政策研究［J］. 经济研究参考，2011（23）：14-20，33.

［40］广西壮族自治区发展和改革委员会. 广西壮族自治区国民经济和社会发展第十三个五年规划纲要［Z］. 2016. 05.

［41］广西壮族自治区统计局，国家统计局广西调查总队. 2015 年广西壮族自治区国民经济和社会发展统计公报［Z］. 2016. 04.

［42］广西壮族自治区党委、自治区人民政府. 广西壮族自治区新型城镇化规划（2014—2020 年）［Z］. 2014. 08.

[43] 郭树华，蒙昱竹. 经济发展战略、交通通达程度与全要素生产率［J］. 科学决策，2016（9）：1-22.

[44] 郭晓光. 河北省综合交通运输体系现状分析与对策研究［D］. 天津：天津大学，2012.

[45] 国家发展改革委、外交部、商务部. 推动共建丝绸之路经济带和 21 世纪海上丝绸之路的愿景与行动［Z］. 2015. 03.

[46] 国家发展改革委. 广西北部湾经济区发展规划［Z］. 2008. 01.

[47] 国家发展改革委. 西部大开发"十二五"规划［Z］. 2012. 02.

[48] 国家发展改革委. 西部大开发"十三五"规划［Z］. 2017. 01.

[49] 国家发展改革委. 珠江—西江经济带发展规划［Z］. 2014. 07.

[50] 国家发展改革委. 左右江革命老区振兴规划（2015—2025 年）［Z］. 2015. 03.

[51] 国家交通运输部. 国家公路网规划（2013—2030 年）［Z］. 2014. 05.

[52] 国务院关于进一步促进广西经济社会发展的若干意见［EB/OL］（2009-12-11）［2016-07-11］. http：//www. gov. cn/zwgk/2009-12/11/content_ 1484887. htm.

[53] 国务院关于印发"十三五"现代综合交通运输体系发展规划的通知［EB/OL］［2017-02-28］. http：//www. gov. cn.

[54] 韩莉，战炤磊. 新常态下培育新经济增长点的动因与模式：以江苏为例［J］. 金陵科技学院学报：社会科学版，2017（4）：44-48.

[55] 何雄浪. 区域经济差异理论的发展及其启示［J］. 北京科技大学学报：社会科学版，2004，22（2）：23-28.

[56] 贺正楚，王姣，曹文明. 中国汽车制造业的产业地图及影响产业布局的因素［J］. 科学决策，2018（5）：1-29.

[57] 胡鞍钢，刘生龙. 交通运输、经济增长及溢出效应：基于中国省际数据空间经济计量的结果［J］. 中国工业经济，2009（5）：7-16.

[58] 胡晓蓉. 路网在云南大地上不断延伸［N］. 云南经济日报，2016-03-09（A01）.

[59] 胡志远，欧向军. 基于泰尔指数的江苏省区域差异多指标测度［J］. 经济地理，2007（5）：719-724.

［60］虎啸．区域道路运输一体化发展研究［D］．西安：长安大学，2007．

［61］黄东波．邯郸市综合交通运输体系研究［D］．西安：长安大学，2012．

［62］黄锡富．科学发展观视域下广西“两区一带”区域经济发展战略审视［J］．广西师范学院学报（哲学社会科学版），2011（4）：19-24．

［63］黄志廷．广州一体化大交通管理体制研究［D］．广州：华南理工大学，2014．

［64］姬宇．山东半岛城市群空间范围变化及其竞争力演变研究［D］．济南：山东师范大学，2018．

［65］吉亚辉，文静．交通基础设施对中国制造业集聚的影响研究［J］．开发研究，2016（1）：39-44．

［66］贾元华，刘奕，徐文学．武汉城市圈综合交通体系发展的战略思考［J］．综合运输，2008（3）：23-26．

［67］姜军．新加坡陆路交通规划编制的经验借鉴［J］．江苏城市规划，2015（2）．

［68］蒋冠宏，蒋殿春．基础设施依赖与产业增长：基于中国省区行业数据检验［J］．南方经济，2012（11）：116-129．

［69］蒋永雷．构建集装箱综合运输网络系统方法研究［D］．大连：大连海事大学，2009．

［70］金安，周志华，刘明敏．新加坡城市交通发展模式对广州的启示［J］．城市观察，2010（4）：63-69．

［71］金煜，陈钊，陆铭．中国的地区工业集聚：经济地理、新经济地理与经济政策［J］．经济研究，2006（4）：79-89．

［72］靳诚，陆玉麒．1978 年来长江三角洲经济格局空间演变研究［J］．人文地理，2012，27（2）：113-118．

［73］经国务院授权三部委联合发布推动共建“一带一路”的愿景与行动［EB/OL］［2015-03-28］．http：//www. gov. cn/xinwen/2015-03/28/content_ 2839723. htm．

［74］亢晨．“一带一路”倡议下西部地区经济发展的机遇与挑战［J］．马克思主义学刊，2017（3）．

［75］蓝永信．向海之路是一个国家发展的重要途径［J］．当代广西，2017

(24).

[76] 李道勇，运迎霞，董艳霞. 轨道交通导向的大都市区空间整合与新城发展：新加坡相关建设经验与启示 [J]. 城市发展研究，2013 (6)：148-151.

[77] 李禾. 面向南亚、东南亚云南省综合运输网络体系构建研究 [D]. 昆明：云南师范大学，2009.

[78] 李杰. 广西“两区一带”区域经济差异研究 [D]. 南宁：广西大学，2011.

[79] 李立民，余阳. “两区一带”新格局中广西桂西资源富集区发展思考 [J]. 广西社会科学，2012 (3)：20-24.

[80] 李青，许燕，矫强力.“丝路经济带”九省市经济金融竞争力评价 [J]. 当代金融研究，2018 (1)：96-106.

[81] 李嵩. 济南市完善城市综合交通体系研究 [D]. 济南：山东大学，2011.

[82] 李学慧. 美国综合运输管理体制的研究与启示 [D]. 北京：北京交通大学，2008.

[83] 李云涛. 智慧旅游背景下云南旅游交通体系优化战略研究 [D]. 昆明：云南师范大学，2014.

[84] 梁晓杰，尚文豪. 美国的交通行政管理体制 [J]. 综合运输，2008 (9)：76-81.

[85] 林群，宋家骅. 新时期深圳交通发展战略 [J]. 城市规划，2011 (S1)：88-93，164.

[86] 林志刚. 深圳交通需求管理研究 [D]. 大连：大连海事大学，2012.

[87] 凌晨，刘军，郑义. 交通基础设施、FDI 与中国产业集聚的实证分析 [J]. 统计与决策，2013 (8)：88-92.

[88] 刘秉镰，武鹏，刘玉海. 交通基础设施与中国全要素生产率增长：基于省域数据的空间面板计量分析 [J]. 中国工业经济，2010 (3)：54-64.

[89] 刘东兴，刘进明. 武汉市综合交通体系规划构想 [J]. 城市交通，2015 (6)：33-36，45.

[90] 刘飞. 新城市定位下的大足综合交通发展战略研究 [D]. 重庆：重庆交

通大学，2015.
［91］刘荷，王健. 交通基础设施对制造业集聚的溢出效应［J］. 东南学术，2014（4）：96-105.
［92］刘洪明. “十二五”成就回顾 西藏建成综合交通运输体系［J］. 中国西藏，2016（1）：18-21.
［93］刘景林. 论基础结构［J］. 中国社会科学，1983（1）：74-88.
［94］刘钜强，赵永亮. 交通基础设施、市场获得与制造业区位：来自中国的经验数据［J］. 南开经济研究，2010（4）.
［95］刘利娟，张宁，刘君伟. 论西藏多层次综合交通枢纽体系建设［J］. 西藏大学学报（社会科学版），2011（4）：44-49.
［96］刘苗. 区域交通运输一体化发展系统分析与评价［D］. 长春：吉林大学，2006.
［97］刘庆国. 大连市综合运输体系建设对策研究［D］. 大连：大连海事大学，2011.
［98］刘升明. 广州公共交通发展对策研究［D］. 兰州：兰州大学，2013.
［99］刘生龙，胡鞍钢. 基础设施的外部性在中国的检验：1988—2007［J］. 经济研究，2010（3）：4-15.
［100］刘斯敖，柴春来. 知识溢出效应分析：基于制造业集聚与 R&D 投入的视角研究［J］. 中国科技论坛，2011（7）：32-38.
［101］刘文疆. 云南省水运物流发展战略研究［D］. 重庆：重庆交通大学，2015.
［102］刘学文. 智能交通：创造美好生活［J］. 交通世界（运输. 车辆），2006（5）：69-71.
［103］刘勇. 交通基础设施投资、区域经济增长及空间溢出作用：基于公路、水运交通的面板数据分析［J］. 中国工业经济，2010（12）：37-46.
［104］刘玉海. 交通基础设施的空间溢出效应及其影响机理研究［D］. 天津：南开大学，2012.
［105］龙银燕. 机场对区域经济增长的影响［D］. 天津：天津财经大学，2017.
［106］卢征. 重庆市综合交通体系发展战略研究［D］. 重庆：重庆交通大

学，2014.
［107］陆正业. 新加坡城市公共交通管理对广西的启示［J］. 西部交通科技，2012（12）：73-76.
［108］罗静，冯建勇. 新时代中国边疆治理的新思路新实践［J］. 北京工业大学学报（社会科学版），2018（3）.
［109］罗鹏飞，徐逸伦，张楠楠. 高速铁路对区域可达性的影响研究：以沪宁地区为例［J］. 经济地理，2004，24（3）：407-411.
［110］罗仁斌. 广西交通基础设施与区域经济增长关系研究［D］. 桂林：广西师范大学，2015.
［111］罗仁坚. 我国综合运输体系理论研究发展回顾（一）［J］. 综合运输，2009（2）：8-12.
［112］罗文慧. 喀什经济开发区综合交通运输规划研究［D］. 乌鲁木齐：新疆农业大学，2013.
［113］吕雪. 加快云南水运发展"加长"综合交通运输体系中的"短板"［N］. 中国水运报，2009-12-30（001）.
［114］马会. 河南省综合交通运输体系规划研究［D］. 北京：中央民族大学，2016.
［115］马铱潞. 开发开放 通道先行［N］. 人民日报海外版，2015-09-15（002）.
［116］孟德友，李小建，樊新生. 高速公路引导下中原经济区交通可达性空间格局［J］. 地域研究与开发，2016，35（2）：36-40，64.
［117］孟国连. 发达国家综合运输发展经验探析［J］. 商业经济，2013（3）：40-42，47.
［118］莫欣德·辛格. 新加坡陆路交通系统发展策略［J］. 城市交通，2009（6）：39-44.
［119］慕建光. 建设青岛现代综合运输体系路径探讨［D］. 济南：山东大学，2011.
［120］欧阳华. 大力推动广西"两区一带"区域协调发展［J］. 广西经济，2010（3）：24-26.
［121］彭芳芳. 广西城市化与经济增长的相互影响研究［D］. 桂林：广西师

范大学，2015.
[122] 彭辉. 综合交通运输系统理论分析 [D]. 西安：长安大学，2006.
[123] 彭颖，陆玉麒. 成渝经济区县域经济差异的空间分析 [J]. 人文地理，2010，25（5）：97-102.
[124] 冉凌旭，陆亚琴. 发挥云南的区域优势与“桥”、“堡”一体化建设 [J]. 云南财经大学学报（社会科学版），2010，25（6）：13-15.
[125] 任晓红，张宗益. 交通基础设施与制造业区位选择的空间计量经济学分析 [J]. 经济问题探索，2010，（10）：13-17.
[126] 荣利利，马洪生. 国外交通需求管理经验借鉴分析 [J]. 交通科技与经济，2013（4）：110-113.
[127] 桑秋，张平宇，高晓娜，辛馨. 辽中城市群县域综合发展水平差异的时空特征分析 [J]. 地理科学，2008（2）：150-155.
[128] 尚荣丽. 交通运输发展的区域差异性比较研究 [D]. 西安：长安大学，2007.
[129] 尚书山. 基于 SWOT 分析的广西“渝桂新”南向通道建设对策研究 [J]. 价值工程，2018，37（11）：7-8.
[130] 邵昱晔. 对外贸易对中国制造业集聚的影响研究 [D]. 吉林：吉林大学，2012.
[131] 邵源，宋家骅，杨宇星. 轨道网络化时代深圳城市综合交通一体化研究 [J]. 城市观察，2010（4）：94-101.
[132] 石宝林. 我国交通发展模式转型研究 [D]. 西安：长安大学，2010.
[133] 石鹏娟，孙立霞，高慧荣. 青海省县域经济差异实证研究 [J]. 安徽农业科学，2012，40（30）.
[134] 石钦文. 综合运输系统结构协调发展理论研究 [D]. 北京：北京交通大学，2010.
[135] 石正方. 海西对台综合通道建设内涵及对策取向研究：基于通道经济演化理论的视角 [J]. 台湾研究集刊，2012（6）：47-55.
[136] 苏振. 深圳市智能交通发展研究 [D]. 大连：大连海事大学，2012.
[137] 孙道雯. 新型城镇化导向下乾县乡村聚落体系发展规划策略研究 [D]. 西安：西安建筑科技大学，2017.

[138] 孙久文，姚鹏. 低碳经济发展水平评价及区域比较分析：以新疆为例[J]. 地域研究与开发，2014，33（3）：127-132，147.

[139] 孙杨格，钟幸含，王怡，者贵昌. “一带一路”战略下云南产业集群发展的分析与探讨：基于新经济地理学的基本视角[J]. 现代经济信息，2018（13）：475-476，478.

[140] 孙志平，程群. 广西“两区一带”形成区域协调发展新格局[N]. 中国信息报，2012-10-2.

[141] 覃坚谨. “两区一带”：广西区域发展战略十年回顾与展望——十六大到十八大广西科学发展系列报告[J]. 传承，2012（21）：28-31.

[142] 谭安洛. 湖北综合交通体系：研究与建设[J]. 湖北社会科学，2008（8）：70-71.

[143] 汤虹，孟雪江. 增长极理论下内陆港对小城市空间结构的影响：以甘肃（武威）国际陆港为例[J]. 建筑与文化，2018（3）.

[144] 唐红祥，王旦. 西南沿边地区综合交通运输体系建设研究[J]. 广西社会科学，2018（1）.

[145] 唐红祥，王业斌，王旦，贺正楚. 中国西部地区交通基础设施对制造业集聚影响研究[J]. 中国软科学，2018（8）：137-147.

[146] 唐红祥. 交通基础设施视角下西部地区制造业集聚的区位熵分析[J]. 管理世界，2017（6）：178-179.

[147] 唐睿，冯学钢. 旅游业发展与城乡统筹：来源于“一带一路”沿线省（区市）的实证[J]. 广西社会科学，2017（4）：73-80.

[148] 唐太成. 北部湾港口建设与整合的思考[J]. 中国港口，2010（7）：2-5.

[149] 陶卓霖，杨晓梦，梁进社. 高速铁路对长三角地区陆路可达性的影响[J]. 经济地理，2016，36（8）：40-46.

[150] 田锦尘. 全力推进“十三五”时期西部大开发[J]. 中国经贸导刊，2016（16）：47-50.

[151] 调研小组. 英国及新加坡交通管理的观察与启示[J]. 道路交通管理，2016（4）：78-82.

[152] 万俊. 英国城市交通体系的思考与借鉴[J]. 江苏城市规划，2011（12）：7，22-23.

[153] 王旦，夏飞. 西南沿边地区县域交通优势度评价及空间格局分析：以广西为例［J］. 经济研究参考，2017（1）：89-96.

[154] 王栋. 浅析综合运输的本质和未来产业政策取向［J］. 知识经济，2018（12）.

[155] 王虎军，郭谨一，杨静，高利平. 国外大城市交通政策及其效果研究［J］. 科技成果纵横，2007（2）：28-30.

[156] 王继峰. 基于可达性的交通规划方法研究［D］. 北京：清华大学，2008.

[157] 王开泳，陈田，高晓路. 日本交通体系的特征与经验借鉴［J］. 世界地理研究，2008，17（1）：112-118.

[158] 王淼. 英国交通基础设施建设风险分析［J］. 国际工程与劳务，2016（6）：25-28.

[159] 王平莎，杜晓丽，谭晓琳，等. 桂林市综合运输服务体系研究［J］. 水运工程，2016（S1）：16-20.

[160] 王天怡. 基于公共产品理论的英国交通运输政策分析［J］. 辽宁工业大学学报（社会科学版），2013（4）：40-43.

[161] 王卫，过秀成，孔哲，等. 美国城市交通规划发展与经验借鉴［J］. 现代城市研究，2010，25（11）：69-74.

[162] 王文杰. 武汉经济圈城际综合交通运输系统研究［D］. 成都：西南交通大学，2010.

[163] 王文锦. 中国区域协调发展研究［D］. 北京：中共中央党校，2001.

[164] 王先进. 发达国家综合运输体系的概念由来［J］. 综合运输，2002（9）：44.

[165] 王先进. 国外综合运输体系的概念由来与发展历程［J］. 交通世界（建养 . 机械），2002（8）：20-22.

[166] 王晓艳. 铁路基础设施与区域经济协调发展研究［D］. 北京：北京交通大学，2016.

[167] 王业斌. 政府投入、所有制结构与技术创新：来自高技术产业的证据［J］. 财政监督，2012（8）：70-72.

[168] 王玉清，扈恩邦. 构建新一轮西部大开发中的大开放格局［J］. 开放

导报，2012（4）：33-36.

［169］王月丹. 东北经济区交通运输需求预测研究［D］. 长春：吉林大学，2008.

［170］王峥. 交通运输对我国经济发展作用的实证研究［D］. 重庆：重庆大学，2007.

［171］韦佳培，吴洋滨，张俊飚. 西南沿边地区城镇化发展与非农就业关系的实证研究：以广西壮族自治区为例［J］. 学术论坛，2013，36（2）：137-143.

［172］魏后凯，赵勇. 深入实施西部大开发战略评估及政策建议［J］. 开发研究，2014，170（1）：1-7.

［173］魏后凯. 中国区域基础设施与制造业发展差异［J］. 管理世界，2001（6）.

［174］魏巍，李强，张士杰. 交通基础设施、产业聚集与经济增长：基于省级面板数据的经验研究［J］. 地域研究与开发. 2014，33（2）：46-50.

［175］吴建平，蒋冰蕾，王渤. 英国智能交通发展现状与趋势［A］. 科学技术部全国智能运输系统协调指导小组办公室. 2007 第三届中国智能交通年会论文集［C］. 科学技术部全国智能运输系统协调指导小组办公室，2007：8.

［176］吴崎. 综合交通体系对区域均衡发展的作用机理研究［D］. 厦门：厦门大学，2014.

［177］吴晓武. 广西城市公共交通发展对策研究［J］. 西部交通科技，2011（9）：106-111，116.

［178］武建奇，安晓云. 河北经济市场化进程比较与分析［J］. 社会科学论坛，2001（8）：68-72.

［179］夏飞. 实施“两区一带”战略的新视角［N］. 广西日报，2011-01-06.

［180］夏纪军，王磊. 中国制造业进入壁垒、市场结构与生产率［J］. 世界经济文汇，2015（1）：50-64.

［181］宿凤鸣. 关于转变交通运输发展方式的认识［J］. 综合运输，2012（6）：21-23.

［182］徐文强，徐亚华，冯立光. 英国城市公共交通发展经验及对我国的启

示［J］. 交通运输系统工程与信息，2012（4）：190-194.
［183］徐向龙. 广东省产业结构与就业结构演进特征与互动效率研究［J］. 学术研究，2009（5）：90-96.
［184］徐阳，郗恩崇. 综合运输体系的综合评价研究［J］. 统计与决策，2009（14）：185-186.
［185］徐曌. 交通基础设施投资促进区域经济增长的阶段性差异研究［D］. 北京：北京交通大学，2017.
［186］续宗芳. 区域综合运输需求分析及运输需求量预测研究［D］. 西安：长安大学，2012.
［187］薛宝琪. 中原经济区经济空间格局演化分析［J］. 经济地理，2013，33（1）：15-20.
［188］严亚丹，过秀成，孔哲，李岩. 新加坡城市综合公共交通系统［J］. 现代城市研究，2012（4）：65-71.
［189］严余伟. 成渝经济带交通运输综合体系建设和发展规划研究［D］. 成都：西南交通大学，2005.
［190］杨朝晖. 河南省综合交通运输体系下的公路交通发展研究［D］. 大连：大连海事大学，2015.
［191］杨晓莉，牛建玲. 铁路建设对广西“两区一带”协调发展的作用［J］. 中国铁路，2011（4）：48-51.
［192］杨洋. 基于运输一体化的区域交通运输需求预测研究［D］. 长春：吉林大学，2006.
［193］杨永义. 辽宁省交通运输与区域经济协调发展研究［D］. 大连：大连海事大学，2017.
［194］杨竹莘. 区域经济差异理论的发展与演变评析［J］. 工业技术经济，2009（8）：63-68.
［195］姚秋君. 广西交通运输与经济协调发展研究［D］. 南宁：广西大学，2015.
［196］叶昌友，王遐见. 交通基础设施、交通运输业与区域经济增长：基于省域数据的空间面板模型研究［J］. 产业经济研究，2013（2）：40-47.
［197］尹希果，刘培森. 城市化、交通基础设施对制造业集聚的空间效应

[J]. 城市问题，2014（11）：13-20.
[198] 于光远. 经济学大辞典 [M]. 上海：上海辞书出版社，1992.
[199] 于珊. 深圳市交通运输行业一体化管理体制研究 [D]. 大连：大连海事大学，2012.
[200] 于胜英. 我国综合运输体系发展模式研究 [D]. 武汉：武汉理工大学，2003.
[201] 余军华. 中国区域经济差异及协调发展研究 [D]. 武汉：华中科技大学，2007.
[202] 余柳，刘莹. 东京综合交通枢纽布局规划研究与启示 [J]. 交通运输系统工程与信息，2013（1）：17-24.
[203] 郁花. 构建区域"增长极"：20 世纪二三十年代无锡经济性质转型 [J]. 江南论坛，2018（5）.
[204] 喻翔，马衍军，安旗林. 四川省构建现代综合交通运输体系战略研究 [J]. 综合运输，2015（2）：33-37.
[205] 喻中权，王勇. 恩施州经济发展与交通基础设施建设分析 [J]. 建材世界，2007，28（3）：151-154.
[206] 约翰·冯·杜能. 孤立国同农业和国民经济的关系 [M]. 北京：商务印书馆，1986.
[207] 詹晓兰. 新时期城市综合交通体系发展的理念和思路 [J]. 交通建设与管理，2014（18）：226-228.
[208] 张倍倍. 西南沿边地区经济发展与社会稳定机制建设研究 [D]. 成都：西南财经大学，2012.
[209] 张聪玲，李媛媛. 现代综合运输体系的构建浅析 [J]. 金卡工程，2009，13（3）.
[210] 张国防. 脱贫攻坚与贫困地区基础设施建设 [J]. 开发研究，2018（3）：118-123.
[211] 张贺全. 工程咨询要在深入实施西部大开发战略中再立新功 [J]. 中国工程咨询，2011（1）：13-15.
[212] 张家寿，陈晓军. 西江经济带发展的战略选择 [J]. 桂海论丛，2010，25（2）：85-89.

[213] 张家寿. 加快区域协调发展与建设西部经济强区：以广西“两区一带”为例 [J]. 改革与战略，2013 (12)：77-81.

[214] 张立勇. 西（安）咸（阳）一体化发展研究 [D]. 杨凌：西北农林科技大学，2007.

[215] 张良，郑大勇. 借鉴国际低碳交通经验良性发展我国低碳交通 [J]. 汽车工业研究，2011 (7)：26-29.

[216] 张蓉，王多宏. 区域间综合运输体系的“有效对接” [J]. 商品储运与养护，2008，30 (8)：6-7.

[217] 张小平. 京石高速公路对河北省经济社会影响研究 [D]. 天津：天津大学，2010.

[218] 张晓，康灿华. 英国一体化交通规划实践及其对我国的借鉴 [J]. 当代经济，2009 (22)：30-31.

[219] 张晓. 国外一体化交通规划及对我国的借鉴意义 [D]. 武汉：武汉理工大学，2009.

[220] 张学良，孙海鸣. 交通基础设施、空间聚集与中国经济增长 [J]. 经济经纬，2008 (2)：20-23.

[221] 张永军. 爬坡过坎 转型升级 西部地区进入发展的关键阶段 [J]. 西部大开发，2017 (3).

[222] 赵斌. 关中—天水经济区与区域交通规划的研究 [D]. 西安：长安大学，2014.

[223] 赵娟. 一体化运输技术政策研究 [D]. 西安：长安大学，2007.

[224] 赵朋. 河北省综合运输体系建设与发展对策研究 [D]. 西安：长安大学，2005.

[225] 赵铁平. 我国现代综合运输体系发展探索 [J]. 交通运输研究，2007 (10)：36-40.

[226] 赵文亮，陈文峰，孟德友. 中原经济区经济发展水平综合评价及时空格局演变 [J]. 经济地理，2011，31 (10)：1585-1591.

[227] 赵曦，刘天平. 西南沿边地区经济社会发展战略思路研究 [J]. 西南金融，2012 (8)：18-21.

[228] 赵云，李雪梅，韦功鼎. 基于可达性的高速铁路站点影响力评价研究 [J]. 地域研究与开发，2015，34（3）：12-16.
[229] 郑晓俊. 新加坡以人为本的高品质公共交通体系剖析 [J]. 综合运输，2012（8）：70-75.
[230] 周密，王家庭. 雄安新区建设中国第三增长极研究 [J]. 南开学报（哲学社会科学版），2018（2）.
[231] 朱成李. 城市道路旅客运输规建一体化及其实证研究 [D]. 长沙：长沙理工大学，2010.
[232] 宗传宏. 长三角区域综合交通体系研究 [J]. 现代城市研究，2011，26（2）：30-32.
[233] 邹海波，吴群琪. 从综合运输谈城市交通与城间运输协调问题 [J]. 交通企业管理，2007，22（8）：25-26.
[234] 邹海波，吴群琪. 对综合运输及相关问题的再认识 [J]. 铁道运输与经济，2007，29（5）：8-10.
[235] 邹海波. 综合运输体系协调发展的机理分析与状态评价 [D]. 西安：长安大学，2007.
[236] ALBARRAN P，CARRASCO R，HOLL A. Domestic transport infrastructure and firms' export market participation [J]. Small Bus Economics，2013，34（40）：879-898.
[237] AXHAUSEN K W，FROELICH P，TSCHOPP M. Changes in Swiss accessibility since 1850 [J]. Research in Transportation Economics，2011，31（1）：72-80.
[238] BANISTER D，BERECHMAN Y. Transport Investment and the Promotion of Economic Growth [J]. Transport Geography，2001，9（3）：209-218.
[239] DEPNER BATHELT. Exporting the German Model：The Establishment of a New Automobile Industry Cluster in Shanghai [J]. Economic Geography，2005，81（1）：53-81.
[240] ELLISON G，GLAESER E L. Geographic Concentration in U. S. Manufacturing Industries：A Dartboard Approach [J]. Journal of Political E-

conomy, 1997, 105 (5): 889-927.

[241] GUTIERREZ J. Location, economic potential and daily accessibility: An analysis of the accessibility impact of the high-speed line Madrid-Barcelona-French border [J]. Journal of Transport Geography, 2001, 9: 229-242.

[242] GUY MICHAELS. The Effect of Trade on the Demand for Skill-Evidence from the Interstate Highway System [J]. Review of Economics and Statistics, 2008, 90 (4): 683-701.

[243] HERRANZ-LONCÁN, ALFONSO. The Spatial Distribution of Spanish Transport Infrastructure between 1860 and 1930 [J]. The Annals of Regional Science.

[244] HIRSCHMAN A O. Strategy of Economic Development [M]. New Haven: Yale University Press, 1958.

[245] HOLL A. Manufacturing location and impacts of road transport infrastructure: empirical evidence from Spain [J]. Regional Science and Urban Economics, 2004, 44 (3): 341-363.

[246] J G. Megalopolis: The Urbanization of the Northeastern Seaboard [J]. economic Geography, 1957 (33): 189-200.

[247] J G. Megalopolis: The Urbanization of the Northeastern Seaboard of the United States [M]. Cambridge, MA: MIT Press New York: The Twentieth Century Fun, 1961.

[248] KONSTANTINA GKRITZA, KUMARES C SINHA, SAMUEL LABI, FRED L MANNERING. Influence of highway construction projects on economic development: an empirical assessment [J]. Annual Regional Science, 2008 (42): 545-563.

[249] KRUGMAN P, VENABLES A J. Globalization and the inequality of Nations [J]. Quarterly Journal of Economics, 1995, 110 (4): 857-880.

[250] KRUGMAN P. Increasing returns and Economic Geography [J]. Journal of Political Economy, 1991, 99 (3): 483-499.

[251] LOSCH A. The Economics of Location [M]. New Haven: Yale University

Press, 1954.

[252] MITRA, SHARMA, VÉGANZONÈS-VAROUDAKIS. Trade liberalization, technology transfer, and firms' productive performance: The case of Indian manufacturing [J]. Journal of Asian Economics, 2014 (33): 1-15.

[253] MONZON A, ORTEGA E, LOPEZ E. Efficiency and Spatial equity impacts of high-speed rail extensions in urban areas [J]. Cities, 2013 (30): 18-30.

[254] MORI T. A Modeling of Megalopolis Formation: The Maturing of City Systems [J]. Journal of Urban Economics, 1997, 42 (1): 227-233.

[255] PATRICIA C M, DANIEL J B, ROBERT B N. Firm Formation and Transportation Infrastructure: A Study of Portugal [C]. Transportation Research Board 87th Annual Meeting. Washington, D C. 2008 (1): 13-17.

[256] PUGA D, VENABLES A J. The spread of industry: spatial agglomeration in economic development [J]. Journal of the Japanese and International Economies, 1996.

[257] RATZEL. Politische Geographic [M]. translated by MUNICH, WHITTLESEY D. New York: The Earth and the State, 1939.

[258] RUDEL, RICHARDS. Urbanization, Roads, and Rural Population Change in the Ecuadorian Andes [J]. Studies in Comparative International Development, 1990 (3): 73-89.

[259] TAAFFE E J, MORRILL R L, Gould P R. Transport expransion in underdeveloped countries: a comparative analysis [J]. Geographical Review, 1963, 53 (4): 503-529.

[260] TABUCHI T, THISSE J F. Regional Specialization, Urban Hierarchy and Commuting Costs [J]. International Economic Review, 2006, 17 (4): 1295-1317.

[261] TIMOFEEV. Great Siberian Highway and Process Urbanization on Southern Ural [J]. Journal of Siberian Federal University: Humanities & Social Sciences, 2009 (2): 176-183.

[262] TSEKERIS T, VOGIATZOGLOU K. Public infrastructure investments and regional specialization: empirical evidence from Greece [J]. Regional Science Policy and Practice, 2014, 45 (3), 265-298.

[263] WEBER A. Theory of the Locations of Industries [M]. Chicago: University of Chicago Press, 1996.

[264] WHEBELL C F J. Corridor: a theory of urban system [J]. Annals of the Association of American Geographers, 1969, 59 (1): 1-26.